科技创新十年探索

樊济军　申泓彦　主　编

黄河水利出版社
·郑州·

图书在版编目(CIP)数据

科技创新十年探索/樊济军,申泓彦主编. —郑州:黄河水利出版社,2023.7

ISBN 978-7-5509-3656-0

Ⅰ.①科… Ⅱ.①樊… ②申… Ⅲ.①技术革新-研究 Ⅳ.①F062.4

中国国家版本馆 CIP 数据核字(2023)第 140264 号

策划编辑:陶金志　　电话:0371-66025273　　E-mail:838739632@ qq. com

责任编辑	王　璇	**责任校对**	杨秀英
封面设计	李思璇	**责任监制**	常红昕
出版发行	黄河水利出版社		
	地址:河南省郑州市顺河路 49 号	邮政编码:450003	
	网址:www. yrcp. com　E-mail: hhslcbs@ 126. com		
	发行部电话:0371-66020550		
承印单位	河南博之雅印务有限公司		
开　　本	787 mm×1 092 mm　1/16		
印　　张	23.5		
字　　数	400 千字		
版次印次	2023 年 7 月第 1 版	2023 年 7 月第 1 次印刷	

定　　价 89.00 元

《科技创新十年探索》

编委会

目　录

二　空天与地球探索

三　人类起源与生命科学

四　新发明、新材料与新制造、新能源

开篇语：在世界科技创新日新月异视角下，中国科技创新突飞猛进

我们围绕习近平总书记关于“科技创新、科学普及是实现创新发展的两翼，要把科学普及放在与科技创新同等重要的位置”的重要思想，集聚河南省科学院20多位博士和研究人员的力量，从2012年到2022年10年间世界科技创新中精选出多项经典科技创新理论与实践项目，编辑出版了《科技创新十年探索》，为关注科技创新的读者打开了一个新视角。本书汇集了4个领域的新理论、新发现、新技术、新制造的科技创新成果，是读者能够在较短时间内了解世界科技前沿的新窗口，是启迪青少年读者探索未来、少走弯路的指示灯。

近10年来，量子科技、元宇宙、暗物质、可燃冰、页岩气、夸克与石墨烯、5G尚在寻找实用场景，6G又在世界通信领域展开激烈竞争……凡此种种，以科技创新的不同形态进入现实世界的各个领域，综观今日世界科技的确是日新月异，飞速发展。

科技进步驱动世界不断变化，为人类走向未来打开大门。美国医疗人员开始用人体胚胎干细胞进行药物治疗试验，旨在使受损神经细胞再生，从而帮助患者最终恢复知觉和运动能力。欧洲核子研究中心证实了20世纪60年代英国物理学家彼得·希格斯预言存在的希格斯玻色子基本粒子的确存在。爱因斯坦的广义相对论中引力波的存在也得到确认，这对由此了解星系甚至宇宙本身的诞生提供了更多的信息。中国学者邓宏魁实验室证明，基因编辑技术能够安全地用于成年艾滋病毒携带者——通过注射基因编辑细胞来对患者的免疫细胞进行基因编辑（CRISPR-Cas9，基因编辑技术），这对攻克医学和生物学上的难题意义深远。太空探索不仅在太阳系内不断突破，美国“旅行者1号”飞行器也离开太阳系，探索更加广阔的宇宙空间。

世界物理学家高度重视的希格斯粒子工厂源于1964年预言希格斯玻色子的存在。物理学家们认为，希格斯玻色子掌握着宇宙如何形成和将来如

何变化的钥匙。日本与国际合作“国际直线对撞机(ILC)设想”将于2026年前后开工建设,作为2013年诺贝尔物理奖科学家研究对象的“希格斯玻色子”,也就是“上帝粒子”如何量产,中国光子工厂即“大型环形正负电子对撞机”与欧洲大型强子对撞机同样环形,周长将达100千米,是欧洲大型强子对撞机的将近4倍(周长达27千米),中、日、欧都有不同的推进计划。

“国际直线对撞机设想”于21世纪30年代投入运行,而“大型环形正负电子对撞机”则力争在2035年前后投入运行。此外,欧洲也具有建造希格斯粒子工厂的构想,但即使实现,投入运行也要等到2050年前后这一遥远的将来。如果国际直线对撞机的建设不断推迟,“大型环形正负电子对撞机”比其更早投入运行的可能性也将出现。

在高科技时代,无人机正在作物评估、畜牧业生产、监控作物病虫害及其传播、区域供水灌溉设备、机械授粉等方面受到中国农业发展领域的高度重视。

中国潘建伟团队完成了量子隐形传态、量子纠缠分发和量子密钥分发三大实验,中国“墨子号”量子科学实验卫星奠定了量子通信技术领域的领先地位。

世界最大射电望远镜自2016年投入使用以来,不断取得新成果,无限星空尽收中国球面射电望远镜的“天眼”。“天问一号”着陆火星,使中国太空探索向前迈进了一大步。“人造太阳”正向1000秒的目标接近,中国科学院合肥物质科学研究院正在“实验型先进超导托卡马克”项目上不断取得新突破。

至2020年年底,无论是发表于学术期刊的论文,还是同行评审的论文数量,中国都领先于欧盟和美国。在学术期刊方面,中国发表的论文占总数的22.4%,欧盟为16.4%,美国为14.6%;在同行评审论文方面,中国占总数的18%,欧盟为8.6%,美国为12.3%。中国在世界前沿科学中,已经不仅在学习,而且已有可以领跑的科学技术,受到世界科技界的瞩目。应当清醒的是,在创新理论和创新科技产品上,从世界的视角看,我们仍然有明显的差距。

科技承载着无数人的期待与梦想,每一项创新都为经济社会发展和科技进步注入了新的活力。近10年来,世界科技创新日新月异,中国科技创新突飞猛进,展现出中国科技的强大生机和旺盛活力,昭示出科技引领中国经济社会发展的璀璨前景。

一 理论创新与量子科技

“悟空”发现暗物质踪迹

中国的暗物质探测卫星发现诱人信号。

物理学上一个长期存在的挑战是寻找暗物质的证据。暗物质被认为构成了相当大一部分的宇宙质量,它的存在似乎与宇宙结构及星系的形成和进化有关。但物理学家们尚未观察到这种神秘的物质。

普林斯顿大学的天体物理学家戴维·斯珀格尔称,也许更重要的是,中国首次专门用于天体物理学研究的航天器所得到的观测数据表明,这个国家即将成为航天科学界的一支力量。他指出,中国现在将为天体物理学和航天科学做出重要贡献。

利用暗物质对可见物质的引力效应,物理学家已经推断出了暗物质的存在。不过,暗物质从未被观测到。

通过寻找一种被称为“大质量弱相互作用粒子”的暗物质假想候选粒子的间接衰变信号,中国的暗物质粒子探测卫星意在尝试填补这一空白。

研究人员发射了这颗探测卫星。卫星上的主要仪器——一堆薄薄的、纵横交错的条状探测器,一经调制后,被用来观测构成宇宙射线,尤其是电子和正电子(电子的反物质对应物)的粒子的进入方向、能量和电荷。宇宙射线源自常规的天体物理目标,如星系中爆炸的超新星。如果暗物质是由大质量弱相互作用粒子组成的话,那么这些粒子偶尔会相互湮灭并形成电子-正电子对,它们可能会由于数目超过了预期大量存在的来自常规天体的粒子而被探测到。

在其科学观测的前530天里,中国的暗物质粒子探测卫星探测到了超过某一能量阈值的150万个宇宙射线电子和正电子。当研究人员绘制粒子数目与能量的对应曲线时,他们原本预料会看到一根平滑的曲线。不过,以往的实验暗示,这根曲线有不规则的中断。现在,中国的暗物质粒子探测卫星证实了这种异常。

中国科学院南京紫金山天文台的项目协调负责人、天体物理学家常进称,“这可能是暗物质的证据”,但曲线的中断“也许来自另外某种宇宙射线源”。中国的暗物质粒子探测卫星的观测结果近期刊登在英国《自然》周刊网站上。

还需要更多数据来证实中国的暗物质粒子探测卫星看到的会是什么。不过,在这方面有一个好消息。常进表示,“我们原本预计卫星的寿命是3年”,鉴于卫星及其所携带的设备的正常运转,“我们现在预计它将能维持5年时间”。这将使这颗卫星能够记录超过100亿次宇宙射线事件。

中国科学院南京紫金山天文台参与该项目的另一位天体物理学家范一中表示,中国的暗物质粒子探测卫星的观测将作为其他航天和地面观测结果的补充,从而最终澄清在不规则信号和暗物质湮灭之间是否存在联系。

中国的暗物质粒子探测协作项目包含中国科学院下属的4家研究机构,包括北京的国家空间科学中心,此外参与的还有中国科技大学、日内瓦大学及意大利巴里、莱切和佩鲁贾三地的大学。该卫星的名字“悟空”来自16世纪中国《西游记》中的角色。

中国的暗物质粒子探测卫星也是中国第一枚专门用于天文学和天体物理学研究的航天器,尽管进入太空的“硬X射线调制望远镜”卫星也加入了这一行列。后者意在观测来自黑洞、中子星、活跃星系核和其他宇宙现象的X射线和伽马射线。

斯珀格尔表示,即便中国的暗物质粒子探测卫星的数据不能解开暗物质之谜,“这些观测结果将丰富我们对宇宙射线加速的了解,并将告诉我们有关超新星周围震荡波的物理过程及脉冲星物理学的情况”。

本文内容参考中国《科技日报》《参考消息》、英国《自然》。

“时间晶体”新物态

科学家发现名为“时间晶体”的新物质状态（简称新物态）。

科学家称，发现一个名为时间晶体的新物态。这项发现将开辟新的研究途径并有可能为研发量子计算机和量子传感器铺平道路。

两个相互独立的科学家小组在英国《自然》周刊上报告了这项发现。他们最先直接创造和观察到时间晶体。这个早就在理论上探讨过的量子系统以自己的速率旋转，不受环境影响，这似乎打破了正常计时规则。

马里兰大学领导的研究小组在一个复杂和五彩缤纷的激光和反射镜组合的帮助下，用10颗悬浮带电原子（离子）创造了时间晶体。哈佛大学领导的另一个小组则使用了激光、微波和具有特殊杂质的黑金刚石，研究人员可以利用这些特殊杂质构建时间晶体。

虽然使用了不同的方法，但两组实验取得了非常相似的结果。

并未参与研究的麻省理工学院物理学家弗兰克·维尔切克称：“这真的令人鼓舞。”他还称，这表明在实验室中构建时间晶体可能没有过去想象的那么困难。科学家指出，尚不清楚时间晶体是否在实验室以外存在。时间晶体的爱好者们表示，从长远来看，这一物理机制和用来研究此类量子系统的技术可应用于量子计算和制造更敏感的量子传感器。

同样未参与研究的欧洲同步加速辐射中心的理论物理学家帕特里克·布鲁诺对此持怀疑态度。他称，这些说法带有“高度推测性”，且模糊不清。

在普通晶体（比如冰块和金刚石）中，原子以一种重复的空间结构排列。在时间晶体中，重复的是时间结构而非空间结构。

微软首席研究员切坦·纳亚克称，对时间晶体的研究处于初期，“每次发现一个新的物质状态，都为新的理论和潜在应用打开大门”。

《自然》周刊论文中描述的时间晶体更为“温顺”。它们不与环境处于平衡状态，因为在实验室中它们定期被激光或微波“踢”一下，科学家指出，它们对这些击打的反应尤其令人着迷。它们以自己的节奏做出反应，与这些外部轻推的节拍不一致。

研究结果表示,时间晶体还保持量子相干性,即单元之间同步。科学家表示,这可能对最终建造量子机器具有重要意义。

为建造有用的量子计算机,科学家必须增加机器拥有的量子比特数。随着量子比特数的增加,量子比特数丧失相干性的概率提高。相干性是量子计算机运行的先决条件。

哈佛大学量子物理学家米哈伊尔·卢金称,对时间晶体来说,这一相干性"持续很长时间而且量子比特数的密度非常大"。他表示,在两组实验中,时间晶体在"融化前持续的时间都在毫秒数量级上,比此前的量子系统长得多"。

本文内容参考中国《科技日报》《参考消息》、英国《自然》。

第三次探测到引力波

激光干涉仪引力波观测台的科学家日前探测到距地球30亿光年的两个黑洞发生灾难性碰撞所发出的信号。

这一发现使人们更加相信,引力波天文学——它是一种观测宇宙中某些威力最强事件的全新方法,将被普遍接受。

激光干涉仪引力波观测台科学合作组织发言人、麻省理工学院的戴维·休梅克表示:“我们确实在从新事物向新的观测科学——一种新的引力波天文学迈进。”

这个名为GW170104的新信号是在分别位于华盛顿州汉福德和路易斯安那州利文斯顿的两个“L”形探测器探测到的。

随着今天宣布第三次探测到引力波,科学家终于让激光干涉仪引力波观测台的工作从对单个新奇事件的研究迈向对天空中那些不可见居民的统计学研究了。第三次发现揭示出宇宙中的这类神秘居民或许存在某种多样性。

这次探测到的双黑洞合并是在距地球约30亿光年的地方发生的,远超此前探测到的两次合并(分别发生在距地球大约13亿光年和14亿光年的地方)。本次观测到的两个黑洞的质量似乎分别为太阳质量的31.2倍和19.4倍,它们合并后的质量大约相当于太阳的49倍。

这使得这一合并的质量级与此前两次探测到的合并的质量级相同。科学家此前并未预料到会发现这一质量级的合并。他们先前估计,大多数黑洞都是死亡恒星的尸体,且质量小得多,大约相当于太阳质量的几倍。其他黑洞则拥有超大质量,相当于太阳质量的数百万倍甚至数十亿倍,它们维系着星系的核心,就像我们银河系中央的那个黑洞那样。

这次探测到的合并有一个关键的不同之处。在前两次观测到的合并中,双黑洞的旋转轨迹似乎是对齐的。这与一种关于双黑洞形成的理论相符,该理论认为,形成这些黑洞的恒星是成对诞生并死亡的。

在本次探测中,双黑洞的旋转轨迹显然不是对齐的,这支持了另一种理论,即黑洞或许是在它们生命中晚得多的时候结对的。

激光干涉仪引力波观测台执行主任、加州理工学院的戴维·雷泽称,这两种理论或许分别解释了双黑洞的一个组成部分,问题是每个部分的数量有多少。

本次发现还使科学家得以进一步探究爱因斯坦的广义相对论,具体做法就是看那些引力波是否发生了弥散。根据阿尔伯特·爱因斯坦的理论,引力波不会发生这种情况。截至目前,激光干涉仪引力波观测台的探测也没有发现与此相抵触的证据。

物理学家再次探测到引力波,或许能借此搞清黑洞之谜。

这是科学家日前第三次探测到引力波。

这些科学家是在观察两个黑洞相撞、形成一个更大黑洞所造成的影响时发现这一现象的。这与前两次发现的情况相似,这三次引力波是由同一个国际科研团队发现的。

科学家是通过两条位于美国境内、相距近 2000 英里(约合 3220 千米)的"L"形管道发出的激光束"听到"引力波的。

第一次发现引力波是在 2015 年 9 月,第二次发现引力波是在那以后 3 个月。

该项目研究人员之一、伯明翰大学的克里斯托弗·贝里博士称:"黑洞简单得完美,你只需要两个指标就能完全界定它们,那就是质量和旋转速度。"

他称:"我们现在对黑洞质量有了极佳的测量,并且正开始揭示这些黑洞旋转的细节,而这可能会提供它们形成的线索。"

本文内容参考中国《科技日报》《参考消息》、美国《物理学评论通讯》。

造出四夸克粒子

美国《大众科学》有确凿证据表明,宇宙中存在四夸克粒子。

欧洲核研究组织昨天宣布,该组织一个研究小组利用世界上最强大的粒子对撞机制造出一种由四个夸克组成的粒子。

宇宙中的大部分物质粒子由两三个夸克组成。然而,十年来,世界各地的粒子加速器项目收集到的一些证据表明,宇宙中也许存在几种不同的四夸克粒子。

物理学家给这类粒子起的名字都以英文字母“Z”开头。美国匹兹堡大学粒子物理学家埃里克·斯旺森称:“可以把四夸克粒子这些Z粒子看作一种新型物质。”他没有参与欧洲核研究组织的相关研究。

这个研究小组发现的Z粒子被称为Z(4430)。这种粒子不仅寿命极短,而且仅存在于极高能环境中。物理学家认为,这种粒子可能曾在宇宙大爆炸后1微秒的时间里大量存在,后来分裂。

宇宙射线能制造Z(4430)粒子,然而强大的粒子加速器也能制造这种粒子(这种设备极少)。埃里克·斯旺森称:“这一过程极其罕见,所以真正创造了这种粒子的是设在瑞士的大型强子对撞机。”大型强子对撞机是通过质子对撞来重现Z(4430)粒子的。每个质子由三个夸克组成。

欧洲核研究组织新获得的数据很具说服力,其统计学意义高达13.9西格玛。这个数值远远大于5西格玛。世界各地的物理学家一致认为,5西格玛是临界值,只有当统计学意义达到这一水平才能说明相关发现真实存在。因此,这些新数据有助于证明Z(4430)粒子确实存在。

本文内容参考中国《科技日报》《参考消息》、美国《大众科学》。

“称重法”证明中微子或超光速

在英国《天体粒子物理学学报》刊登的一篇论文中，刚从美国乔治·梅森大学退休的物理学家罗伯特·埃利希声称，中微子很可能是一种超光速粒子，也就是讲，中微子跑得比光子还要快。类似的说法曾出现过好几次，之前一次是在2011年，一个名为“奥佩拉”的实验小组测量了中微子的速度，声称实验结果比光速快一点点。不过，当他们试图验证初次实验的数据时，却发现前一次实验结果出错了，原因竟然是光缆连接得不够紧。

当罗伯特·埃利希再次提出中微子快于光子的论断时，使用了一种比测量粒子速度更精确的研究方法——确定粒子的质量。这一结论的理论基础是，超光速粒子具有虚质量，即超光速粒子质量的平方是负数。虚质量粒子具有一种奇怪的属性，它们会一边遗失能量一边加速前进，也就是讲，速度决定了虚质量的值。按罗伯特·埃利希的说法，中微子的虚质量为0.33电子伏特。

常常有人以相对论为依据质疑是否真的存在超光速中微子或超光速粒子。事实上，当物理学家们在1962年首次撰文提出超光速粒子理论时，就认为相对论存在漏洞。阿尔伯特·爱因斯坦认为，由于不存在无穷大的能量，所以基本粒子(或是太空飞船)的速度不可能达到或者超越光速。物理学家们认为，假如基本粒子最初在粒子对撞的过程中以超越光速的速度被制造出来，那就不需要再进行加速或是动用无穷大的能量了。只可惜这种事情不会发生在太空飞船身上!

在超光速粒子理论问世后的数十年里，科学家们进行了多次研究，全都无果而终。直到1985年，理论物理学家们提出，超光速粒子或许就隐藏在光天化日之下，具体来讲，中微子其实属于超光速粒子。假如中微子快过光速，那么能量在某些参照系下就会呈现负值。事实上，带有负能量的超光速粒子能够从现在穿越回过去。

本文内容参考中国《科技日报》《参考消息》、英国《天体粒子物理学学报》。

首次观察到“量子拉力”

科学家首次观察到“量子拉力”,从而解释了水的一些奇怪特性。

尽管水看起来像是现存的最简单的液体,但实际上水具有科学家们仍然不了解的奇怪行为。例如,与大多数冷却后变稠的液体不同,水在39华氏度(约合3.9摄氏度)时密度最大,这个温度刚好高于其冰点。这就是冰在水面漂浮或湖水表面冻结,但冰面以下的水仍然保持液态,也是海洋动物在寒冷冬天不会被冻死的原因。水还显示出异常高的表面张力,使昆虫能够“在水上行走”,并且它巨大的热量储存能力可以作为海洋温度的“调节恒温器”。

由斯坦福直线加速器中心、斯坦福大学和瑞典斯德哥尔摩大学的研究人员组成的团队首次直接观察了水分子中的氢原子如何在被激光激发时“拉动和推开”邻近分子。他们的研究结果发表在英国《自然》周刊上,揭示了可能是导致水的奇怪特性的微观原因的关键,并有可能有助于更好地了解水如何帮助蛋白质在生物体中发挥作用。

研究作者之一、斯德哥尔摩大学化学物理学教授安德斯·尼尔森解释称,尽管有人假设这种所谓的“核量子效应”是造成水的许多奇怪特性的关键因素,但这个研究标志着该效应第一次被直接观察到。问题是,这种量子效应是否可能是描述水异常性质的理论模型中缺失的环节。也就是讲,这种“核量子效应”是不是造成水奇怪特性的关键因素。每个水分子含有一个氧原子和两个氢原子。带正电的氢原子和带负电的氧原子之间的键网络将它们连接在一起。这个错综复杂的网络是水的许多莫名其妙特性背后的驱动力,直到最近,研究人员还无法直接观察一个水分子如何与其相邻的分子相互作用。

研究作者之一、SLAC的研究员凯莉·加夫尼称,氢原子的低质量令它们的量子波行为得到增强,“这项研究首次直接表明,氢键网络对能量脉冲的回应主要依赖于氢原子如何间隔的量子力学性质,长期以来量子力学性质一直被认为是造成水及其氢键网络的独特属性的原因”。

到目前为止,进行这一观察一直是个挑战,因为氢键的运动非常小、非常迅速。该研究通过使用 SLAC 的一种名为 MeV-UED 的高速“电子相机”(通过从样品中散射强大的电子束来检测细微的分子运动)克服了这个问题。

研究小组创造了 100 纳米厚的液态水射流,并用红外激光使水分子振动。之后,他们用来自 MeV-UED 的高能电子短脉冲使分子爆炸。

这生成了关于水分子的不断变化的原子结构的高分辨率快照,这些分子在关于水分子网络如何对光做出反应的定格动画中结合在一起。聚焦三个水分子组的快照显示,当一个受激的水分子开始振动时,它的氢原子会将相邻水分子中的氧原子拉得更近,然后用新的力将它们推开,从而扩大分子之间的空间。

研究人员希望利用这种方法来更多地了解氢键的量子性质及其在水的奇异性质中所发挥的作用,以及这些性质在许多化学和生物过程中所发挥的关键作用。

本文内容参考中国《科技日报》《参考消息》、英国《自然》。

质子含有粲夸克证据

物理学家发现,质子中包含一个粲夸克。

质子是存在于每个原子中心的一种粒子,它的结构似乎要比传统教科书上所言的复杂。这一发现可能对敏感粒子物理实验,比如大型强子对撞机实验产生影响。

虽然人们一度认为,质子是不可分割的,但 20 世纪 60 年代进行的粒子加速器实验结果显示,它们包含三个更小的粒子,即夸克。夸克有六种类型,而质子包含两个上夸克和一个下夸克。

在量子力学中,粒子的结构是由概率决定的,这意味着从理论上讲,其他夸克有可能以物质–反物质对的形式出现在质子内部。1980 年欧洲核子研究中心进行的一项实验暗示,质子可能包含一个粲夸克及其反粒子–反粲夸克,实验结果没有定论,引发了激烈争论。

研究人员试图进一步确定质子的粲夸克,但不同的研究小组发现了相互矛盾的结果,而且难以从粒子加速器的高能环境中分离出质子的内在组成部件。在粒子加速器中,每种夸克都在连续不断地产生和毁灭。

荷兰阿姆斯特丹自由大学的胡安·罗霍及其同事发现了证据,证明质子的一小部分动量(大约 0.5%)来自粲夸克。胡安·罗霍称:"值得注意的是,即使经过这数十年的研究,我们仍在发现质子的新特性,尤其是新的成分。"

为分离粲夸克,胡安·罗霍和他的团队利用机器学习模型提出由所有不同类型的夸克构成的假设质子结构,将它们与几十年来粒子加速器实验(包括大型强子对撞机)中超过 50 万次真实碰撞数据加以比较。

华盛顿大学的克里斯蒂娜·艾达拉称,利用机器学习技术的做法尤为重要,因为它可以产生物理学家自己未必会想到的模型,从而降低测量结果出现偏差的可能性。

研究人员发现,如果质子中没有一个粲夸克–反粲夸克对,那么得到他们研究结果的可能性只有 0.3%。物理学家称之为"3 西格玛"结果,这通常被视为存在某种有趣东西的潜在迹象。需要进行更多研究，将测试结果提升至5西格玛水平，这意味着侥幸结果的概率约为350万分之一，这通常是某项发现的门槛。

研究小组研究了最近的大型强子对撞机底夸克Z玻色子实验的结果，并模拟了在有和没有粲夸克情况下质子动量的统计分布。他们发现，假设质子有一个粲夸克，这个模型与结果更匹配。这意味着，与西格玛水平本身所提示的相比，他们更有信心认为存在一个粲夸克。罗霍称："完全不同的研究汇聚于同样的结果，这让我们尤其相信我们的结果是可靠的。"

剑桥大学的哈里·克利夫称："鉴于质子的普遍性和我们对它的了解时间，我们实际上对它的子结构仍有很多不了解的东西，因此这绝对意义重大。"

哈里·克利夫称，质子的粲夸克也可能对其他物理学实验产生影响，因为它们依赖质子子结构的精确模型。胡安·罗霍称，南极冰立方中微子天文台寻找宇宙射线撞击地球大气层中的粒子时产生的罕见中微子，可能也需要将这种新结构考虑在内。宇宙射线撞击大气原子核并产生中微子的概率对质子的粲夸克非常敏感。

本文内容参考中国《科技日报》《参考消息》。

发现轴子存在证据

一项寻找难以捉摸的暗物质迹象的实验发现了一个无法解释的信号。

这些“过剩的事件”可能表明了一种此前未被发现的暗物质粒子的存在，它被称为轴子。

暗物质占古宇宙物质的85%，它的性质还不为人知。

不管暗物质是什么，它都不会反射或发射可见光，也因此而得名。

实验发现的新信号有三种可能的解释，其中两种需要用新的物理学来解释，而另外一种解释则符合被称为太阳轴子的暗物质粒子假设。

这一研究结果已经发表在美国阿奇夫论文(预印本)网站上。

科学家只观测到暗物质存在的间接证据，尚未以确定的方式直接探测到暗物质粒子。

有好几种理论解释了这种粒子可能是什么样子，其中最热门的是弱相互作用大质量粒子。

进行该系列实验的物理学家已经花费了十多年时间寻找这种弱相互作用大质量粒子的踪迹，但搜寻工作一直一无所获。不过，最新版本的探测器对其他候选粒子也很敏感。

该实验于2016年至2018年在意大利格兰萨索国家实验室的地下深处进行。

实验使用的探测器里装满了3.2吨超纯液态氙，其中有2吨充当了氙原子和从中通过的其他粒子之间相互作用的“目标”。

当一个粒子穿过目标时，它可能发出微弱的闪光，并从氙原子中释放出电子。

这些相互作用也被称为事件，大多是与我们已知的粒子之间发生的，比如介子、宇宙射线和中微子。这构成了科学家所指的背景信号。

来自未被发现过的粒子的潜在信号需要足够强，才能从这一背景噪声中脱颖而出。

科学家仔细估算了实验中背景事件的数量。他们预计会看到大约232

个事件,但实验结果是285个,多了53个。

一种解释可能是,探测器中存在的微量氚,导致了一种以前未被考虑过的新背景污染源。

也可能归因于中微子每秒钟都有数以万亿计的中微子畅通无阻地穿过我们的身体。

一种解释可能是中微子的磁矩(所有粒子的一种特性)大于它在标准模型(物理学)中对基本粒子进行分类的模型的数值。

这将是一个强烈的暗示,意味着需要一些新的物理学来解释它。

不过,这些过剩的事件与太阳轴子的信号最为吻合。太阳轴子是一种极轻的、尚未被探测到的粒子,也是暗物质的一个候选者。

在统计学上,太阳轴子假设的显著性为3.5西格玛。

虽然这一统计显著性相当高,但还不足以断定轴子的存在。通常,5西格玛是一项发现成立的公认阈值。氚和中微子磁矩这两种假设的统计显著性相当于3.2西格玛,意味着它们也符合所得到的数据。

本文内容参考中国《科技日报》《参考消息》、美国阿奇夫论文(预印本)。

“不朽粒子”证据

我们周围的所有东西,从生物到山峦,再到行星、恒星、星系,甚至是宇宙本身都具有寿命。在亚原子粒子的奇特领域,一切皆有可能。这并不意味着它们不会像其他所有物种一样衰变,而是在衰败之后,它们会以某种仍是一个谜的方式“自我重建”,从而获得新生。从理论上讲,这种方式可以无穷无尽地重复。

这种超常的能力似乎违背了宇宙中最坚定和不可回避的原理之一:热力学第二定律。根据该定律,不可逆热力过程中熵的微增量总是大于零。这就是为什么我们看到玻璃杯从桌子上掉下来时会破裂,却看不到玻璃碎片在地板上重组并飞回桌子上。热力学第二定律是如此强大,以至于与其他许多规则和定律不同,它甚至适用于量子世界。这就是为什么科学家在遇到“不朽”的准粒子时有些无所适从。这项研究日前发表在英国《自然·物理学》杂志上。

研究报告的作者之一、德国慕尼黑工业大学物理学家弗兰克·波尔曼指出:“此前我们一直认为,相互作用中的量子系统的准粒子应该在一定时间后衰变,但现在我们发现事实并非如此。”

所谓的准粒子并不是完全的粒子,或者至少不是我们通常认为的质子或电子。举例来讲,在晶体晶格中振荡原子的振动能量的离散单位“声子”,通常被归类为准粒子。

研究报告的合著者、德国马克斯·普朗克复杂系统物理研究所物理学家鲁本·弗雷森表示:“计算机精心模拟的结果表明,准粒子确实会衰变,但碎片中会出现新的相同粒子实体。如果这种分解进行得非常快,那么在一段时间后会发生逆反应,碎片会再次聚集。这个过程可以无休止地重复,从而导致衰变与重生之间的持续振荡。”

有必要进行实验以验证准粒子的不朽性。研究人员认为,这项研究成果或将使未来量子计算机系统拥有巨大的长期数据存储潜力。

本文内容参考中国《科技日报》《参考消息》、英国《自然·物理学》。

第 99 号重元素锿

化学家制造和捕捉锿——难以捉摸的第 99 号元素。

科学家首度揭示了锿的一些基本化学特性。

科学家几十年来首次成功地研究了锿——元素周期表上最难捉摸、最重的元素之一。这一成果令化学家们距离发现所谓的“稳定岛”更近了一步。据认为,“稳定岛”有着最重和存在时间最短的一些元素。

1952 年,美国能源部在首个氢弹实验的放射性沉降物中首次发现了锿。这种元素不存在于地球的自然环境中,只能利用专门的核反应堆以极少数量制造出来。它也很难同其他元素分开来,具有极强的放射性,并会迅速衰变,这使它极难加以研究。

加利福尼亚大学劳伦斯伯克利国家实验室(伯克利实验室)的研究人员最近制造了一个 233 纳克的纯锿样本,并自 20 世纪 70 年代以来首次对这种元素进行了实验。他们得以首度揭示这种元素的一些基本化学性质。研究作者之一、艾奥瓦大学助理教授、曾在伯克利实验室工作的科里·卡特对趣味科学网站记者称:“正因为它在元素周期表上的位置,它是很难制造的。”同锕系元素——元素周期表底部 15 种金属元素构成的一个群体中的其他元素一样,锿是用中子和质子轰击一个目标元素来制造的。该团队用的目标元素是锔。它利用了田纳西州橡树岭国家实验室的一个专门的核反应堆。这是世界上少数几个可以制造锿的地方之一。

这项反应旨在制造用于核电站的一种具有商业重要性的元素,因此它只会具有挑战性,这两种元素具有制造非常少量的锿作为副产相似性。从锎中提炼纯锿样品(锿-254)。

卡特称:“材料的数量非常少。你看不到它,唯一能判断其存在的是它的放射性信号。”

锿-254 的半衰期为 276 天,它会分解为锫-250。锫-250 会释放极具破坏性的伽马射线。

位于新墨西哥州的洛斯阿拉莫斯国家实验室的研究人员设计了一个特

别的 3D 打印样品盒来放置锿,并保护伯克利实验室的科学家免受辐射。“它一直在衰变,所以对它进行研究时,它每月基炼会减少 7.2%的质量。规划实验时必须考虑到这一点。”

本文内容参考中国《科技日报》《参考消息》。

暗物质质量范围

暗物质有多重？科学家首次大幅缩小潜在质量范围。

科学家计算出了暗物质质量范围，而且这一范围比科学界以前认为的要窄。

相关研究报告发表在美国《物理快报B》上。这一发现大大缩小了暗物质粒子的潜在质量范围，有助于为未来的暗物质"捕手"限定搜寻区域。

英国萨塞克斯大学的研究人员利用引力作用于暗物质（就像它作用于可见宇宙一样）这一事实，来计算暗物质质量范围。

这项研究表明，除非有一种迄今未知的作用力对暗物质施加影响，否则，暗物质不可能像某些理论所讲的那样"超轻"或"超重"。

研究小组认为，对暗物质起作用的唯一力量是引力，并计算出暗物质粒子的质量介于1/1000电子伏特至1000万电子伏特之间。这一范围比理论上认为的范围大幅收窄。

这一发现更有意义的是，如果暗物质的质量超出了萨塞克斯大学研究团队的预测范围，那么它也将证明，还有附加力量作用于暗物质。

萨塞克斯大学数学与物理科学学院的泽维尔·卡尔梅教授称："这是第一次有人想到将我们对量子引力的了解作为一种方法来计算暗物质的质量范围。当我们意识到从未有人这样做时，我们感到很惊讶。"他称："我们的研究表明，暗物质并不像某些理论所认为的那样是'超轻'或'超重'的，除非尚有未知的附加力量作用其上。这项研究对科学家有两方面的帮助。一是它缩小了暗物质的搜索区域；二是可能有助于揭示宇宙中是否存在神秘的未知附加力。"

与泽维尔·卡尔梅教授合作的萨塞克斯大学博士生福尔克特·凯珀斯称："我们的发现对实验学家来讲是个好消息，因为这有助于他们进一步发现暗物质的真正本质。"

可见宇宙(如我们自己、行星和恒星)占宇宙总质量的25%,剩下75%的宇宙质量由暗物质构成。

本文内容参考中国《科技日报》《参考消息》、美国《物理快报B》。

造出世上最快转子

科学家创造了世界上旋转最快的人造物体：一个异常小的“哑铃”。它每秒可旋转超过600亿次，约为高速牙钻的10万倍。

该研究成果发表于美国《物理评论快报》周刊。

珀杜大学物理学、天文学、电学及电脑工程学助理教授李同仓在声明中表示：“这项研究成果有多种应用，包括材料科学。我们可以研究不同材料能适应的极端条件。”

这种微小哑铃宽170纳米、长320纳米，相当于一个病毒的大小，是科学家通过无色化合物二氧化硅合成的。作为参考，一纳米为一米的十亿分之一。在李同仓的带领下，这个团队利用激光让这种纳米粒子悬浮于真空中，这样可使其以前所未有的速度旋转或振动。

当旋转时，这个哑铃可以作为旋转器；当振动时，它相当于一个扭秤（一种用于测量微力的设备）。这两种状态都有助于科学家研究量子力学和真空的特征。

李同仓称：“人们认为真空中一无所有，但是从物理学角度来看，我们知道真空并非空空如也，其中有很多可短暂存在然后消失的虚粒子。我们想知道到底发生了什么，这就是我们想制造最灵敏扭秤的原因所在。”下一步，研究人员将进行更快旋转速度的实验研究，从而更精确检验基础物理理论，包括真空下的外部摩擦形式。

量子力学描述一些只发生在非常小规模（如量子纠缠状态下）的异常现象。

如果粒子在这种方式下配对或配组相互作用，它们会违反经典物理学法则。一个物体似乎可同时影响另一个物体，即使它们并没有直接物理联系，或相隔遥远的距离。

本文内容参考美国《物理评论快报》。

“全新”粒子或改变宇宙命运

因为无法就宇宙扩张的速度达成共识，所以全世界的天文学家希望找到“全新”粒子打破目前对宇宙的探索。

自从我们的宇宙从一颗拥有无限密度和重量的微小颗粒的爆炸中诞生以来，它一直像气球一样膨胀着，而且不是以一种稳定的速度——宇宙的扩张始终变得越来越快。

但是宇宙扩张有多么快的问题一直没有定论。从邻近辐射源获得的这种扩张速度的测量值似乎与从遥远辐射源所测量到的数值存在冲突。一种可能的解释是，从根本上讲，宇宙中正在发生某种奇怪的事情，从而改变了扩张的速度。

一位理论物理学家提出，一种全新粒子已经出现，并且正在改变我们整个宇宙的未来命运。今天主导宇宙扩张的是一种我们称之为“暗能量”的神秘现象。今天宇宙的扩张正在加速，而我们把推动这种加速的力量称为暗能量。

科学家们有一种隐藏在心中的怀疑，认为暗能量与被锁入时空的真空状态中的能量存在某种关系。这种能量来自弥漫于宇宙中的所有“量子场”。

在现代量子物理学中，每一种粒子都与自己特定的场联系在一起。所有的电子都属于电子场，所有的中微子都属于中微子场，以此类推。这些场的相互作用构成我们了解量子世界的根本基础。

在宇宙中，不管你去往哪里，你都无法逃离量子场。即使它们在某个特定位置的振荡不足以产生粒子，它们仍将存在于那里，摇摆和振荡着，从事它们常规的量子作业。因此，即便在真空环境中，这些量子场也拥有与它们关联的基本数量的能量。

如果我们想利用时空的真空中的外来量子能量来解释暗能量，那么我们立刻会遇到问题。当我们进行某种极其简单、极其幼稚的计算，以确定这样的真空中由于所有这些量子场的原因而存在多少能量时，我们到头来得到的数值要比我们观察到的暗能量数值高出约120个数量级。

另外,当我们试图进行一些更为复杂的计算时,我们最终得到的数值是零。这也与测量到的暗能量数值不一致。

不管怎样,我们都很难尝试通过时空的真空能量(由这些量子场所产生的能量)语言来理解暗能量。但是,如果这些有关宇宙扩张速度的测量结果是准确的,而且暗能量确实正在变化的话,那么这可能会给我们提供理解这些量子场性质的线索。

在美国阿奇夫论文(预印本)网站发表的一篇论文中,意大利帕多瓦大学的理论物理学家马西莫·切尔多尼奥计算出了可以解释暗能量变化的必需的量子场变化数值。

如果说存在一个作为造成暗能量变化原因的新量子场,那么这意味着宇宙中存在一种新的粒子。

马西莫·切尔多尼奥计算出的暗能量变化数值需要某种类型的粒子质量,而结果是这种粒子质量与一种已经被预言过的新型粒子——所谓的轴子的质量大致相同。物理学家们创造出这种假想的粒子,是为了解决我们对于强核力的量子理解中所存在的某些问题。

据推测,这种粒子出现在极早期的宇宙中,但在其他力和粒子控制宇宙的方向的时候,它们一直"潜伏"在幕后。而现在轮到轴子上场了……

即便如此,我们也从未探测到轴子,但是如果这些计算是正确的,那就意味着轴子确实存在,并且充斥于宇宙及它们自己的量子场中。此外,通过改变宇宙中暗能量的数量,这种假想的轴子已经引人注目了。因此,即便我们从未在实验室中看到过这种粒子,它也可能已经在以极为巨大的尺度改变着我们的宇宙。

本文内容参考中国《科技日报》《参考消息》、美国阿奇夫论文(预印本)。

暗物质或为物种大灭绝"元凶"

暗物质能够解释地球上发生的多次物种大灭绝事件吗？生物学家迈克尔·兰皮诺领导的纽约大学的一个科学家小组在英国《皇家天文学会》月刊上发表研究报告指出，地球穿过银河系星系盘的"路线"可能对地球上的地质和生物现象产生直接且重大的影响，并且每隔一段时间就会对地球上的生命形态构成威胁。

迈克尔·兰皮诺和他的同事们认为，地球穿过银河系暗物质的运动可能会扰乱彗星轨道，并造成地核额外升温。这两个现象与地球历史上的大灭绝事件之间可能有直接联系。

星系盘分布着大量的恒星、气体和尘埃云，但其中也有大量暗物质。暗物质是一种我们的仪器探测不到的物质，我们只能根据其引力效应来感知它的存在。

此前的研究表明，地球每2.5亿年围绕银河系的核心旋转一圈。但我们的星球穿过星系盘的"路线"并不是笔直的，而是波浪形的。迈克尔·兰皮诺发现，地球穿过星系盘太空的时间与彗星撞击密集期和大灭绝现象的时间是吻合灭绝"元凶"的。6600万年前造成恐龙灭绝的著名彗星撞地球事件只是其中的一个例子。

是什么原因造成地球穿过星系盘和上述后果之间产生联系呢？迈克尔·兰皮诺认为，随着地球穿过星系盘，那里的暗物质就扰乱了彗星的轨迹，很多本应该在远离地球的轨道上运行的彗星受到干扰后"走上了不寻常的路"，其中部分彗星与地球发生了碰撞。

迈克尔·兰皮诺还注意到，地球每次"潜入"星系盘，似乎都有暗物质在地核内部聚集。暗物质的粒子通过相互之间的碰撞而湮灭，产生大量热能，可能会引发火山喷发、山脉升高、磁场逆转和海平面变化等事件。

地球穿过星系盘的波浪形轨迹和随之而来的内部暗物质聚集所引发的天体物理现象可能是造成地球上发生地质和生物变化的原因。暗物质与地球之间的相互作用可能会彻底改变我们对地球和其他行星上的地质和生物演变的理解。

“我们有幸生活在一个有利于复杂生命发展的理想星球，但地球历史上有过多次大规模灭绝事件，其中有些仍难以解释。也许暗物质能够给出答案。”未来地质学家应该利用这一天体物理学发现，从而更好地理解一些我们今天认为只与地球本身有关的一些现象。

本文内容参考中国《科技日报》《参考消息》、英国《皇家天文学会》。

捕捉到“幽灵粒子”

中国的一个研究小组声称,他们成功捕捉到一种困扰物理学家近一个世纪的“幽灵粒子”(外尔费米子)。

这项突破性的发现将极大地推进未来技术的发展,例如比目前的超级计算机运行速度更快的量子计算机,以及能够实现一年一充电的智能手机。

中国科学院称,经过多年研究,中国科学院物理研究所方忠教授带领的研究小组证实了外尔费米子的存在。

1929 年,德国数学家、物理学家赫尔曼·外尔最先提出了这种无质量的粒子——外尔费米子。参与该项目的研究员翁红明在接受本报采访时称:“你可以将它想象成一个极小的、只有一个磁极的磁棒。”

在自然界中,无论你将磁铁切割成多小,它始终带有南北两个磁极,磁场在磁极之间流动。作为仅有一个磁极且没有质量的粒子,外尔费米子能够完成诸多当前科技不可企及的任务。

外尔费米子的发现给智能手机带来的影响尤其显著,可以解决智能电子设备待机时间短、电量消耗快的问题。

当前的电子设备充电是电子流通过电线和电路进入设备。这些粒子不仅笨重、不易控制,还会导致能量流失。如果我们用外尔费米子将其置换掉,一个费米子装置就能够保证电流几乎不流失,并且能保证在几乎不损耗能源的情况下完成高功率计算。

含有外尔费米子的材料能够充当超导体,因而也可应用到量子物理学领域。这种材料能够保持长时间的量子态,而不受或很少受到外部世界的影响,这使它成为打造一台实用、高容错量子计算机的热门材料。制造这样一台设备所面临的最大挑战就是过去曾被用来进行量子计算的光子等粒子的量子态所具有的脆弱性。电磁干扰或物理干扰可以轻松地导致粒子失去或改变量子态,并打乱它们本应进行的计算。

“不幸的是,外尔费米子这样精美的粒子并不存在于我们的三维世界里。只能在另一个与我们这个世界‘相反’的世界里寻到它的芳踪。”

为了能够找到它,全世界的科学家争相创造可能存在外尔费米子的人工环境。

方忠的研究小组发表的一篇论文预测称,这个难以捕捉到的幽灵粒子可在人造材料“钽神”中发现。

该研究小组宣布,他们通过向“钽神”晶体发射同步辐射光源首次检测到外尔费米子。

翁红明称:“我们这项发现并未使用大型粒子对撞机,它给我们带来了希望,即不通过大型设备也能实现重大发现。”

本文内容参考中国《科技日报》《参考消息》、中国科学院网站。

首次观测到电子分裂现象

对神秘的物质新形态科学预测40年后，量子自旋液态被发现存在于现实材料中，有望大幅提高电脑运算速度。

科学家在现实材料中找到了一种古怪的新物态的存在证据，这种物质形态早在40年前就被首次预测到了。人们原以为电子是自然界不可分割的组成构件，但新发现的“量子自旋液态”能够使电子分裂成更小的碎片。

由电子分裂成的粒子，叫“马约拉纳费米子”，可用于制造量子计算机。发现电子在现实世界中的分裂现象被科学界视为一项重大突破。

英国剑桥大学带头进行了此次研究工作。这是物理学家首次在一种类似石墨烯结构的二维材料中记录到马约拉纳费米子的存在标记。

他们的实验结果成功验证了量子自旋液态的重要理论模型之一——基塔耶夫模型。

量子自旋液态是一种神秘的物态，被认为隐藏在某些磁性材料中，但从未在自然界中找到确凿证据。

能在现实材料中观测到量子自旋液态的一大有趣特性（电子分裂现象）具有重大意义。由此产生的马约拉纳费米子能使量子计算机的运行速度大大超越传统计算机，电子分裂现象能实现原来无法实现的运算。

剑桥大学卡文迪什实验所专家、此次研究报告的合著者约翰内斯·克诺勒称：“这是一种新的量子态，早就被预测到了，但从未被发现。”

在普通的磁性材料内部，电子的活动方式类似于微小的磁棒。

如果磁性材料的温度被降得足够低，这些小磁棒就会自动排列整齐，比如所有磁棒的北极都会指向同一个方向。

对于包含量子自旋液态的材料而言，即使温度降到绝对零度，小磁棒也不会排列整齐，而是形成了“一碗浓汤”。

1973年，物理学家菲尔·安德森首次提出了量子自旋液态。

约翰内斯·克诺勒的研究小组希望利用中子散射技术找到氯化钌晶体中存在电子分裂现象的实验证据。他们用中子照射氯化钌晶体，观察中子在一块屏幕上产生的波纹形态，借此了解氯化钌晶体的磁性特征。

他们早在 2014 年就对马约拉纳费米子的存在标记进行了理论预测，预测结果与这次的实验数据完全吻合。这是科学家首次在二维材料中观察到量子自旋液态和电子分裂现象的直接证据。

本文内容参考中国《科技日报》《参考消息》、英国《自然·材料学》。

物理学家发现全新磁体

科学家发现了隐藏在一种铀化合物里的全新类型的磁体。

该化合物 USb_2(一种铀和锑的化合物)即所谓的“基于单线态”的磁体,是一种新磁体,它产生磁性的方式与科学家已知的任何其他磁体完全不同。

电子会产生自己的微小磁场。这些磁场有“北极”和“南极”,这是一种被称为“自旋”的量子力学性质的结果。在大多数物体中,这些磁场指向任意方向,从而相互抵消。但在某些材料中,这些磁场却变得一致。发生这种情况时,它们制造的磁场就会大到足以移动一堆铁屑或让指南针指向北极。

从冰箱贴到核磁共振机器中的磁体,再到作为一个大磁体的地球,宇宙中几乎每种已知磁体都以这种方式发挥作用。

新发现的这种“基于单线态”的磁体,以一种完全不同的方式运作。

USb_2 同很多其他物质相似的地方在于,它内部的电子不倾向于将它们的磁场指向同一方向,因此它们不会通过它们的联合磁场强度产生磁性。

然而,USb_2 中的电子可以合作形成被称为“自旋激子”的量子力学物体。自旋激子同你在物理课与化学课上学过的常规粒子——电子、质子、中子、光子等不同。相反,它们是准粒子。在我们的宇宙中,这些准粒子不是离散的物体,但当物理粒子群开始共同以奇怪的方式全新进行磁体行动时,这些准粒子就会表现得像离散物体一样。

自旋激子产生于电子群的相互作用。当它们得以形成,磁场也就被创造出来。发现 USb_2 的研究人员在一份声明中称,物理学家一直怀疑自旋激子群可能会聚集在一起,并且它们的磁场会指向同一方向。他们称,这种效应为“基于单线态”的磁性。过去,这种现象在超冷实验环境中的一些短暂、脆弱的瞬间得到过证明。在超冷环境下,量子力学的奇怪物理学效应往往会更明显。

现在,物理学家首次表明,这种磁体可以在超冷环境之外稳定地存在。

该项研究发表在英国《自然·通讯》上的一篇论文中称,在化合物 USb_2 中,磁场会在一瞬间形成,并以几乎同样的速度迅速消失。

在通常情况下，铁棒的磁矩会逐步变得一致，磁化与非磁化状态之间的转变并不剧烈。而在“基于单线态”的磁体中，这类转变比较剧烈。自旋激子通常是不稳定的，聚集在一起时，它们会变得稳定。当这些群集形成时，它们会启动一个级联反应。就像依序倒下的多米诺骨牌一样，自旋激子会快速、突然地填满整个物质，并变得一致。

USb_2 中发生的情况似乎就是这样。研究人员在声明中称，这种磁体的优势在于，与一般磁体相比，它更容易在磁化与非磁化状态之间进行转换。鉴于很多计算机依靠来回调换磁体以储存信息，未来有一天，或许基于单线态的装置会比传统的磁装置以更有效的方式运作。

本文内容参考中国《科技日报》《参考消息》、英国《自然·通讯》。

“意念控物”两大难关被攻克

两项不借助植入物的实验实现了通过大脑远程控制设备。用大脑打开或关闭设备、移动机器人或写字已经成为可能。大脑为每个命令从特定区域发出特殊的波，这种活动可以转换为二进制代码传输到设备。然而，全球目前正在研发的一些系统存在两个问题。其中，最广为人知的系统由美国“神经连接”公司开发，包含了可能引起身体排斥反应的大脑植入物。那些使用外接耳机的系统则面临着干扰因素带来的不便。

现在有两项实验，一项由中国计划开展，另一项由西班牙、英国、中国和秘鲁等国大学的研究人员合作进行，已成功克服上述两个障碍，方法是不使用植入物，而是应用经过纠错实现高达99%准确率的人工智能。

这两个实验的基础是非侵入式（无植入物）脑电图，它通过放置在头皮上的电极测量脑细胞所产生的电活动。这种测量面临的主要障碍是，任何外部干扰、噪声或移动设备的存在都会导致在读取大脑信息时产生错误，并妨碍对命令的正确解读。

由中国研究人员在位于北京的中国航天员科研训练中心开展了一项实验，内容是利用航天员的脑电波控制设备。这项研究发表在科学期刊《计算机测量与控制》上。该实验在机械臂操纵方面取得了99%的有效性，预计其技术将被用于中国空间站。根据研究人员在《计算机测量与控制》上的说法，“未经训练的人也可以使用它以相当高的准确度和速度发出命令”。为了提高设备的性能，该团队使用人工智能来区分脑电波模式。

西班牙哈恩大学基于模糊决策分析的智能系统研究小组与来自英国埃塞克斯、中国南通和秘鲁利马等地大学的研究人员，在发表于《应用软计算》杂志的一项研究中开展了类似的实验。

其开发的技术基于人工智能和模糊逻辑（用数学语言表示知识，以便在具有不确定性、不准确性或模糊性的问题中做出复杂决策）的应用，已经在健康志愿者和中风患者当中进行了实验，实验处在日常环境中，其中任何噪声或干扰都可能改变对大脑活动的阅读。记录的有效率为74.3%~98.6%。

研究参与者做到了在虚拟键盘上选择一个字符，以及用他们的大脑激活设备开关。

哈维尔·安德鲁佩雷斯是该研究的主要作者，他称这项研究表明“对思维进行了很好的解码以进行自动化家庭设备的控制”。他指出，“我们改进的是使用深度学习与模糊处理技术相结合的解码，以消除信号周围的一切噪声，并专注于可以通过脑电图捕获的神经元活动”。

通过这种方式，该研究克服了此类技术的主要障碍之一。哈维尔·安德鲁-佩雷斯解释称：“手机、环境噪声、头发甚至走几步都可能破坏信号……在实验室中可以减少干扰，但我们已经在自然环境中对其进行了测试。”

他们克服的另一个巨大挑战是在大脑中植入设备，这是此类技术的一大局限，因为它们具有副作用。哈维尔·安德鲁-佩雷斯解释称：“每个神经元都会产生一个电压非常小的电脉冲。它可以被一个电极捕获，这个电极通常是金或铂制的，并植入头部。而我们使用一个外戴的头盔来倾听电脉冲，放大并捕获它，以便处理它。”

本文内容参考中国《计算机测量与控制》《科技日报》《参考消息》。

借助人工智能破译人类思维

日本研究人员已经成功借助人工智能破译了人类的思维和想象,从而在理解人类思想及其背后的大脑机制领域获得了重大突破。

破解人类思维的内容是科学界长久以来的愿望。事实上,此前的种种研究也已经实现了破译人类所见、回忆、想象和梦境的内容。

例如,一个日本科学家团队早在2008年就成功地在电脑屏幕上直接重现了从人类大脑活动中获取的图像。

但包括这一研究在内的以往其他研究都遭遇了难以逾越的障碍,每个个体的大脑内容都具有其独特性,因此思维模式的目录创建很难实现。

此外,这些模式还必须与少数预编程的图像相结合,这个阶段就需要对实验参与者接受的长期和高成本的图像测试进行大量处理。不过,根据日本京都大学教授神谷之康及其团队日前发表在英国《自然·通讯》上的研究报告,人工智能的到来显然为该领域的研究开辟了新的道路。

他的团队发现,可以利用人工神经网络将人类个体的大脑活动破译和解读成可理解的信号。人工神经网络破译人类思维是一个建立在实验室造神经元基础上的计算机模型,与人类大脑神经元的运行方式类似。

人工神经网络利用传统算法技术制造出具有理解能力和解决难题能力的计算机软件,能够对人类的思维进行解读。这一切的基础是人工智能的"深度学习"能力,而这种能力是通过对海量数据的解析获得的。

日本科学家利用一个深度神经网络架构克服了此前在破解人类思维、梦境和想象有关的研究中遇到的种种障碍,得到了出人意料的结果。神谷之康指出:"我们研究证实,深度神经网络的信号模式可以被用来识别一个人看到或想象的物体。解码器回馈获得了神经网络的模式,并将其与大数据库中的影像进行比对。以此方式对人所见和所想的物体进行识别,成功率很高。"

在这项研究的框架内,日本科学家还发现大脑视觉区破译神经网络的能力最强，从而揭示了人类大脑与实验室造神经网络之间的一种同源性。

下一步，神谷之康希望能够提高解读人类思维的精确度。

本文内容参考中国《科技日报》《参考消息》、英国《自然·通讯》。

硅量子计算机

对于量子计算机来讲,硅的春天可能终于到来了。

硅技术在量子计算领域是一个后起之秀,落后于其他方法。物理学家利芬·万德西彭在《自然·通讯》杂志网站上发表报告称,科学家们首次在硅量子计算机上完成了简单的算法。

这台计算机只有两个量子比特,因此它只能执行基本的计算。普林斯顿大学的量子物理学家贾森·佩塔称,这次演示“实际上是第一次用硅做这类演示”。贾森·佩塔没有参与这项研究。贾森·佩塔在《自然》杂志网站上的另一篇论文中介绍了硅量子比特与光线的相互作用。这项技术最终可使硅量子比特从芯片的两端进行通信,这也是升级量子计算机的必要条件。

科学家们希望建造一个能完成标准计算机不能完成的复杂计算的量子计算机。其他技术要比硅技术更进一步,例如,由超导材料制成的量子计算机已经具有多达50个量子比特。

硅量子比特可能更有优势,如较其他类型的量子比特能够更长地保持其量子特性。此外,英特尔等公司已经很擅长使用硅了,因为这种材料被用于传统的计算机芯片。研究人员希望利用这种能力,更快地升级计算机。荷兰代尔夫特理工大学量子科技系的利芬·万德西彭及其同事已经与英特尔公司合作开展了一些工作。

在标准的计算机中,被称为比特的信息单元可以被设置为0或1。然而,量子比特可以存在于0到1的范围内,即量子叠加。为了创造硅量子比特,科学家们将一个电子俘获在一个被称为量子点的小块硅中。量子比特的值——0、1或量子叠加,取决于电子自旋的方向。这种量子性质类似陀螺的旋转。

利芬·万德西彭和他的合作者制造了一个由2个量子点组成的器件,并执行了2次标准的量子算法。

通常,硅量子比特必须彼此相邻才可以相互作用。但是,通过在混合物中加入微型磁体,贾森·佩塔和他的同事们使量子比特可以与光子相互作用。未来,光子可以允许芯片两端的硅量子比特相互通信。利芬·万德西彭表示,这个结果是“实现未来多量子比特网络的重要一步”。

本文内容参考中国《科技日报》《参考消息》、英国《自然·通讯》。

微波循环器可助推实用型量子计算机问世

一个澳大利亚科学家团队开发出量子计算的重要元件——微波循环器。研究人员称,他们的发明将使量子计算机的规模升级成为可能。

这种元件是描述拓扑绝缘体的理论性研究在现实中的首次体现。这项研究成果获得了2016年的诺贝尔物理学奖。拓扑绝缘体是具有独特物质相态的材料,这些材料的内部结构如同绝缘体,而表面却可以作为导体。

通过对这些材料进行巧妙处理,科学家能够制造出一种可以促进量子系统和经典系统之间互动的电路接口。这样一种元件对于制造现实世界的量子计算机是必不可少的。

微波循环器的作用就像是交通环岛,它只把电信号朝同一个方向(顺时针或逆时针)输送。商用循环器存在于移动通信基站和雷达系统中,是极其笨重庞大的。

利用拓扑绝缘体,悉尼大学的科学家成功地实现了这项技术的微型化。这种新材料使科学家可以有效降低光的传导速度,从而可以在不牺牲性能的情况下缩小元件尺寸。科学家相信它们的突破将使许多循环器可以被集成到一枚计算机芯片中。

研究人员相信,这一突破将使科学家开发出能够执行现实世界功能的实用型量子计算机。到目前为止,科学家只能开发出十分简单的量子计算机。悉尼大学的戴维·莱利教授称:“使量子计算机的规模升级成为现实,将需要发明充当量子——经典系统接口的新装置和新技术。”新发明的微波循环器,其详情刊登在本周的《自然·通讯》杂志上,就是一种这样的装置。

尽管实用型量子计算机的出现仍将是多年以后的事情,但科学家相信,它们的最新突破将为这样的装置成为现实创造条件。

本文内容参考中国《科技日报》《参考消息》、英国《自然·通讯》。

量子计算机设计图

科学家已经绘制出首个大型量子计算机的设计图。这一进展或将带来等同于发明计算机本身的技术革命。

一组国际研究人员认为,他们终于克服了阻碍制造更强大机器的主要技术问题。

他们目前正在建造样机,十年内将制造出一台全尺寸的量子计算机。

这种机器的工作原理是利用微观世界中的奇妙特性。在微观世界中,一个原子可以在同一时间明显地存在于两个不同的地方。

领导这项研究的英国萨塞克斯大学离子量子技术集团负责人温弗里德·亨辛格称:“建造量子计算机真的是科学界的‘圣杯’。我们现在公布的是建造大型量子计算机的详细计划。”

量子力学所拥有的惊人处理能力将带来全新的救命药品,帮助解决最棘手的科学问题,并探索宇宙的秘密。

温弗里德·亨辛格称:“生活将彻底改变。我们将能够做到以前完全不敢想象的事。你可以想象那种突然之间一切皆有可能的感觉。这的确非常令人兴奋……可能是这一领域最令人激动的时刻之一。”过去建造的一些小型量子计算机只是为了测试理论。“这已经不再是学术研究了,这就是建造这种设备所需的全部工程学知识。关于如何制造一台量子计算机,目前还没有人真正绘制出完整的工程设计图。因为要实现这个太难了,很多人对能否真的建成提出了质疑。我们不仅已经证明这可以建成,还提供了如何去建造的详细计划。”

此前的问题是,已有的量子计算机需要激光精确对准单个原子。计算机越大,需要的激光就越多,出问题的概率也就越大。但温弗里德·亨辛格教授和他的同事用一种不同的技术来监测原子,这涉及一个微波场和离子阱设备中的电流。

“我们找到了能实现任意(计算)能力的解决方案。我们已经在建造了。在两年内,我们就能完成一个包含我们设计图中列出的所有技术的样机。”

本文内容参考中国《科技日报》《参考消息》、美国《科学进展》。

可截获量子通信信息

加拿大研究人员表示,他们已经找到从高度安全的量子通信网络中复制部分数据的方法,据刊登在美国《科学进展》杂志上的论文称,黑客能够利用这一技术截获量子通信线路中传输的加密信息。而此前人们认为,这种传输是绝对安全的。

中国正在建设全球最大且最精密的量子通信网络。数十亿元人民币的设备投入让中国拥有了全球首颗量子通信卫星和全球传输距离最长的地面量子通信网络。这张网络连接着北京和上海,并且正计划向其他城市扩展。

量子数据网络的建立基础是物理学中的一条基本定律——第三方任何试图读取编写在量子比特中的加密信息的行为都会改变原始信息,因此无法对数据进行克隆。

由渥太华大学易卜拉欣·卡里米教授率领的加拿大研究团队称,他们已经找到一种可行的方法,能够绕开量子通信中的这道防线。他在邮件中写道:"无法完美地克隆量子通信系统,但却能够以最佳方式进行克隆。"后者的意思是,能够读取量子态的某些部分。

易卜拉欣·卡里米还称:"我们正在建造这样的机器。"他们的高维量子克隆机对原始信息的复制精度为50%~83%,因此能够截获加密的量子信息。

中国一些研究人员称,现在就他们的量子通信网络相关技术是否即将面临威胁发表意见,还为时过早。

一名因项目敏感而匿名的中国量子物理学家称:"我认为加拿大的这种机器侵入不了,如果真的侵入了,那么物理学的世界将因此崩塌。"

一名曾参与中国量子通信网络建设的科学家称,加拿大研究人员的发现目前还没有实际价值。他称:"复制出的信息的相似度必须达到90%或者更高,否则得到的仍然是乱糟糟的东西,几乎没有有用信息。”他还称,克隆行为会对系统形成干扰,因此会被通信网络管理人员察觉到。

本文内容参考中国《科技日报》《参考消息》、美国《科学进展》。

纳米冰箱可让量子计算机“冷静”

纳米冰箱可以让量子计算机保持适于计算的足够低温。研究人员研制出一款纳米级微型冰箱，以便让量子比特保持运行所需的温度。

计算机需要内置风扇及采用其他办法来散热，量子计算机也不例外。量子计算机不像经典计算机那样依赖非“0”即“1”的比特信息，它依赖的是“量子比特”。由于量子力学的奇异特性，量子比特可以同时以“0”和“1”两种状态存在，这被称为“叠加态”。这些量子比特必须与所有外部噪声隔绝开来，因为最轻微的干扰也会破坏叠加态，从而导致运算错误。隔绝良好的量子比特极易升温，因此让它们保持低温是一项挑战。

同样与经典计算机不同的是，量子比特必须从低温基态开始进行运算。量子比特会在运算过程中升温，因此如果你希望依次进行若干项运算，任何冷却机制都必须快速起效。标准风扇根本没法做到这一点。

现在，芬兰阿尔托大学的米科·默特宁及其同事研制出第一部用于量子电路的独立冷却装置。它最终可以被整合进许多种量子电子设备，包括量子计算机。

这支团队构建了一个有能隙的电路，这个能隙把两条通道隔开：它们分别是超导“快车道”，电子以零电阻在其间飞驰，以及一条有电阻的“慢车道”。只有能量充足到足以跨越能隙的电子可以进入超导“快车道”，而其余电子将困在“慢车道”中。

如果某个可怜电子的能量不足以完成飞越，那么它可以从邻近的一个共振器捕获一个光子，以增加能量。这样一来，共振器的温度会逐渐降低。

随着时间的推移，这也会对电子产生一种选择性的冷却效果：温度更高的电子会越过能隙，温度较低的电子则被落下。这个过程会把热量从系统中带走，很像是冰箱的工作原理。

加州理工学院的斯皮罗斯·米哈拉基斯与著名的“麦克斯韦妖”思想实验进行了类比。这个思想实验假设一个小妖怪操控着一个充满气体分子、分为两个室的盒子，两个室之间的隔墙上有个小门。这个小妖怪只允许温度最高或是能量最充足的原子通过小门，最终导致两个室之间存在巨大的温度差异。

斯皮罗斯·米哈拉基斯称，“量子冰箱中没有妖怪，它有点类似于‘麦克斯韦妖’，只允许能量高于某个界限的电子通过”。

下一步将是利用这个装置给真正的量子比特降温，但要小心在冰箱停止工作时，不要意外破坏叠加态。米科·默特宁对该装置申请专利。

他称：“在 10 到 15 年后，它就能具有商业价值了。这将会花一些时间，我们能做到。”

本文内容参考中国《科技日报》《参考消息》、英国《新科学家》。

大脑“关机键”

科学家们开发了一种大脑“关机键”，利用光脉冲让神经活动停止。

美国斯坦福大学的科学家卡尔·戴塞罗思发明了如何用光来控制人脑细胞的开与关，他把这项技术称为“光传学”。

从那时以来，世界各地的研究团队利用这一技术来研究大脑细胞、心脏细胞及其他受电信号调节的细胞。

然而，光敏蛋白能有效地开启细胞，但不能那么有效地把它们关闭。

现在，经过将近10年的研究，科学家们既能激活，也能关掉神经元。

卡尔·戴塞罗思的团队再造了一种光敏蛋白，远比以前更有效地开关细胞。他的研究成果刊载于美国《科学》周刊。

此项研究由美国国家精神卫生研究所出资，该所所长托马斯·因塞尔表示，经过改良的“关机键”有助于研究人员更好地了解与行为、思维和情感有关的大脑回路。

“这是我们及这个领域的其他人探求了很长时间的东西”，卡尔·戴塞罗思称。他是论文的主笔，是生物工程学、精神病学和行为学教授。

他称：“我们对起抑制作用的光敏感度增强感到兴奋，部分原因在于我们认为，这会大大促进对鼠类和灵长目动物等脑容量较大生物的研究工作。”最新技术依靠的是改变光遗传学蛋白中的10种氨基酸。

“它带来一个强大的工具让神经科学家们以毫秒级精确度对任何一个特定回路加以抑制，这超越了一切现有技术的力量”，托马斯·因塞尔解释。

这一技术可能会有助于科学家为某些大脑疾病的患者找到治疗办法，因为它让大脑中有故障的部分能用光来关闭，并以最低限度的干涉进行治疗。

瑞典隆德大学医院的教授梅拉布·科卡亚利用光遗传学开展了对癫痫病等疾病的研究，他对这一研究成果给予高度评价。

他称：“这些特点可能对动物行为研究的用处要大得多，但也有望用来有效地治疗一些无法用药物治愈的神经疾病，比如某些重症癫痫和其他高度兴奋性疾病。”

本文内容参考中国《科技日报》《参考消息》、美国《科学》。

开建远距离量子通信干线

中国开始建设超级安全的远距离通信网络,同时,一项真实环境中量子密钥和数据同时传输的实验获得成功。

在两项最新进展推动下,网络安全领域应用量子物理向着实现远距离数据安全传输这一梦想更靠近了一步。

中国开始建设世界上最远距离的光纤量子通信干线——连接北京和上海,光纤距离达到2000千米。另外,其他国家物理实验室组成的联合研究组宣布了通过现场网络实验而得出的"令人鼓舞"的研究成果,验证了在进行经典通信的同时实现量子通信的可行性。

数据安全依赖于密钥(由数字0和1组成的一段序列,用于对信息进行加解密)的安全性。然而,传统的加密系统中,密钥在传输过程中面临着被窃听的风险。而量子通信通过一项利用光子微观特性的量子密钥分发技术"解决了现有通信系统中这一最薄弱的环节",提供量子密码产品和服务的瑞士公司的共同创始人和首席执行官格列瓦·里波迪称。量子密钥分发技术利用单光子的量子状态对密钥进行编码。当存在任何窃听时,量子力学原理决定了这种行为一定会扰动光子的量子状态,从而被通信方察觉。中国上述投资约1亿美元的开创之举和上面提到的联合研究中的系统都应用了量子密钥分发技术。

中国科学技术大学的潘建伟教授,其团队牵头实施"京沪干线"工程介绍道:"'京沪干线'不仅将为政府和金融机构提供最高安全等级的通信保障,也将是检验量子物理基本原理和测试、应用新技术的实验床。"潘建伟希望结合这个地面光纤网络和将于近年发射的量子科学实验卫星来实现广域的量子通信网络。同时,这将为诸如量子力学非定域性等量子物理基本原理的检验提供研究平台。

中国并非唯一开展远距离实用化量子通信网络建设的国家。巴特尔纪念研究所的研究人员唐·海福德领导的团队和瑞士公司合作,已着手在该机构位于美国哥伦比亚市的总部和华盛顿地区办公室间建立长达650千米的量子通信线路。据唐·海福德透露，他们还进一步计划，在此线路的基础上建立起连接美国主要城市、总长超过1万千米的环美国量子通信网络。

中国和美国的这两个量子通信网络都利用暗光纤作为传送量子信号的线路。不过，来自剑桥大学东芝(欧洲)研究中心的安德鲁·席尔兹认为，暗光纤并非随处可得，并且可能价格昂贵(因为要占用一条单独的光纤)。这一问题的自然解决之道就是尝试在“亮光纤”——用来进行经典通信的光纤上传送量子信号。然而，通常情况下，用以进行经典通信的光强达到每个光脉冲包含数千亿个光子，相比之下，单光子级别的量子通信信号就直接被湮没。

安德鲁·席尔兹及其同事近期发表的研究则成功解决了这一问题。通过波分复用，他们在英国电信集团一条两端相距26千米的“亮光纤”线路中实现了稳定的量子密钥分发：在一根光纤内4通道经典通信数据的强光背景下，高速的量子密钥分发持续了数个星期。

本文内容参考中国《科技日报》《参考消息》。

量子隐形传送取得实验进展

瑞士物理学家指出,他们成功地将量子态的光子远距离传输到一个晶体,在这一过程中把信息从光传到物质,距离达到创纪录的25千米。

这项在日内瓦大学用光纤开展的实验打破了该小组于2003年创下的6千米纪录。

日内瓦大学的研究人员在一项声明中称,实验显示,“可以在保持光子量子态的情况下将其运送到一个晶体,而二者没有直接接触”。

量子隐形传送涉及的理论是关于成对的原子粒子在量子态下彼此“纠缠”并开始像连体双胞胎一样反应时有何特性。解译密码者对该领域非常有兴趣,因为量子粒子可以用来运送的数据原则上大大多于今天计算机的二进制码,而且它们运送的信息无法被破解。触碰彼此“纠缠”的一对原子粒子中的任何一个都会抹掉信息。

因此,一项主要任务是找到办法,使光中编码的量子数据得以在真实的通信世界中储存和处理,而不毁掉信息。

为探索这个问题,研究人员用两颗“纠缠”的光子做实验,沿一条25千米的光纤推动其中一颗光子,而把另一颗光子送往一个晶体,以储存光子的信息。

就像打台球一样,研究人员用第三颗光子击打光纤中的第一颗光子,抹掉它们两个的信息。科学家对撞击进行测量后发现,第三颗光子中储存的信息没有毁掉,而是进入晶体,后者也含有第二颗“纠缠”的光子。

研究人员表示,尽管量子隐形传送仍然是遥远的目标,但这是重要的实验进展。

本文内容参考中国《科技日报》《参考消息》、英国《自然·光子学》。

太空中充满“量子泡沫”

用显微镜看太空,你会看到什么？什么都没有。放大1000倍,什么都没有。再放大100万倍,还是什么都没有。放大10亿倍,绝对什么都没有。

此时,一般人或许会觉得,太空中实际上什么都没有。毕竟,这在直觉上是合理的。此外,目前显微镜的放大能力远没有这么大。

然而,量子物理学家不是普通人。在理论工具的帮助下,他们继续放大倍数,并让视线深入空荡荡的太空,直到突然看到了一些东西。

那些东西就是一大堆混在一起的虚粒子,这团东西被称为“量子泡沫”。量子物理学家称,虚粒子在时空结构中作为飞逝的波动短暂地存在,就像啤酒沫中的气泡。

美国佛罗里达理工学院的物理学和太空科学教授埃里克·珀尔曼称:“‘量子泡沫’内的‘气泡’的大小是原子核的千万亿分之一,且只持续无穷小的时间,或用‘量子领域的话来表示’,就是大小用普朗克长度衡量,持续时间用普朗克时间衡量。”

这么小的东西显然还未被人直接观察到。为什么我们可以相当肯定这种‘量子泡沫’存在？1947年,荷兰物理学家亨德里克·卡西米尔和德克·珀尔德预言了如何找到最重要的证据之一。美国国立费米加速器实验室的资深实验物理学家唐·林肯向记者解释了所谓的“卡西米尔效应”:“他们推想,如果‘量子泡沫’是真实存在的,那么这些粒子应该存在于太空中的任何地方。此外,由于粒子还有波的性质,那么各处都应该存在波。因此,他们想象存在两个平行并相互靠近的金属盘。‘量子泡沫’存在于盘子之间和它们之外。但由于两个盘子相互靠近,盘子之间只可能存在短波,而盘子之外可能存在短波和长波。由于这种不平衡,盘子外过量的波的能量应会超过盘子之间数量不多的波的能量,从而将两个盘子推到一起。”

该预言首次提出30年后,人们从定性角度观察到了这一效应。1997年,这一效应得到了精确测量。

有一种理论认为,太空在诞生之初就是一团多泡而混乱的东西。这一理论对我们理解宇宙产生了巨大影响。

令人信服地说明“量子泡沫”是否存在，这对于弄清现实世界的真正本质非常有益。但正如科学界常常发生的情况那样，最近的实验结果互不一致。验证“量子泡沫”是否存在的一个可能途径，是测量星球爆炸喷出的光子运行较远距离要花多长时间。如果时空是平直和平滑的，从同一源头发出的两个光子应该花同样的时间走完一个既定的距离。但如果时空是多泡的，一个光子的速度可能会因为轻微的扰动而变慢。2009 年的一项分析发现，来自同一伽马射线暴的高能和低能光子到达一个既定位置所花的时间不同。但两个后续的分析显示，两种光子花费的时间几乎没有差别。这显示时空是光滑的，至少不是多泡的。

然而，没有哪个实验能通过足够具体地测量来排除“量子泡沫”存在的可能性。要弄清真相，我们或许必须等待出现一个能看到以普朗克长度衡量的物体的显微镜，而制造这样的设备将是一项艰巨任务。

本文内容参考中国《科技日报》《参考消息》、美国《佛罗里达理工学院院刊》。

世界首次洲际量子通信

借助“墨子号”量子通信卫星,中国与奥地利的科学家首次实现洲际量子保密视频通话。

中国科学院的科学家们称:“在‘墨子号’卫星发射后的一年里,我们在构建‘量子网络’之路上迈出了三大步。我们成功地实现了从卫星到地面1200千米距离的量子密钥分发、从地面到卫星的量子隐形传态,以及进行量子保密视频通话的第一组实验。得益于此,我们将通信质量提高到光纤通信的20倍。”

量子纠缠现象是当代量子技术的基础,这种现象在量子通信系统中发挥着重要作用。由于量子态的不可复制性,量子通信系统保证了信息的不可窃听和不可破解。如今,欧洲,中国和美国都在积极研发量子通信系统。

俄罗斯科学家及国外同行建造了数十个量子通信系统,能在200~300千米的距离内交换信息。将这些系统拓展至跨国和洲际规模的尝试遇到了难以逾越的阻碍,因为光纤传输的光子损耗率太高。

出于这个原因,很多研究团队开始考虑将量子通信系统搬到太空,借助卫星修复或强化纠缠态光子之间“看不见的联系”。首颗量子通信卫星已经在轨道上运行,它就是中国于2016年8月发射的“墨子号”卫星。中国科学院称,“墨子号”第一次用于实际通信。中国科学院院长白春礼与奥地利科学院院长安东·蔡林格进行了世界首次洲际量子保密视频通话。

这次通话使用的量子密钥先通过“京沪干线”北京控制中心与“墨子号”卫星河北兴隆地面站连接,然后通过“墨子号”进入奥地利地面站。“京沪干线”是一条连接北京、上海,并贯穿济南和合肥的量子通信骨干网络。拥有量子通信地面站的维也纳和格拉茨之间也有类似的网络。

中国科学家将在不远的未来携手俄罗斯、新加坡、意大利和德国,同时进行类似实验。

奥地利和中国的科学家进行了全球首次使用量子技术加密的洲际视频通话。

中国科学院发布,“私密及安全的通信是人类的基本需要。特别是在互联网使用呈几何级数增长的情况下,建立一个对数据进行全球性保护的安全网络至关重要”。

“传统公钥加密通常依赖特定数学函数的求解难度。相比之下,量子密钥分发采用处于叠加态的单个光量子(单个光子)来确保相互远离的各方之间的无条件安全性。”

这颗卫星配有一个诱骗态量子密钥分发光源、一个量子纠缠源,以及量子隐形传态接收和分析装置。此外,中方还在西藏等地建造了5个地面站。

目前正对这种加密通信系统进行测试,以便“政府、银行、证券和保险企业能在现实中加以运用”。

本文内容参考中国科学院网站、中国《科技日报》《参考消息》。

奇异量子效应可使物质隐形

奇异量子效应可使物质隐形终于得到证明。

几十年前预言的一种奇异的量子效应终于得到证明——如果你让一团气体变得足够冷且足够致密，那么你就能让它隐形。

麻省理工学院的科学家用激光挤压并冷却锂气体，使其密度和温度变化到足以减少光散射量的程度。这些科学家表示，如果他们能让这团气体的温度降到更接近绝对零度（零下 273.15 摄氏度），那么这团气体将变得完全看不见。

这种奇异的效应是名为泡利阻塞的量子力学过程的史上首个具体例子。

研究报告资深作者、麻省理工学院物理学教授沃尔夫冈·克特勒称：“我们观察到的现象是泡利阻塞一种非常特殊和简单的形式，也就是阻止一个原子做所有原子天然会做的事情：散射光子。这是首次清楚地观察到这种效应的存在，展示了物理学的一种新现象。”

泡利阻塞源自奥地利著名物理学家沃尔夫冈·泡利于 1925 年首次提出的泡利不相容原理。沃尔夫冈·泡利假定，一切处于相同量子态的费米子，如质子、中子和电子，都不能处于同一空间。

因为在诡异的量子水平上只存在数量有限的能量状态，这迫使原子中的电子组成能级更高的壳，在距离原子核更远的轨道上旋转。这还使不同原子的电子彼此保持距离，根据著名物理学家弗里曼·戴森在 1967 年参与撰写的一篇论文，如果没有这个不相容原理，那么所有原子都会塌陷在一起并释放巨大能量。

泡利不相容原理也适用于气体中的原子。在通常情况下，气体云中的原子有很大的弹跳空间。这意味着，尽管它们可能是受泡利不相容原理约束的费米子，但有足够多未被占据的能级供它们跃迁。将一个光子送入一团相对温暖的气体云，它撞上的任何原子都能与它相互作用，吸收它带来的动量，退回到一个不同的能级上并将光子散射出去。

如果让气体冷却下来，情况就会不同。现在，原子失去能量，占满了所有可用的最低能级，形成费米海。这些粒子现在被彼此包围，既不能上升到更高能级，也不能下降到更低能级。

研究人员解释，在这种情况下，这些聚集在壳里的粒子就像座无虚席的音乐厅里的听众一样，即使被击中也动弹不得。由于排列过于紧密，这些粒子无法再与光相互作用。光被泡利阻塞了，只能径直穿过。

沃尔夫冈·克特勒称："一个原子散射光子的前提是，通过移动到另一个'座位'上来吸收光子撞击产生的力。如果其他'座位'都被占了，那么原子就不能吸收冲击力和散射光子。因此，原子变得透明。"在这项研究中，科研人员调整了激光束中的光子，使它们只撞击与它们反向移动的原子，从而使原子变慢并变冷。科研人员先将锂气体云的温度降至略高于绝对零度。随后，他们使用另一束紧聚焦激光将这些原子的密度压缩到每立方厘米约1000万亿个的创纪录水平。

接下来，为了弄清过冷原子的隐形程度，这些物理学家用第三束也是最后一束激光照射原子，并用一个高度敏感的摄像头统计了散射光子的数量。他们对这束激光进行了精心校准，以免改变气体的温度或密度。正如他们的理论所预测的那样，与室温下的原子相比，被冷却和压缩的原子散射的光少38%，这使它们的亮度显著降低。

为了证明这种效应，另外两个独立研究的小组也冷却了另外两种气体，即钾和锶。这三篇证明泡利阻塞的论文都于近年发表在美国《科学》周刊上。

研究人员终于证明了泡利阻塞效应，未来有望利用这一效应来开发抑制光的材料。这对于提高量子计算机的效率尤其有用，因为量子计算机的发展目前受到量子退相干的阻碍。量子退相干是指（由光携带的）量子信息散失至计算机周围环境中。

沃尔夫冈·克特勒称："每当我们要控制量子世界，比如在处理量子计算机问题时，总会遇到光散射的问题。信息会从量子计算机中泄露。这项研究揭示了一种抑制光散射的方法，我们正在为控制原子世界这个主题作贡献。"

本文内容参考中国《科技日报》《参考消息》、美国麻省理工学院网站。

超导体中发现新量子临界态

美国能源部埃姆斯实验室的科学家利用固体核磁共振技术在一种超导材料中发现了一种新的量子临界态。科学家们称,这一发现也许有助于深入了解磁性与非常规超导性之间的关系。

大多数砷化铁超导体都既显示出磁涨落,又显示出结构(或向列)涨落,这让人难以理解它们在超导状态中发挥的作用。研究人员发现,埃姆斯实验室制造出来的一种由钙、钾、铁和砷组成并掺杂少量镍的化合物——CaK(Fel-xNix)$4As_4$ 显示出一种被称为"刺猬"自旋-涡旋晶体反铁磁态、无向列涨落的新磁态。

埃姆斯实验室资深科学家、美国艾奥瓦州立大学物理学和天文学教授古川雄二(音)称:"可以量子临界态认为,自旋或向列涨落对非常规超导性发挥了重要作用。在这种特殊材料中,我们得以只研究磁涨落,而核磁共振是研究磁涨落的最敏感技术之一。"他称:"我们利用 75As 核磁共振发现,$CaKFeAs_4$ 处于一个由于超导性而得以避免的'刺猬'自旋-涡旋晶体反铁磁量子临界点。在 CaK(Fel-xNix)$4As_4$ 中发现无向列性的磁量子临界态表明,自旋涨落是超导性的主要驱动因素。"

埃姆斯实验室资深科学家保罗·坎菲尔德称:"这是一种新型磁序。在正常状态的高温下,超导性与磁性之间存在这种有趣的相互作用。这让我们感到,这种高温超导性可能来自这种近乎量子临界的反铁磁涨落。"这项研究发表在美国《物理评论快报》周刊上。

本文内容参考中国《科技日报》《参考消息》、美国《物理评论快报》。

化学反应中的“量子纠缠”可测量

一直以来,科学家们怀疑量子现象可能在光合作用和自然界的其他化学反应中扮演某种角色,但他们对此并不确定,因为这一现象很难识别。

美国珀杜大学研究人员展示了一种测量化学反应中“量子纠缠”现象的新方法。“量子纠缠”指的是量子粒子远距离保持互相之间的特殊关联。

准确发现化学反应是如何进行的,这可以让人们使用新技术模仿或再造化学反应,比如设计更好的太阳能系统。

这项研究发表在美国《科学进展》杂志上,它将一条被称为“贝尔不等式”的常用定理应用于识别化学反应中的纠缠。除理论论证外,研究人员还通过量子模拟验证了这个不等式。

珀杜大学化学教授萨卜雷·凯斯称:“此前没有人通过实验表明化学反应中的‘量子纠缠’,因为一直没有办法测量它。我们现在第一次有了一种实用测量方法。现在的问题是,我们能否利用纠缠来预测和控制化学反应的结果?”

自1964年以来,贝尔不等式已经得到广泛验证,它是一种重要手段,用以识别可通过离散测量来描述的纠缠,例如,先测量一个量子粒子的自旋方向,然后确定这一测量结果是否与另一个粒子的自旋相关。如果一个系统违反了这个不等式,那么纠缠就存在。

描述化学反应中的纠缠需要连续进行不断地测量,例如,光束的各种角度、光束分散反应物,迫使它们接触并转化为产物。

萨卜雷·凯斯团队将贝尔不等式的应用扩大到化学反应中的连续测量。此前,该定理已被用于光子系统中的连续测量。

这项研究基于斯坦福大学研究人员2018年发表在《自然·化学》月刊上的一项实验,该实验旨在研究分子相互作用的量子态。萨卜雷·凯斯团队对产生氢化气分子的化学反应进行了量子模拟,测试了广义的贝尔不等式。

因为这些模拟验证了贝尔定理,并表明化学反应中的纠缠可以识别,所以萨卜雷·凯斯团队提议在一项实验中进一步利用氢化气测试这种方法。

萨卜雷·凯斯称:“我们还不知道能利用化学反应中的纠缠来控制哪些产物,只知道这些产物会有所不同。让这些系统中的纠缠变得可以测量是重要的第一步。”

本文内容参考中国《科技日报》《参考消息》、美国《科学进展》《自然·化学》。

“量子纠缠”

实验显示,幽灵般的“量子纠缠”现象是真实的。

在近四分之一个世纪里,科学家一直对似乎违背物理学经典定律的“量子纠缠”现象百思不得其解。该现象似乎表明,亚原子粒子对能够以一种超越时间和空间的方式隐秘地联系在一起。

现在,一个突破性的实验提供了迄今为止最明确的证据,证明这种量子效应——阿尔伯特·爱因斯坦曾轻蔑地称之为“遥远的幽灵般的活动”确实存在。

“量子纠缠”描述的是一个亚原子粒子的状态如何影响另一个亚原子粒子的状态,不管它们相距多么遥远。这冒犯了阿尔伯特·爱因斯坦,因为在空间的两个点之间以比光速更快的速度传递信息被认为是不可能的。

1964 年,爱尔兰科学家约翰·斯图尔特·贝尔设计了一个专门用来排除隐藏变量的实验,从而为阿尔伯特·爱因斯坦所谓的“遥远活动”提供了毫不离奇的解释。批评者称,所有进行过的“贝尔实验”都包含着可能会使“量子纠缠”现象的证据变得无效的漏洞。

现在,科学家们在英国《自然》周刊上撰文称,其中两个最重要的漏洞在此项实验的一个新版本中被堵上了。这个荷兰研究团队让分别位于代尔夫特理工大学校园两端的微型钻石夹子内的电子发生纠缠。它们是在校园两端的电子没有机会发生“暗中交流”的情况下实现这一点的,而且在实验中也不可能探测到任何与现场粒子不同类的任何粒子对。

电子拥有磁性,即所谓的“自旋”,这种特性使电子要么朝上、要么朝下。事实上,由于量子的奇异特性,它们会在同一时间处于既朝上又朝下的“重叠”状态。

只有在被观测的时候,事实才会得到呈现,这就像是一枚被轻拨后转动起来的硬币,只有在被抓住的时候才会显露出正面或是反面。牵头进行这项研究的科学家罗纳德·汉森称:“当两颗电子纠缠到一起时,它们在同一时间都朝上或朝下,但是当被观察到的时候,总有一颗是朝下的,而另一颗总是朝上。它们之间有着完全的相关性,当你观测一颗电子的时候,另一颗电子总是处在相反的状况。这种效应是即时的,哪怕另一颗电子位于银河系另一端的火箭上。”

粒子的其他特性也存在同样的“纠缠”效应。

本文内容参考中国《科技日报》《参考消息》、英国《自然》。

量子密码标准制定

中国将主导防止机密信息被第三方监听的新一代密码技术“量子密码”的规则制定。中国提出制定量子密码安全性的国际评估标准的构想,已经获得国际标准化组织批准,2019 年秋季确定成为国际标准的基准方案。不仅在量子密码技术开发方面,在规则制定方面,中国也将掌握主导权,在安全领域的存在感或将提高。

量子密码是利用量子力学的物理性质的密码。信息的发送者用光子携带用于加密和解读的钥匙的信息。如果第三方进行监听,会留下痕迹,只要确认光子的状态,就能确认是否被监听。作为高性能量子计算机等新一代计算机防止数据泄露的技术而受到期待。

中国 2018 年向 ISO 的工作组提出制定评估安全性的国际标准。在参加工作组的 45 个国家中,除投弃权票的国家外,2/3 以上的国家赞成,推进标准化一事已获得通过。

量子密码作为新一代密码的候选方案受到期待,但此前没有国际评估标准。如果中国主导规则制定,并获得 ISO 的背书,在销售采用量子密码所需的设备等时,不仅是企业,各国政府也会更愿意采购引进。

在 ISO 层面负责规则制定的意义十分重大。ISO 27001 标准(由 ISO 就相关组织是否充分形成信息安全体制进行认证)在 2005 年生效后,已在多个国家普及,截至 2017 年,被 160 个国家约 4 万个组织利用。

美国提出了将中国通信设备制造商华为等排除在政府采购之外的方针,另一方面,由于斯诺登事件,美国当局监听个人信息一事曝光,中国方面的警惕感也很强。希望通过积极参与安全标准的制定,为了保护机密信息而安心使用量子密码。

中国在量子密码技术开发上领先日美欧。2017 年成功在相距约 1200 千米的地面两个地点接收到从卫星发出的光子。2018 年还利用卫星实现了在中国和欧洲之间共享量子密码的钥匙信息。在光纤网方面,在北京和上海之间构建了 2000 余千米的通信网,被认为是想要防止有关电网和金融等重要基础设施的信息被监听。如果中国在规则制定方面也掌握主导权,在该领域的存在感或将明显提高。

对于中国主导规则制定一事,美国日趋感到不满。在决定是否推进中国提出的国际标准制定的投是票中,作为美方代表而具有投票权的美国国家标准化研究所表示,“(中国的)提案不完善”,投下了反对票。

在密码等安全领域,此前美国通过国家标准与技术研究所等确定的技术经常成为世界标准。在量子密码领域,ISO 的讨论因中国的提议而启动,显示出惯例已被打破。

美国也将参加推进基准方案制订的会议,除了中国、美国,日本、英国、俄罗斯和加拿大等 10 个国家也提出了相关方针、政策。2019 年秋季拟定国际标准的基准方案 2022 年生效。

围绕量子密码的标准化,欧洲电信标准协会也在推进欧洲自己的安全标准的制定,日本研究者也在参与。

本文内容参考中国《科技日报》《参考消息》。

二 空天与地球探索

海王星气温发生剧烈变动

一项研究显示,海王星大气和整体温度的升高和下降引起了17年来一直在观测海王星的天文学家的注意。

这个国际专家团队用了近20年的时间,利用包括欧洲南方天文台的甚大望远镜在内的地基望远镜密切关注着这颗气态行星的温度。

据发表在美国《行星科学》杂志上的这项研究称,他们的发现揭示,海王星的整体温度“意外”下降,而此后,海王星的南极急剧升温。

研究报告的第一作者、英国莱斯特大学博士后研究助理迈克尔·罗曼在一份新闻稿中称:“我们一直在海王星南半球的初夏时节对海王星进行观测,我们原以为气温会慢慢升高,而不是下降。”

据欧洲南方天文台称,海王星和地球一样,其季节是根据其太阳轨道变化的,而海王星的一个季节会持续大约40年。

海王星是离太阳最远的巨行星,它上面的一年相当于地球上的165年。海王星距离地球约28亿英里(约合45亿千米)。

自2005年以来,这项研究的天文学家们一直关注着这颗行星南半球的夏季,他们密切研究着夏至之后的气温变化。

他们把17年来拍摄的近100张海王星热红外图像拼合起来,以更加详细地研究这些趋势。

2003年至2018年,海王星的平均整体温度下降了8摄氏度。

不过,他们有了另一个惊人的发现,海王星的南极在过去两年的观测期内急剧变暖。

从2018年至2020年间,这些专家观测到温度迅速上升了11摄氏度。研究人员称,这是一个不同寻常的发现,因为此前从未在海王星上观测到如此快速的极地升温。

研究报告的合著者、美国加州理工学院喷气推进实验室的高级研究科学家格伦·奥顿称:“我们的研究数据的涵盖时间还不到海王星一个季节的一半,因此没有人预料到会看到巨大而迅速的变化。”

天文学家们还不确定是什么导致海王星出现出人意料的温度变化。他们计划在今后几年继续观察这些变化。

本文内容参考中国《科技日报》《参考消息》、美国《行星科学》。

科学家发现恒星爆炸新类型

天文学家发现了一种此前未知的恒星爆炸类型，被称为微新星，是在被称为白矮星的磁极发生热核爆炸的天文现象。

研究人员表示，微新星是目前已知强度最小的恒星爆炸类型，比被称为新星的白矮星的整个表面发生的爆炸强度要小得多，相比一些巨星死亡时出现的超新星现象更是微小。

从地球观测到的微新星，明亮的闪光持续大约 10 个小时。研究人员记录了 3 颗白矮星——第一颗距离地球 1680 光年、第二颗距离地球 3720 光年，还有一颗距离地球 4900 光年处的微新星现象。一光年是光在一年内飞行的距离，为 5.9 万亿英里(9.5 万亿千米)。

这项发表在英国《自然》杂志上的研究报告的主要作者、英国杜伦大学的天文学家西莫内·斯卡林吉称："这一发现出人意料。它显示了宇宙是多么动态。这些活动是迅速和零星的。需要在正确的时间、正确的地点才能发现它们。"

白矮星是宇宙中密度最大的天体之一，是死亡恒星剩下的核心。白矮星的质量与太阳差不多，但体积只有地球大小。包括太阳在内的大多数恒星注定会以这种形式结束它们的存在。

一些白矮星是所谓的双星系统的一部分，与另一颗恒星在同一轨道上。

微新星发生在非常特殊的双星系统中——一颗拥有强大磁场的白矮星和一颗质量较小的普通恒星。白矮星的引力能够从伴星表面吸走氢气。然后，这些氢气流向白矮星的磁极，类似于地球磁场把太阳风导向地球的磁极，从而形成极光。

在白矮星的磁极所积聚气体的底部，压力和温度上升导致热核聚变，将氢转化为氦。

研究报告的共同作者、天文学家保罗·格罗特称："这种核聚变是爆炸性的，于是出现了微新星：热核炸弹爆炸了。"

爆炸是局部的，不会摧毁白矮星。实际上，微新星周期是可以重复的。

保罗·格罗特称:“爆炸只涉及占白矮星很小比例的面积,大约相当于其表面积的百万分之一。”

西莫内·斯卡林吉称,每次微新星现象燃烧相当于一颗大型小行星的物质,或者相当于地球质量百万分之一的物质。

微新星类似于热核爆炸吞噬白矮星整个表面的新星。就新星而言,白矮星缺乏强大的磁场,这意味着从伴星上窃取的氢会遍布整个星球,而不是集中在磁极。

西莫内·斯卡林吉称,新星可能持续数周或数月,燃烧掉的物质是微新星的一百万倍。

研究人员在分析美国国家航空航天局凌日系外行星勘测卫星的数据时发现了微新星。他们利用欧洲南方天文台设在智利的甚大望远镜来证实这一关于白矮星的爆炸。

其他类型的恒星爆炸包括千新星(两颗中子星或一颗中子星与一个黑洞合并)、极超新星(超新星的一种,是巨星在临终前的爆发,剩下的核心会直接塌缩为黑洞),以及两颗恒星合并造成的爆炸现象——高光度红新星。

本文内容参考中国《科技日报》《参考消息》、英国《自然》。

“木卫二”可能有水生生物

科学家发现,欧罗巴(木卫二)这颗木星卫星的冰冻地貌与格陵兰岛大片水穴之上的地貌特征存在惊人的相似性。这个有趣的新迹象显示,木星的这颗卫星或可孕育生命。

一项研究,对木卫二上被称作“双脊”的狭长地貌与通过穿冰雷达探测到的格陵兰岛上的较小版本之间的相似性进行了探究。

双脊是线性的,有双峰结构及中间的低谷(也就是槽)。

这份发表在《自然·通讯》上的研究报告的首席作者、斯坦福大学地球物理学家赖利·卡尔贝格称:“如果你将这一双脊结构做横切,然后观察横切面,你会发现它有点像大写字母‘M’。”

雷达数据显示,液态次表层水的再冷冻导致了格陵兰岛双脊地貌的形成。如果木卫二的地貌也是以同样方式形成的,那么这或许提示,在这个木星卫星厚厚的冰冻外壳附近存在着大量液态水——这是生命形成的关键成分。

在寻找地外生命的过程中,木卫二吸引了人们的注意。它是太阳系中的生物宜居地之一,可能是微生物宜居地。科学家在其冰壳下的深处探测到了覆盖整个星球的咸水海洋。而星球表面附近数不清的水穴或是第二个潜在的有机体的栖息地。

赖利·卡尔贝格称:“冰壳中存在液态水意味着海洋和冰壳之间的交换很常见,对维持生命的化学循环来讲,这或许很重要。特别是浅水,也意味着在未来的太空任务中,人们更容易获得图像或样本,至少这些东西可以保存生命证据,而不必完全进入海洋深处。”

美国国家航空航天局计划在 2024 年发射“欧罗巴快帆”探测器,以进一步勘探木卫二是否具备适合生命存在的条件。

木卫二潜在水穴的深度较浅——距离地表或许不到 0.6 英里(约合 1 千米),也会令它们非常接近星球表面可能存在的对生命形成至关重要的化学物质。

木卫二的直径为 1940 英里(是木星数十个已知卫星中的第四大卫星),比月球小一点。木卫二海洋的水量可能是地球海洋水量的两倍。地球生命最初就是以海洋微生物的形式出现的。

木卫二的双脊有时延伸数百英里,通常为 490~650 英尺(150~200 米)高,最高峰相距 0.3~0.6 英里(0.5~1 千米)。

科学家一直在争论木卫二的双脊是如何形成的。而它们与格陵兰岛一处地貌的相似令赖利·卡尔贝格感到十分惊讶。格陵兰岛的双脊结构是由近地表水穴的不断重新冷冻、增压和断裂形成的。

格陵兰岛的水穴位于地表以下约 50 英尺(15.24 米)深处,可能不到 33 英尺(10 米多)厚,大约 1 英里(1.61 千米)宽。

如果木卫二的许多双脊结构也具有同样的形成过程,那么每个相连水穴的储水量或与北美洲大湖之一的伊利湖的水量相当。

斯坦福大学地球物理学教授、研究报告的合著者达斯廷·施罗德称:"拥有两个潜在栖息地和双脊结构及其代表的近地表水体是木卫二表面最为常见的特征之一,这使它成为了令人激动的宜居候选地。"

本文内容参考中国《科技日报》《参考消息》、英国《自然·通讯》。

最大彗星的彗核“比煤还黑”

已观测到的史上最大彗星有一颗“比煤还黑的”彗核，而且正在冲向地球。

天文学家估算了已发现的有史以来最大一颗彗星的冰态彗核的大小。这块已有40亿年历史的巨大石块目前正以每小时3.5万千米的速度冲向地球。

当这块巨大的冰态岩石——被命名为C/20-14UN271或以发现者名字命名为“贝尔纳迪内利-伯恩斯坦”(BB)2031年最接近地球时，它将以大约16亿千米的距离与我们擦身而过。这比土星与太阳之间的平均距离还要远。

之前的研究发现，这块太空岩石直径超过128千米，质量大约是普通彗星的10万倍。BB彗星如此巨大，以至于一度被误以为是一颗矮行星。最近的一些观测发现，这块岩石拖着一条发光的尾巴(或称彗发)，这是冰态彗星穿过相对温暖的内太阳系的明显标志。

天文学家利用哈勃空间望远镜凝视它闪耀的彗发并直接聚焦于它的冰态彗核。发表在美国《天体物理学杂志通讯》上的一篇研究论文显示，虽然BB彗星仍然离我们太远，难以看清细节，但是通过哈勃空间望远镜的观测，研究人员识别出与彗星彗核相对应的光点。

研究团队利用计算机模型以数字化方式去除了彗发，只留下彗核。结果产生的数据显示，这颗彗星的彗核约是内太阳系观测到的普通彗星的50倍，是天文学家迄今发现的最大一颗彗核。

美国加利福尼亚大学洛杉矶分校行星学教授、论文作者之一戴维·朱伊特在一则声明中称：“它体积庞大，比煤还黑。”

由于距离地球仍有32亿千米，BB彗星将在2031年接近地球之前仍得经历长途跋涉。研究人员发表于《天体物理学杂志通讯》的一篇论文中指出，BB彗星上一次接近地球是在350万年以前，当时它到达距离太阳约26亿千米的位置。

与此同时,BB 彗星一直在冲击奥尔特云。奥尔特云是包围着太阳系的巨大冰态岩石群。

本文内容参考中国《科技日报》《参考消息》、美国《天体物理学杂志通讯》。

银河系最古老恒星

一个名为盖亚-土卫二的矮星系与原始银河系发生碰撞,被体积是自己4倍的银河系完全吞噬。剧烈的碰撞改变了银河系的分布:由于这次碰撞,两个星系中的某些恒星被推移到银河系的晕圈区域,矮星系还为新恒星的产生提供了原材料。

这是西班牙加那利天体物理研究所卡梅·加利亚特领导的研究小组的发现。他们根据欧洲航天局"盖亚"卫星任务发布的数据,发现了银河系最古老的恒星,并揭示了在早期阶段银河系是如何形成的。

西班牙巴塞罗那大学宇宙科学研究所研究员特蕾莎·安托哈认为,"这项研究填补了银河系童年拼图的缺失部分,对了解银河系历史是一大进步"。

该发现刊登在英国《自然·天文学》杂志太空探索上。获得该发现的关键在于研究人员能够精确计算银河系银盘区和银晕区中恒星的年龄,这在以前是没法做到的。

在2018年4月盖亚-土卫二任务的数据发布之后,加利亚特团队发现他们可以利用迄今为止在外星系中使用的技术,精确测量银河系中太阳周围6500光年的数百万颗恒星的位置、亮度、颜色和距离。盖亚-土卫二的数据还显示,太阳附近的银晕由两个不同的恒星系组成:一个以蓝色恒星为主,另一个以红色恒星为主。根据蓝色恒星的运动和化学成分,能够辨认出它们是与早期银河系发生碰撞的盖亚-土卫二矮星系的遗留物质。但红色恒星的性质和起源尚不清楚。

卡梅·加利亚特解释称,"我们看到,大部分恒星的年龄都超过了100亿年,这两大恒星系中没有更年轻的恒星,我们相信它们就是早期银河系中已经存在的恒星,因为星系碰撞的力量从银盘区被推移到银晕区"。

研究人员还发现,在星系合并之后,银河系银盘区域恒星形成的速度加快了。显然,矮星系在与银河系碰撞之后失去的气体成为新恒星形成的原材料。之后,恒星形成一直持续到60亿至80亿年前。

本文内容参考中国《科技日报》《参考消息》、英国《自然·天文学》。

“新太阳系”行星含水可能宜居

最近发现的绕银河系一颗昏暗恒星运行的7颗行星上似乎有水，可能“宜居”。

研究团队收集了位于“特拉普派-1”星系中心的红矮星的更多信息，并对每颗行星的大小、质量及其大气构成进行了更准确的测量。

研究人员称，全部7颗行星都主要由岩石构成，水在其总质量中的占比高达5%，但可能以气体或冰的形式存在，也可能深埋在这些岩石星球的内部。

海洋占我们地球总质量的0.02%左右。

研究人员宣布，发现7颗类地行星绕“特拉普派-1”红矮星运行。这是一颗超冷红矮星，距地球大约39光年。

阿莫里·特里奥在谈及这些行星上存在有机生命形式的可能性时表示：“它们和我们知道的唯一有生命存活的行星（地球）相差很大。但它们有合适的特征，是至今在我们（太阳）系边缘以外最适合搜寻的地点。”

液态水的存在被视为生命存活的必要条件。天文学家利用哈勃太空望远镜来了解“特拉普派-1”星系的更多情况。他们研究了那些行星的大气：从观察者的角度看去，它们从母恒星前经过时就像是不断移动的黑点。

本文内容参考中国《科技日报》《参考消息》、美国《国际天文和天体物理学》、英国《自然·天文学》。

新方法可使光速降为零

光在太空中的移动速度通常为每秒近30万千米，但是科学家提出，可以用一种新方法让它完全停下来。

研究人员在2001年找到大幅降低光速的方法——把它困在一个超冷钠原子云团中。另一种方法使用了一种名为光子晶体的物质让光速慢下来。

科学家们最近在美国《物理评论快报》周刊上简述了新一种理论上可行的方法——利用所谓的“奇异点”现象来降低光速。

这些奇异点是指两种不同类型的光波相遇、合并成一种光波的情况。

当这种情况发生时，光处于停止状态，而在大多数时候，光本身的大部分也会在这些点消失。

以色列工学院的塔马·戈尔德扎克和尼姆罗德·莫伊谢耶夫与巴西学者阿列克谢·迈利巴耶夫在合著的论文中提出一种方法，借助某种波导管让光波在停止运动的同时又避免出现损失。

波导管顾名思义是一种用于引导波的运动的物理结构。光纤就是一种波导管，用于传输电话信号。

这些科学家称，波导管可以用于调节穿过自身的两条光波，由此实现完全抵消的效果。

这意味着光在接近奇异点并停下来的过程中强度能保持不变。

研究人员在文章中写道：“我们会看到波群速度消失，也就是讲，如果波导管就设计在奇异点处，那么光脉冲会完全停止。”

他们提出，只要调整参数，就能对任何频率的光波产生作用，还可以作用于光以外的其他类型的波，如声波。

此外，尽管这项研究是纯理论的，但是具备现实技术应用的可能性。

研究人员称，该研究结果在理论上开创了设计慢光设备的新可能性，人们可以发掘奇异点的通用属性，为技术开发提供更广阔空间。

本文内容参考中国《科技日报》《参考消息》、美国《物理评论快报》。

天文学家发现最热行星

国际天文学家发现已知最热行星。一个由多国天文学家组成的国际研究团队发现了一个表面温度达4300摄氏度的太阳系外行星。该行星的温度超过了许多恒星,是迄今发现的最热行星。该行星带有一个巨大而光亮的气态“尾巴”,看上去与彗星相似。

英国《自然》周刊刊登的一篇研究报告显示,这颗行星被命名为“KELT-9b”,绕着距地球650光年的恒星“KELT-9”公转。“KELT-9b”在白天的表面最高温度可达4315摄氏度。

由于其环绕的恒星温度极高,“KELT-9b”在距恒星较远时就会发生汽化,产生了发光的“尾巴”。

该国际研究团队由美国俄亥俄州立大学和范德比尔特大学的天文学家率领。此次发现的相关数据将在美国天文学会的春季会议上正式公布。

这颗系外行星的质量是木星的2.8倍。由于不断受到恒星“KELT-9”的热辐射冲击,“KELT-9b”一直保持着高温状态,导致其表面无法存在水、二氧化碳、甲烷等。

研究报告的作者之一、俄亥俄州立大学天文学教授斯科特·高迪称:“根据天文学定义,这是一颗典型的行星,但它的大气层与其他已知行星都不一样,造成这一结果的原因是其表面的罕见高温。”

“KELT-9b”环绕的恒星的表面温度约为太阳温度的两倍。范德比尔特大学的天体物理学教授凯文·斯塔森称:“这颗行星的公转轨道距所绕恒星较近,如果该恒星开始扩张,估计很快会将该行星吞并。”

本文内容参考中国《科技日报》《参考消息》、英国《自然》。

“微型生态圈”或圆定居月球梦

中国希望在月球背面打造一个“微型生态圈”,让花和蚕“相依为命”,在没有生命的月面完成生长周期。

这一史无前例的外太空生命培育计划是近期中国探月任务中最有趣的组成部分,有望使人类加快实现有朝一日在月球上居住的梦想。

昆虫、植物、马铃薯种子和拟南芥——一种属于十字花科的小型开花植物,将于近期搭乘嫦娥四号探测器前往月球。它们将和水、营养液、微型照相机和信息传输系统一道,被放置在一个由特殊铝合金材料制成的高 18 厘米的桶状罐子里。

一个小导管会把自然光线导入罐子里,帮助这些植物和土豆种子生长。虽然人类看不见的月球背面被形象地称为“暗面”,但月球背面和正面所受到的太阳光照几乎是相等的。

在“微型生态圈”的下一个阶段中,植物会产生氧气(供蚕“消费”)。中国科学家表示,蚕会产生植物生长所需的二氧化碳和粪便。担任实验项目总指挥的重庆大学副校长刘汉龙对新华社记者表示,这一实验将为人类在月球上建立基地和长期居住积累知识。

此前,航天员曾在国际空间站种过植物,而中国的航天员也曾在天宫二号空间实验室里培养过水稻和拟南芥。但那些实验都是在离地面约 400 千米的近地轨道中进行的。而距离地球 38 万千米的月球上的环境要复杂得多。月球引力只相当于地球引力的 16%左右,这被认为是该项目取得成功面临的主要障碍。

生命体的生长还将受到月球上恶劣气候的威胁,因为月球表面的温度既可以低于零下 100 摄氏度,也可以高于 100 摄氏度。

实验项目的总设计师谢更新称:“我们必须将‘微型花养蚕生态圈’内的温度保持在 1 至 30 摄氏度,并控制好湿度和养分。我们将用一根导管把月球表面的自然光线导入罐子,以使植物生长。”

选择马铃薯和拟南芥作为实验物种是因为它们的生长周期短且便于科

学家观察。刘汉龙教授称:“同时,马铃薯还可作为人类太空生存的主要食物来源。”中国计划成为第一个实现探测器在月球背面软着陆的国家。这将成为中国太空探索事业的又一个里程碑。

2003 年,中国成为继苏联和美国之后第三个用自行研制的飞船将人送入太空的国家。10 年后,它又成为第三个实现月球探测器软着陆的国家。

中国计划在 2030 年后的某个时候实现载人登月。

本文内容参考中国《科技日报》《参考消息》。

研究发现银河系中心藏有黑洞

我们的星系中心发现了巨大黑洞。一项新的研究显示,我们的周围隐藏着大约1万个巨大的黑洞,只是我们以前无法看到它们。

长久以来,科学家们一直怀疑,在我们银河系中心的超级黑洞周围可能存在许多较小的黑洞。由于黑洞很难被发现,所以这一理论一直没有得到证实。现在科学家们已经能够发现这些较小的黑洞留下的蛛丝马迹。

他们努力搜寻一组小质量黑洞太空探索产生的X射线。这些黑洞将一颗经过的恒星吸入自己的引力控制区,形成了“双黑洞”。

这次搜寻工作发现了300~500个双黑洞存在的证据,从中可以推断出银河系中心存在多少个“孤立”的黑洞。答案是大约1万个。

美国哥伦比亚大学的天体物理学家查克·黑利称:“这一发现证明了一项重要理论,而且其影响是多方面的。”他称:“这将大大推进引力波的研究工作,因为知道一个典型星系中心的黑洞数量,有助于更好地预测与它们相关的引力波事件有多少。”

他还称:“天体物理学家所需要的信息全都在银河系的中心。”

银河系中心的超级黑洞被称为人马座A*,其质量相当于太阳的400万倍,距离地球2.6万光年。

环绕在人马座A*周围的气体和尘埃盘被认为给大质量恒星死亡时坍缩成黑洞提供了理想的温床。科学家认为,这些黑洞和来自盘状结构之外的黑洞被吸向人马座A*并被“囚禁”在它周围。

然而,发现这些黑洞绝非易事。查克·黑利博士称:“孤立的、不成双的黑洞就是漆黑一片,它们什么都不做。因此,搜寻孤立的黑洞并不是一个找到黑洞的好办法。”

事实上,他的团队在美国钱德拉X射线天文台的存档数据中仔细搜寻了双黑洞的标志性射线,结果在人马座A*周围3光年范围内发现了12个双黑洞。对这些双黑洞属性的进一步分析表明,那里最多可能有 500 个双黑洞。

本文内容参考中国《科技日报》《参考消息》、英国《自然》。

全新“太阳系”

外星生命可生存的全新“太阳系”被发现，美国国家航空航天局宣布，科学家发现了一个有很多类地行星的新太阳系，那里有生命存活的条件。

研究人员称，7 颗行星中至少有 3 颗符合“寻找行星的天文学家梦寐以求的条件”，因为它们位于“温带”，有着外星生命生存的合适温度。那里有适宜海洋存在的条件，也说明有生命存在的条件。

迄今还没有发现其他恒星星系有如此之多的地球大小的岩石行星，这类行星被认为是外星生命存在的必要条件。

研究人员称，他们可能很快就能找到那里是否有生命的证据。参与了研究的英国利物浦约翰·穆尔斯大学的天文学家克里斯·科珀惠特称：“发现多个表面温度适于液态水存在的岩石行星使得这一奇妙的星系成了今后寻找生命的令人兴奋的目标。”

科学家发现了一个类似我们太阳系中心的非凡的行星群，其情况甚至更好：有 7 颗地球大小的行星，它们围绕着附近的 1 颗恒星运转，每颗都有液态水和生命存在的条件。

此前，天文学家还没有发现过有这么多气候适宜的类地行星的星系。进一步来讲，哈勃等太空望远镜在观测这些新星球的时候将能够发现任何活的有机体发出的化学信号。例如，氧气是植物的产物，而特定的细菌会产生甲烷。

英国剑桥大学的阿莫里·特里奥称：“我们已朝着发现那里是否有生命迈出了重要的一步，假如那里有生命，并且释放出类似地球上的气体，我们就会知道。”

由比利时天文学家米夏埃尔·吉隆领导的国际科学家团队使用“斯皮策”红外太空望远镜提供的数据，结合地球上的太空望远镜的观测，在距离地球仅有 40 光年的地方发现第一个拥有 7 颗大小与地球相似的行星的星系，其中 3 颗位于母恒星附近的宜居带，表面可能含有液态水，这为该星系未来接纳生命体居住增加了可能性。

该星系被称作“特拉普派-1”(Trappist-1)，这是围绕一颗并不十分明亮的凉爽的“红矮星”旋转的行星系统。这一发现对科学界来讲具有重要意义,因为这是“斯皮策”太空望远镜首次如此详细地观测到与地球类似的地外行星。这项发现如此引人关注的一点是,它为未来发射“斯皮策”2号太空望远镜提供了可能性,这将有助于未来发现更多的类地行星。

新发现的行星系统对科学界来讲如此重要,是因为它距离地球仅有40光年,而且是第一个拥有7颗类地行星的行星系统。

由于“特拉普派-1”星系的大小比太阳系小得多,因此与太阳系的宜居带相比,该星系的宜居带与其母恒星之间的距离更近。从某种程度上讲,这一点也是让NASA宣布的这项新发现具有十分重要价值的原因。由于该星系较低的光亮度和它距离地球非常近,所以要想发现如此小的星系其实非常困难。

目前尚无法确定这些行星上是否存在液态水,为了支持这一说法还需要开展更高分辨率的观测,以间接的方式获得可以提供确凿证据的数据。值得强调的是,现在断言这些行星适合生命体居住还为时尚早。这一发现为未来更深入地研究和发现更多类地行星提供了可能。

就职于英国伦敦大学玛丽皇后学院的西班牙天文学家吉列姆·安哥拉达-埃斯库德认为,NASA这一新发现最大的意义在于,可以实现首次对其中一颗行星周围的大气进行观测。他认为这项发现值得获诺贝尔奖,这是未来在太阳系外寻找生命体迹象的最基本步骤之一。

新发现也提醒地球居民,没有任何客观的理由让我们感觉自己是独一无二的生命体。荷兰莱顿大学的伊格纳斯·斯内伦在英国《自然》杂志发表的评论文章中指出,虽然现在还不能断定这些行星是否宜居,但有一点可以肯定,在大约数十亿年之后,当太阳耗尽了自己的能量,太阳系不复存在的时候,“特拉普派-1”仍然是一个处于起步阶段的星系。它消耗氢气的速度如此缓慢,使它可以存在大约10万亿年,这个时间也足够生命体进化。

西班牙天体物理学研究所研究员恩里克·帕列指出,新发现最有意思的一点是证实了如此小的星系也可以拥有众多行星在其轨道上运行,这使它成为一个非常有趣的寻找外星生命的目标。此外,发现如此多的行星也意味着在银河系和整个宇宙当中可能布满了与地球大小相似的行星。我们在宇宙中是否孤独?这个问题目前还不能解答。我们可以套用美国天体物理学家卡尔·萨根的话:“其他行星上是否有生命并不重要,有还是没有,这两种结论都会是惊人的。”

本文内容参考英国《自然》。

“流浪”超大黑洞

美国国家航空航天局披露,一个“超大”黑洞正以每小时500万英里(约合805万千米)的速度穿行于太空。

黑洞是太空中的恶霸。它们如此巨大,任何光线都逃不过它们的引力。最大的超大黑洞有10亿个太阳那么重。它们似乎位于包括银河系在内的每个星系的中心,它们控制着恒星的形成,并且能使时空发生扭曲。要驱动黑洞可是件费劲的事。

不过天文学家发现,在离地球80亿光年的一个名为3C186的星系里,一个超大黑洞被赶下了中心宝座。现在,它正以每小时近500万英里的速度在太空中穿行。

研究人员表示,只有一个事物能以这样的方式撼动一个超大黑洞,那就是引力波。

引力波是阿尔伯特·爱因斯坦在100多年前首次提出的,它们是宇宙中最为剧变性的事件形成的时空涟漪——就像你向一个池塘中扔一块石头后,在水面形成的同心圆。近年,美国激光干涉仪引力波观测台的研究人员探测到两个黑洞合并时产生的引力波,从而证实了这种现象的存在。

《国际天文和天体物理学》周刊上的一篇论文中,马尔科·恰贝赫及其同事称,3C186星系中那个黑洞的罕见行为可能是另外两个黑洞撞击产生引力波的后果。

这个流浪的黑洞是在美国国家航空航天局的哈勃太空望远镜捕捉到的影像中发现的。3C186星系看起来是模糊的一个斑块,其中有一个异常明亮的点,那是个类星体。类星体是一个星系的核,它之所以明亮是因为有一团气体包裹着位于其中心位置的黑洞。

引起马尔科·恰贝赫注意的是这个类星体的位置,离其星系中心约3.5万光年。

在美国太空望远镜科学研究所和约翰斯·霍普金斯大学供职的马尔科·恰贝赫邀请其他天文学家用别的设备进行观测,其中包括钱德拉天文台和斯隆数字巡天计划在新墨西哥州的望远镜。

其他科学家的观测证实了哈勃望远镜的发现。他们还帮助确定了黑洞的质量及其周围气体的飞行速度。

与此同时,哈勃观测到的影像提供了有关黑洞如何脱离星系中心的线索。这个星系具有模糊的弧形特征,这是由两个星系碰撞时的引力较量造成的。这说明3C186星系最近曾与其他星系合并过,也许它们的黑洞也随之融合。

接下来,科学家就只能进行理论推测了。马尔科·恰贝赫及其同事认为,随着两个星系的碰撞,它们的黑洞开始相互环绕,就像草地洒水器喷水那样抛出引力波。研究人员称,关于这个流浪黑洞还有另一种解释。也有可能这个类星体只是看起来位于3C186星系,实际上却位于它后面——这也解释了为什么星系的核看起来不在中心。假如是这样的话,研究人员应该能探测到这个类星体的实际寄主星系,但他们迄今仍未找到。假如马尔科·恰贝赫的解释是对的,那将有助于天文学家了解黑洞合并时会发生什么。

本文内容参考中国《科技日报》《参考消息》、美国《国际天文和天体物理学》。

宇宙快速无线电暴或源自外星人

哈佛大学科学家称,外星人可能利用巨大的无线电波束在宇宙中旅行,哈佛大学的两位科学家提出,在遥远星系探测到神秘的快速无线电暴,可能是外星人在宇宙中旅行的证据。

快速无线电暴是地面上的望远镜探测到的一闪而过的极其明亮的无线电波,只持续千分之一秒。自首次探测到快速无线电暴以来,已经报告发现了 17 例。科学家认为,每天会发生上千次的快速无线电暴。

哈佛大学天文学系主任、理论天体物理学家亚伯拉罕·洛布表示,一开始他对它们做出了保守的解释。他称:“似乎最简单的解释是,它们是银河系的恒星耀斑。”

他表示,但是随后“确定其中一次快速无线电暴发生在大约 10 亿光年以外的一个小星系”。

基本上这意味着这些快速无线电暴来自宇宙边缘,并且肯定比我们所知的其他任何东西都要亮。

亚伯拉罕·洛布和哈佛大学物理学家马纳斯维·林加姆在美国《天体物理学》周刊上发表论文称,他们决定“研究快速无线电暴源自银河系外文明活动的可能性”。

马纳斯维·林加姆称:“鉴于银河系外的星系要比银河系内的多得多,从统计上讲合理的做法是,更多地到银河系外而非银河系内探测这种现象。”

亚伯拉罕·洛布和马纳斯维·林加姆没有表示快速无线电暴肯定源自外星人,但他们推测这种现象有可能是其他文明利用巨大的无线电发射机从一个星系跳向另一个星系的结果。他们称,一台接近行星大小的无线电发射机可以产生足够的能量推动星际光帆。这些光帆可能足以推动大小是地球上最大邮轮 20 倍的物体。快速无线电暴可能是这种发射机泄漏出来的。还从未有人在地球上探测到星际光帆。大型射电望远镜,如波多黎各阿雷西博天文台和澳大利亚帕克斯天文台,曾经探测到非常快速和明亮的能量闪光。马纳斯维·林加姆承认,他们的假说仍然只是推测。他称:“我们提出区分‘自然’和‘人工’快速无线电暴来源的一个可能方式,即仔细研究信号,寻找某些独特的模式。”不过,不要期待外星人问题能很快得到答案。马纳斯维·林加姆称:“预计未来几十年会出现更多数据,我相信我们的假说将是可验证的。”

本文内容参考中国《科技日报》《参考消息》、美国《天体物理学》。

研究发现光可绕过物体“流动”

科学家们一直知道光可以表现出波的性状，从其源头向外发散，直至被物体吸收或反射，而物体则相应地被照亮。

不过近年的研究表明，光也可以表现得像液体那样——绕物体流过并在另一侧恢复原状。以前这种现象只在某些极端条件下，如被冷冻至接近绝对零度的实验室装置中一一被观察到。

发表在学术期刊《自然 · 物理学》杂志上的最新研究显示，光可以表现为更为奇特的“超流体”状态，即光粒子在完全没有摩擦或黏力的情况下绕物体流过。在这种状态下，光表现出明显的“无摩擦流动”效应，在不产生任何涟漪或旋涡的情况下绕过障碍物。有意思的是，这种效应可以在室温和环境压力的条件下观察到。

不过你需要借助某种设备。意大利莱切纳米技术研究所的科学家与加拿大蒙特利尔理工大学、英国帝国理工学院、意大利德尔萨伦托大学及芬兰阿尔托大学合作，通过把薄层有机分子夹在两面反光性能超强的镜子中间，制作出一种事实上的光-物质混合流体，从而产生了这种现象。

这种“超流体”状态有时被称作物质的第五态，即玻色-爱因斯坦凝聚态。处于这种状态的粒子表现得如同一条宏观波，它们以相同的频率振荡，并怪异地结合了液体、固体和气体的属性。

这一研究团队的负责人丹尼尔 · 圣维托称：“我们研究的不同寻常之处是证明了超流体现象也可以在室温和环境条件下利用被称为偏振子的光物质粒子来呈现。”

据该研究团队称，至于这一发现的实际效用，最明显的益处与使电力可以在接近零电阻的情况下传输的超导材料有关。通常这些材料需要利用液态氮进行极度冷冻处理。如果工程师们可以找到在室温条件下利用超流体的方法，那么这可能产生更加高效的新型光子装置，如激光器、发光二极管、太阳能电池板和光伏电池等。

本文内容参考中国《科技日报》《参考消息》、英国《自然 · 物理学》。

木星卫星增至69颗

美国《科学美国人》讲,木星现在有69颗卫星了,木星的质量是地球的317倍,它主要由金属氢构成,位于一大群天体的中心。

木星拥有众多卫星,它们绕木星一圈所需时间千差万别,快的约7小时,慢的要1000天,直到前不久,登记在册的木星卫星还只有67颗。

天文学家斯科特·谢泼德、戴维·托伦和查德威克·特鲁希略新发现2颗卫星,使木星卫星总数增至69颗。

新增的2颗卫星很小,直径在1~2千米。科学家在观测更遥远的柯伊伯带天体时拍摄到了它们,木星当时在天空中的位置恰好靠近真正的观测对象。新增的2颗卫星被命名为“S/2016J1”和“S/2017J1”,分别距木星2100万千米和2400万千米。

这些小卫星本身并无太大价值,它们生动地展现了太阳系内物质的丰富程度及木星引力的强大之处。

一个国际科学研究团队发现,木星是我们太阳系最古老的行星。

美国劳伦斯利弗莫尔国家实验室与德国明斯特大学行星学研究所的科学家分析了坠落地球的部分陨铁里的钨同位素和钼同位素,发现陨铁的成分来自两个截然不同的原始星云团。太阳系诞生后的一百万年到三四百万年间,这两个星云团处于共存但又相对独立的状态。

研究论文主要作者托马斯·克鲁伊耶尔称:“之所以产生这么好的分隔效果,最合理的解释是,木星的形成导致原始太阳系出现一道裂缝,阻止两个星云团相互交换物质。”

木星是太阳系最大的行星,它的存在对原始太阳系的演化产生了巨大影响。

研究小组对陨石进行同位素分析后发现,木星的实心内核形成于太阳系诞生后的一百万年内,木星因此成为太阳系最古老的行星。

本文内容参考中国《科技日报》《参考消息》、美国《科学美国人》。

利用相对论为恒星“称重”

恒星有多重——阿尔伯特·爱因斯坦难以实现的愿望终于被当代科学家变为现实。

发表数篇前期论文后，阿尔伯特·爱因斯坦于1915年发表了相对论。这一理论打破了我们原有的空间和时间概念。相对论认为，真空中的光速不受观察者自身的运动影响，物理定律对静止或匀速运动的观察者来讲都是一样的。

相对论可推导出一些有趣的结论。值得注意的是，阿尔伯特·爱因斯坦曾预言，一颗恒星发出的光线在经过另一颗恒星时，会因为后者的引力而发生弯曲；如果我们能观测到这一现象，就可以通过光线的弯曲程度计算出后者的质量。不过，阿尔伯特·爱因斯坦本人并不认为能进行实际测算。他在1936年写道：“我们没有希望直接观测到这种现象。”

现在，这一难以实现的愿望成了现实。包括著名物理学家马里奥·利维奥在内的多名科学家刚刚利用“背景星光”计算出了地球附近一颗白矮星的质量。他们把研究论文发表在美国《科学》周刊上，这标志着物理学取得重大突破，验证了阿尔伯特·爱因斯坦100多年前的预言。

美国太空望远镜科学研究所的天文学家凯拉什·钱德拉·萨胡及其同事利用哈勃望远镜筛选了5000多颗恒星，希望找到略微不对称的2颗恒星。研究人员知道，这样的排列会产生所谓的“不对称爱因斯坦环”。“爱因斯坦环”指的是，从地球的角度看，如果一颗恒星穿过地球与另一颗恒星之间，后方恒星发出的光就会在前方恒星的引力作用下发生弯曲，从而在前方恒星周围形成一个光环。如果两颗恒星没有完全对齐，就会出现“不对称爱因斯坦环”。若能观测到这种天象，科学家就能确定前方恒星的质量。

天文学家不大容易找到这样两颗恒星。他们发现过类似光环，但从未找到完美的光环或便于计算恒星质量的特定不对称环。凯拉什·钱德拉·萨胡在新闻发布会上称：“这就好像在1500英里（约合2400千米）外观测一只在灯泡前飞舞的小小萤火虫的动作。”

但凯拉什·钱德拉·萨胡及其同事利用哈勃望远镜出色的角分辨率特性找到了所需的恒星组合。于是,科学家调整哈勃望远镜的方向,观测“斯坦 2051B”后方恒星在位置上的细微变化,终于计算出“斯坦 2051B”的质量,约为太阳的 68%。

本文内容参考中国《科技日报》《参考消息》、美国《科学》。

研究认为数字化外星生命或在“夏眠”

宇宙中有数以十亿计的星系,每一个都可能有上万亿颗恒星,这意味着可能存在大量可居住的星球。如果这样的世界如此之多,并且地球上的生命能够兴旺繁盛,那为什么我们尚未收到智慧生命形式发出的任何信号呢?

新的研究表明,尚未联系到外星智慧生物是因为它们正在蛰伏,直到宇宙条件变得更加宜居。

一项新的研究宣称,外星生命形式很有可能变为一种数字化存在。

研究指出,像机器一样生活具有很多优势,包括可以更快地处理信息,更好地抵御疾病和死亡。

众所周知,可以处理海量信息的超级计算机在温度更低的状况下效率更高。这是因为需要大量能量降低机器的运行温度。

研究者称,正因如此,机器化智慧生命形式选择进入蛰伏状态,直到宇宙气候开始冷却。

以安德斯·桑德伯格为首的科学家们在《英国星际学会会刊》上撰文称:“如果一种文明想要将计算最大化,那么为了利用低温环境进入夏眠状态,直到遥远的未来似乎是合理的。”

文章称:“我们因此提出夏眠假设:我们没有观察到外星文明迹象的原因是,它们目前(大部分)不活跃,在耐心等待未来的宇宙时代。”

科学家称,宇宙的背景辐射温度目前是 3 开氏度(约合零下 270 摄氏度),对机器化生命来讲可能热得无法承受。

在漫长的过程中,随着宇宙的扩大、恒星的消失,温度可能会降至绝对零度。

科学家们宣称,那将是外星生物结束蛰伏的理想时间。

安德斯·桑德伯格在个人博客上称:“一种先进的文明或许探索了宇宙的一大块空间,完成了与现有自然条件相符的事情,目前多半有内部‘文化’事务要处理。这些事务可以视为信息加工。如果它们想要把加工最大化,它们就不应该现在做,而是应该等到未来冷的时候,那时它们能做的事情要多得多。因此,它们应该夏眠。”

他还表示,我们或许有一天能够发现这些蛰伏生命形式的存在。

本文内容参考中国《科技日报》《参考消息》、英国《英国星际学会会刊》。

火星或曾存在大量冰冻水

重现曾经的发现火星或曾经的气候是一个非常复杂的工程,更不用讲重现一颗距离地球5000多万千米的星球上曾经有过的气候了。近年来,在火星轨道及其表面的探测工作搜集的信息表明,曾几何时,那颗星球并非我们现在看到的红色荒漠。

美国国家航空航天局工程师赫罗尼莫·比利亚努埃瓦带头开展的一项于2015年公布的研究认为,约45亿年前,火星表面覆盖着广阔的海洋,但平均深度只有137米。那项研究还指出,火星在长达15亿年的时间里是潮湿的,比地球上出现生命所需的潮湿时间长得多。

2012年以来在火星表面进行缓慢勘探的"好奇"号火星探测器已经传回了有关火星上一个古老撞击坑——"盖尔陨坑"的大量数据和资料。其中的影像和测量结果呈现出了35亿年前火星上一条河流底部一系列沉积物的情况。这些沉积物中包含的硫酸盐等矿物质表明,"盖尔陨坑"的表面曾有水流淌过。

"好奇"号火星探测器传回了包括首次检测到硼元素等更多的信息,提供的证据表明火星上的流动水可能是季节性的。"好奇"号火星探测器项目负责人之一约翰·格罗青格指出,火星表面探测到的化学复杂性表明这个星球拥有"与水互动的悠久历史"。

刊登在美国《国家科学院学报》月刊上的一份基于"好奇"号在"盖尔陨坑"搜集的信息得出的研究报告却给出了不太一样的论述。

一个国际科学家团队对火星土壤样本进行了分析,以评估35亿年前火星大气中的二氧化碳水平。这种温室气体对找到火星表面存在水的证据至关重要。然而,分析结果表明,火星大气层中曾有过的二氧化碳浓度仅是维持流动水所需的1/100至1/10。

参与这项研究的科学家阿尔贝托·冈萨雷斯·法伦在文章中指出,需要对以上这些明显相互矛盾的数据给出一个解释。他称:"要么为古火星的环境条件给出一个合适的气候模式解释,要么就是'盖尔陨坑'中的沉积物是在非常寒冷的气候中形成的。”

在他看来,第二种推测的可能性较高。古火星上的流动水含盐度非常高,能够在极低温度下保持稳定。当时火星上的景象应该与如今的北极海岸类似,冰是水的主要形态,液态水湖泊也被坚固的冰层覆盖。

本文内容参考中国《科技日报》《参考消息》、美国《国家科学院学报》。

火星陨石或源自同一陨坑

英国《新科学家》讲，地球上发现的火星陨石可能几乎全部来自火星上同一个陨石坑。如果真是这样，可能推翻我们之前对火星历史的了解，因为在我们能够详细研究的来自这颗红色星球的碎石中，大部分的年龄可能比之前设想的高数十亿年。

目前已知的火星陨石接近150块，其中约80%被归类为辉熔长无球粒陨石。科学家认为，这些碎石来自火星上的火山岩冷却后形成的坚硬岩层。根据这些岩石中的矿物质熔化及重组的方式，之前的研究认为，辉熔长无球粒陨石的年龄最多为6亿年。

挪威奥斯陆大学的斯特凡妮·维尔纳及其同事认为，这些陨石的年代要更久一些，因为它们全都来自同一个地方——55千米宽的莫哈韦陨石坑，该陨石坑所处的地貌形成于43亿年前。

为确定其他行星上的地貌年代，天文学家采用了一种名为“撞击坑计数”的方法，该方法基于不同大小的撞击坑在行星表面累积的比值。借助这一方法，斯特凡妮·维尔纳的研究小组计算出，形成莫哈韦陨石坑的那次撞击大约发生于300万年前。这令天文学家感到困惑，统计模型显示，这么大的陨石坑不应该是在火星历史中如此接近现在的时期形成的。

斯特凡妮·维尔纳称：“这种陨石坑后来再也没有在火星上形成过，因此发现这个如此年轻的大陨石坑很让人意外。”

研究小组将目光转向辉熔长无球粒陨石。行星上的物质因撞击而被抛向太空时会暴露在宇宙射线下，这些高能粒子能够改变岩石的化学特征。根据在宇宙射线下的暴露情况，辉熔长无球粒陨石应该在100万年到500万年前脱离了火星，这样，与莫哈韦陨石坑就处在了同一年代。

斯特凡妮·维尔纳称：“这是这些来自火星的年轻陨石可能与这个撞击坑密切相关的最强烈的暗示了。”此外，围绕火星飞行的两个航天器绘制的矿物质地图显示，位于莫哈韦陨石坑壁和中心区域的岩石与许多辉熔长无球粒陨石拥有类似的成分。

不过,如果辉熔长无球粒陨石来自莫哈韦陨石坑,那么这些岩石的年龄应该与坑中其他岩石一样,肯定不会像先前根据它们的形成方式所计算出的6亿年那么年轻。斯特凡妮·维尔纳称,这个问题可通过测量这些陨石中的同位素得到解释。

此前人们对辉熔长无球粒陨石中不同种类的铅的比例进行研究后发现,这些岩石的实际年龄为41亿年至43亿年。斯特凡妮·维尔纳的研究小组称,这与莫哈韦陨石坑所处地貌的年代相吻合。

本文内容参考中国《科技日报》《参考消息》、英国《新科学家》。

"土卫二"发现巨大"地下海"成寻找地外生命首选星球

天文学家已经探测到,在土星的卫星"土卫二"厚达数英里的冰层下面,存在一片液态水的海洋。这片海洋的面积与苏必利尔湖相似,并且触及"土卫二"的硅酸盐质核心……这意味着这片海洋的海水中可能融化了对生命来讲必不可少的矿物质。

康奈尔大学的天文学家乔纳森·卢宁参与了这项确定"土卫二"上存在海洋的研究。他在为记者举行的电视会议上称:"事实上,这使'土卫二'的内部成为寻找生命的极具吸引力的潜在场所。"

这一地外海洋可能也是"土卫二"南极地区奇异的间歇性喷泉的水源,但科学家还没有把这两个现象联系起来的数据。

这一最新宣布是由一个意大利和美国科学家团队作出的。他们对"卡西尼"号土星探测器发回的引力数据进行了分析。"卡西尼"号土星探测器至今已绕土星飞行了将近10年,它近距离掠过土星卫星的表面,并拍下土星的迷人照片。科学家以前曾怀疑"土卫二"上可能存在地下海洋。在"卡西尼"号土星探测器对"土卫二"进行了三次测量引力的近距离飞越之后,这项最新研究计算出了"土卫二"不同位置的物质的密度。这些测量值揭示了在"土卫二"南半球的冰层下面存在某种密度比冰更为致密的东西。同样参与了这项研究的加州理工学院行星科学家戴维·史蒂文森认为,液态水是最有可能的解释。

本文内容参考中国《科技日报》《参考消息》、美国《大众科学》。

发现宇宙暴胀确凿证据

美国科学家首次探测到了大爆炸之后穿过宇宙的引力波，这一发现对了解宇宙如何诞生具有里程碑式的意义。

一些科学家称，如果得到其他专家的肯定，这一发现有望获得诺贝尔奖。

这一发现证实，爱因斯坦的广义相对论和更为神秘的量子力学概念领域之间有着不可分割的联系。

哈佛大学天体物理学家阿维·洛布称，这一发现为一些“最基本的问题——比如我们为什么会存在及宇宙如何诞生提供了新的认识”。

“这一结果不仅为宇宙暴胀提供了确凿证据，也告诉了我们暴胀发生的时间及那个过程的强烈程度”，洛布称。

曾在1980年提出暴胀概念的理论物理学家、麻省理工学院的艾伦·古思称，这一最新研究“绝对有资格获得诺贝尔奖”。

“这是证实暴胀景象的全新、独立的宇宙学证据”，英国《自然》杂志援引艾伦·古思的论点。

科学家在外太空探测到了约137亿年前宇宙诞生之时膨胀所引发的神秘波。

在一次里程碑式的实验中，天体物理学家用南极的一个望远镜首次捕捉到了所谓引力波的间接影像，这个望远镜旨在测量大爆炸所留下的宇宙背景辐射。

这一发现有力地证实了宇宙最初暴胀期所发生的一些事件，引力波正是在那个时期形成的。

一个世纪前，阿尔伯特·爱因斯坦首次在其广义相对论中预言了引力波的存在，但一直没人能进行直接测量，尽管世界各地进行了很多精心设计的实验，试图做到这一点。20世纪7年代，宇宙学家提出，引力波是在大爆炸后立即释放出来的，在那个暴胀期，宇宙从一个豌豆大小的物体扩张成了如今最强大的望远镜也看不到边的实体。

对于像星系、恒星、行星等大规模结构是如何从宇宙均匀分布的物质中形成的理论而言,引力波非常重要。但这种波太难以捕捉,人们之前一直无法直接或间接探测到。

哈佛-史密森天体物理学中心的约翰·科瓦奇及其同事在大爆炸遗留的“余响”——微波背景辐射的微弱光照中探测到了偏振辐射的旋涡状图案,从而得以“看到”引力波。

“探测这一信号是当今宇宙学最重要的目标之一。这是靠许多人的大量努力才有的成果”,约翰·科瓦奇称。

影像是从南极的 BICEPS2 望远镜收集的数据中获得的。

“南极是地表离太空最近的地方,也是地球上最清澈的地区之一,用来观测大爆炸所留下的暗淡微波是最合适不过了”,约翰·科瓦奇称。

这是宇宙学领域几十年来最重要的发现之一,它进一步科学地证实了宇宙是如何形成的。特别是它还为暴胀理论提供了有力佐证。暴胀期出现在宇宙微波背景辐射之前,宇宙微波背景辐射是在大爆炸发生 38 万年之后产生的。

“这一结果对回答宇宙学中一些最大的问题至关重要。它让我们能更深入地了解宇宙早期的一些发展进程,以及宇宙诞生时的激烈程度”。

科学家称,BICEPS2 望远镜所观测到的旋涡状偏振光图案呈现 B 模式,这种模式只能用引力波的作用来解释。

引力波在穿过空间时会挤压空间。它们像光波一样有一种“偏手倾向”,就是讲它们会有偏左或偏右的偏振方向,因此会在微波背景上留下它们的印记。

“由于引力波的‘偏手倾向’,旋涡状 B 模式图案就成为引力波的一个独特印记。这是引力波穿过早期天空的首个直接影像”,研究作者之一、斯坦福大学的郭兆林称。

科学家称,他们很意外地看到 B 模式偏振辐射信号,这比理论宇宙学家预测的还要大。他们花了 3 年时间来排除可能的错误或干扰。

“这就像在草堆里去找一根针,结果却发现了一根撬棍”,参与研究的明尼苏达大学的克莱姆·普赖克称。

本文内容参考中国《科技日报》《参考消息》、英国《自然》。

近地星系惊爆“彗星大战”

在距地球63光年的年轻的绘架座星系，目前正在发生灾难性的“宇宙弹球游戏”，一大群彗星正在激烈地相互碰撞。天文学家通过智利阿塔卡马沙漠上的射电望远镜观察到了这次剧烈的宇宙活动所造成的残骸，即一片一氧化碳浓度较高的区域。

一氧化碳在被紫外线辐射摧毁之前在恒星周围只能存在很短的时间，大约100年。因此，所观测到的一氧化碳应该是不断补充的，除非绘架座β星系正处于一个异常时刻。在太阳系中最丰富的一氧化碳来源就是星体之间的碰撞。

碰撞的频率可能非常高。要想积聚我们所观察到的如此大量的一氧化碳，碰撞的频率应该是惊人的：每五分钟一颗大体积彗星（被摧毁）。

科学家还有另一个收获。通过对所观察到的物质的位置和运动速度进行测量，可以推算其在尘埃盘中的位置。所发现的这片区域距离其恒星130亿千米，相当于海王星与太阳之间距离的3倍。至于这片气体为什么聚集在离恒星这么远的小片区域内，目前还是一个谜。

科学家认为，在绘架座星系附近应该还有多颗星体有待发现，一氧化碳只是一个开始，可能还会有更多更复杂的有机分子是从这些冰体中释放出来的。

一氧化碳的存在意味着绘架座β星系可能会变成一个适合生命存活的环境，因为彗星爆炸可能会为星体提供生命所需的水。

围绕邻近恒星的毒气暗示彗星曾猛烈相撞。

在一个年轻的近地星系，科学家发现了毒气巨云。天文学家们称，这是一场暴力遭遇的确凿证据。从围绕恒星绘架座的大量一氧化碳气体判断，要么是两颗火星大小的行星相撞，带来灾难性的结果；要么是彗星成群结队地以惊人的速度相撞。这项研究结果发表在《科学》杂志上，它将有助于提供一个近距离观察恒星及其行星系统如何形成和演化的机会。

绘架座β星系距我们大约63光年远，只有约2000万年历史。一个尘埃盘环绕着该恒星——这些残骸没有聚集起来形成行星、卫星和小行星等多岩石的天体。β 星拥有至少 1 颗行星。

该恒星的尘埃盘很年轻，按照天文学标准来讲，距离我们也很近。因为我们的太阳系已超过 45 亿年，所以通过观察绘架座 β 的演化，我们可以看到一个发展中的行星系统的可能形态。

通过天文望远镜，天文学家们在该恒星碎片形成的尘埃盘内发现了一氧化碳气体构成的气团。这些不规则的气体云散布在距离该恒星约 130 亿千米的区域。奇怪的是，它们实际上不会在那里待很久——毕竟，星光会导致一氧化碳在大约 100 年内分解。所以，除非天文学家是在绘架座 β 星系生命阶段的一个非常尴尬的时期捕捉到它——这种情况不太可能发生——否则该气体簇群必定是从某个地方获得补充。

研究人员认为，这可能是气态巨行星的引力影响所导致的一场彗星交通阻塞。彗星以每五分钟一次的频率相互撞击，从而产生了超过 20 亿亿吨的气体。这些气体也可能是两个冰冷的、火星大小的天体相互碰撞的结果。

一种奇怪的现象是，即使一氧化碳对人体有毒，这些有毒的云层也可能是一个迹象，表明该近地星系中有适宜生命存在的世界：撞击在绘架座 β 恒星的任何行星上的彗星也会给这些行星的表面带来富含碳和氧的有机分子。

本文内容参考中国《科技日报》《参考消息》、美国《科学》。

天文学家将绘制最大宇宙图

一个跨国科学家团队正努力为一项真正可以用天文数字来形容的实验打下基础:绘制有史以来最大的宇宙图。该实验将集合数百台射电望远镜的信号来绘制宇宙图集。

这个跨国研究团队在阿奇夫论文(预印本)网站上发表了一系列论文,介绍了他们的这项宏大计划。“平方公里阵列”宇宙学工作组的研究人员已研究出怎样用世界上最大的望远镜来完成这个任务。工作组主席、南非西开普大学的罗伊·马尔滕斯称:“研究小组已经拿出了一系列令人激动的最先进设想,这将有助于塑造宇宙学的未来。”

“平方公里阵列”项目将集合分布在南非和西澳大利亚两处场所的数千个射电接收器和射电望远镜。待 2023 年第一阶段完成后,该项目的总收集面积就将有 15 个足球场那么大,一天内产生的数据将是整个互联网每天数据流量的数倍。而计划在 21 世纪 20 年代末完成的第二阶段的规模将是第一阶段的 10 倍。

绘制宇宙图的关键是探测氢的微弱射电辐射。挪威奥斯陆大学的菲尔·布尔称:“氢是宇宙中最常见的元素,到处都能找到它,这一点使其成为探查宇宙物质分布的最理想工具。”宇宙中的物质包括神秘的暗物质,用望远镜完全看不到,但可以通过它对其他物质(如包含氢的星系)的引力来探查。

绘制星系位置的标准方法是费力地探测到许多单个星系的微弱射电信号,长时间地观察它们,宇宙图以测定其距离等特性。

虽然很费时间,但这种方法是最准确的,可以绘制出非常详细的三维物质分布图。研究人员希望到 21 世纪 20 年代末能够用这种方法发现近 10 亿个星系;而迄今为止最大规模的星系探查只确定了约 100 万个星系的位置。对天文物理学家来讲,一些最大的问题都与暗物质有关,这种神秘的物质似乎能使宇宙以越来越快的速度膨胀。

美国约翰斯·霍普金斯大学的专家们认为,“平方公里阵列”项目能对暗物质进行有史以来最精确的探查。通过星系分布的三维图,我们能够研究暗物质,并能以迄今最好的实验来验证爱因斯坦的广义相对论。星系分布的特征图能使研究人员对数十亿年来宇宙膨胀的变化进行最准确的测量。

对宇宙学家来讲,验证阿尔伯特·爱因斯坦的理论是另一项重要的任务。中国科学院国家天文台的专家们指出:“我们将探索大自然是否存在所谓‘第五种力’。”

本文内容参考中国《科技日报》《参考消息》、阿奇夫论文(预印本)网站。

“好奇”号火星探测器再次发现火星生命迹象

美国国家航空航天局的“好奇”号火星探测器可能在火星上发现了生命迹象。

“好奇”号火星探测器于2012年登陆火星,其携带的一个仪器发现了无法用地质学或其他理论轻易解释的甲烷浓度增加的神奇现象。科学家无法确定是什么造成了甲烷浓度增加,但有可能是非常细小的细菌状的生命有机体。

如果这种气体来自会呼吸的活性微生物,它将成为历史上最大的发现之一。在地球上,95%的甲烷都来自微生物有机体。

科学家称,在2020年执行载人火星任务并寻找甲烷前,探测器必须反复探测存在生命的可能性。

此前通过卫星观测已在火星上发现了异乎寻常的甲烷云,但在对盖尔陨石坑的探测中,甲烷又出人意料地“消失”了。而有证据表明,数十亿年前,盖尔陨石坑曾有水流。

在“好奇”号火星探测器携带的可调谐激光光谱仪对气体样本进行研究后,美国《科学》周刊报道了这一新发现,该光谱仪是一种利用强光进行化学分析的仪器。

新发现表明,一种低本底水平的甲烷在60个火星日内浓度上升了10倍。在连续4次的探测中,“好奇”号火星探测器显示甲烷浓度从十亿分之零点六九飙升至十亿分之七点二。

由克里斯·韦伯斯特率领的美国国家航空航天局喷气推进实验室的科学家在论文中写道:“高浓度甲烷先持续了60多个火星日,而后在47个火星日内浓度突然降低,这不符合气体均匀混合的现象,而是一种一旦结束就会迅速消散的局部产物。”

美国国家航空航天局的科学家称,“好奇”号火星探测器发现的低本底水平甲烷可以用太阳光线降解,可能由流星留下的有机物质来解释。但甲烷浓度的增加需要其他解释,这可能不是由彗星或小行星近期产生的影响,这样的物体直径可达数米,会留下巨大的陨石坑,但没有看到这样的迹象。

甲烷浓度短期增加并不表明这种气体是从冰下的火山堆积物中释放出来的,而且似乎也不是来自土壤中气态甲烷的释放。

美国国家航空航天局的科学家并没有急于给出结论,但他们指出,“甲烷生成”可能是解开谜团的一个答案。

本文内容参考中国《科技日报》《参考消息》、美国《科学》。

最早星系形成关键

一个由中国和美国科学家组成的研究团队在英国《自然》杂志发表研究文章，阐述了宇宙中最早一批星系是如何形成的。这个问题是现代天体物理学的一个盲区。

该研究团队由南京大学的科学家领导，通过观测两个靠近地球且缺乏金属元素的星系，推测原始星系结构的形成机制。

质量大于氦元素的金属元素易于使星际气体冷却，从而为星体的形成提供了合适的条件。然而，符合条件的金属元素恰恰产生于星体内部。因此，天体物理学面临的一大挑战就是解释最早的一批星系是如何在金属元素极度贫乏的环境下出现的。

为了了解这一过程，研究团队使用赫舍尔太空望远镜对两个星际气体中不含有金属元素的星系进行了观察。

这两个星系一个是距地球约450万光年的“六分仪座A”星系，另一个是距地球更远的“ESO146-G14”星系。

在对上述星系中的7个星团进行研究后，科学家发现，星体的形成在此种环境下十分低效。

研究团队还探测到大量红外光线，这也许说明星系中的星际尘埃和气体比预计的要多。

研究团队中的美国科学家布鲁斯·埃尔梅格林强调，了解在我们周围的小型星系中星体如何形成能帮助我们更深入地研究宇宙初期星体的形成。

布鲁斯·埃尔梅格林表示，在宇宙大爆炸后最初的约十亿年中，那时的星系就应当像“六分仪座A”和“ESO146-G14”一样。

布鲁斯·埃尔梅格林指出，银河系这样的大星系如何形成正在被广泛地研究。但同时，对科学家而言，那些规模较小、距离地球较远的星系中还藏有许多谜团。

本文内容参考中国《科技日报》《参考消息》、英国《自然》。

银河系增添“新邻居”

我们所处的银河系隶属于一个由 50 多个星系组成的星系群，这个星系群叫“本星系群”，它包括著名的仙女座星系及许多比它小得多的星系。一支由俄、美科研人员组成的小组，为这个星系群增添了一位新成员，他们发现了距地球近 700 万光年的一个很小的、独处一方的矮星系。这一研究成果发表在了英国《皇家天文学会》月刊上。

该研究小组由位于俄罗斯卡拉恰伊-切尔克斯的特殊天体物理观测台的伊戈尔·卡拉琴采夫教授率领。2014 年 8 月，该小组利用哈勃望远镜的先进巡天照相机发现了这个编号为“KKs3”的新星系。“KKs3”新星系位于南天的水蛇座方向，星系内的恒星质量仅为银河系质量的万分之一。

“KKs3”是一个矮椭圆星系，它不具有我们的银河系所拥有的旋臂特征。这类星系也不具备新恒星诞生所需的原材料——气体和尘埃，因此仅留下较古老的、暗淡的痕迹。几乎无一例外，上述原材料似乎都被附近的庞大星系（如仙女座）夺去了，因此绝大多数矮椭圆星系都是在体积比它们大得多的星系附近发现的。

孤立星系的形成方式必定与其他星系不同。一个可能性是，它们早期曾发生形成恒星的大爆炸，燃尽了可用的气体原料。天文学家对找到矮椭圆星系特别感兴趣，这有助于他们了解宇宙中星系的普遍形成过程，就连哈勃望远镜也很难发现本星系群之外的矮椭圆星系。它们较难被发现的原因之一是星云中没有氢气云，因此科学家转而设法通过寻找单个恒星来发现它们。

同样来自特殊天体物理观测台的小组成员迪米特里·马卡罗夫教授称：“寻找‘KKs3’这样的天体是极为艰苦的工作。但通过不懈努力，我们正在逐步构建起银河系周边的地图，我们周围并不像此前想象的那么空空荡荡。或许那里存在着大量的矮椭圆星系，这将为我们了解宇宙进化带来深远影响。”

本文内容参考中国《科技日报》《参考消息》、美国《皇家天文学会》。

发现宇宙诞生初期恒星信号

天文学家首次捕捉到了136亿年前最早的恒星点亮黑暗宇宙的黎明时刻。他们可能还探测到了神秘的暗物质在发生作用。

这次的发现包括一道来自外太空的微弱无线电信号,这是由一根比一个冰箱大一点的天线探测到的。

信号显示了出人意料的低温和异常明显的波。天文学家努力想找到太空探索背后的原因,而最好的解释就是难以捉摸的暗物质在发生作用。

如果得到验证,这将是首次以这种方式证实暗物质的存在。暗物质是宇宙的一个重要部分,几十年来科学家一直在寻找它。

哈佛大学天文学家阿维·洛布称,"如果得到证实,这一发现值得两个诺贝尔奖",因为它既捕捉到了恒星诞生的信号,又有望证实暗物质的存在。不过他又提醒道,"非凡的主张需要非凡的证据",这一发现还需要开展独立实验进行验证。

天文学家实际上根本看不到什么东西。事实上,这都是间接的,依据的是无线电信号波长的变化。

初期的宇宙是黑暗寒冷的,充满了氢和氦。一旦恒星形成,它们就会向周围的黑暗区域释放出紫外线。贾德·鲍曼称,紫外线改变了氢原子的能量特征。

天文学家分析了一种特定的波长。如果有恒星和紫外线,他们会看到一种特征;而如果没有恒星,他们会看到另一种特征。贾德·鲍曼称,他们发现了一种清楚而微弱的信号,显示出有恒星,并且可能有很多。

找到这种微弱的信号并不容易,因为银河系本身就充斥着强度是该信号1万倍的无线电波噪声,资助该研究的国家科学基金会先进项目技术负责人彼得·柯齐恩斯基称,"要在这种嘈杂环境里找到初生恒星的影响,就好像要在一次飓风中听到一只蜂鸟翅膀的振动声"。

因为天文学家要寻找的高频与调频广播一样,他们不得不到澳大利亚的沙漠中躲避干扰,他们在那里安装了天线,然后开始验证自己的发现。另一种方式是在实验室的模拟信号背景下进行测试。贾德·鲍曼称,结果都显示,他们所发现的是最早恒星的存在证据。

迄今为止,科学家对这些初期的恒星还知之甚少。

研究并不能确定这些恒星到底是什么时候形成的,只知道在大爆炸后1.8亿年它们就存在了。理查得·埃利斯称,对于恒星形成的时间,科学家有许多不同的观点,而1.8亿年与目前的理论相符。

特拉维夫大学天体物理学家伦南·巴卡那称,这种信号在被发现并分析后显示,恒星之间的氢“比我们能想象到的最冷物体更冷”,他就这一发现对暗物质研究的影响撰写了相关研究报告。

本文内容参考中国《科技日报》《参考消息》、英国《自然》。

新证据表明金星曾有海洋

早期的金星表面可能完全被海洋覆盖。

新的电脑模拟显示,如果金星在诞生之初就拥有足够的云层、二氧化碳和水,那么这个现在看似地狱的星球就可能形成海洋。美国《地球物理研究》杂志网站公布的这一结果提供了有关金星是否孕育过生命的新线索。

这一研究通过破解行星大气层及其表面可能适于生命存在的条件,还会有助于行星科学家寻找太阳系以外宜居行星的工作。

未参与此项研究的美国国家航空航天局戈达德航天研究所天体物理学家迈克尔·韦称:“这项工作有助于破解太阳系外行星宜居性的更大难题。”

迈克尔·韦及其同事近年发表报告称,金星的自转缓慢,金星上的一天大约相当于地球上的116天——可能导致云层持续增厚,云层增厚使得金星截至7.15亿年前日均气温约为15摄氏度。较之现在,金星表面地狱般炎热的460摄氏度日均气温,这种凉爽的气候条件让这个星球可能拥有浅海。这一新的发现支持了有关云层、二氧化碳和水之间微妙的相互作用会形成海洋的理论。

在这一新研究中,法国凡尔赛大学行星科学家埃马纽埃尔·马克及其同事运用电脑模拟,推算出一个年轻的岩石行星的熔液表面的冷却过程是如何与形成中的大气层和从年轻的太阳吸收热量的过程相互作用的。由于金星早期的二氧化碳含量与目前水平相似,它仅需要地球海洋水量的10%就可以形成自己的海洋表面。如果云层的反射作用及其他一些因素发生改变,金星至多需要地球海洋水量的30%就可以形成自己的海洋。

埃马纽埃尔·马克称,从理论上而言,金星可以形成海洋,这并不令人惊讶。但实际情况是否真的如此,就是“一个非常值得讨论的开放性问题了”。埃马纽埃尔·马克称,或许上述新发现提高了金星表面上的海洋是由水蒸气凝结而成的可能性。

本文内容参考中国《科技日报》《参考消息》、美国《地球物理研究》。

最古老最遥远超重黑洞被发现

天文学家宣布,他们发现了迄今所见最遥远、最古老的超重黑洞。

这个黑洞位于一个类星体中,科学家接收到的光来自宇宙只为目前年龄的5%时,也就是逾130亿年前,或者讲大爆炸后仅6.9亿年时。类星体是已知最明亮、最遥远的天体,并对我们认识早期宇宙至关重要。

一个在宇宙诞生之初就形成的超重黑洞的发现,或揭示出一些关键线索,有助于我们认识当时形成巨型黑洞的条件。

这是一个名副其实的“巨人”黑洞,大约是太阳质量的8亿倍。这个质量让天文学家既惊讶又费解。专家们认为,这个黑洞在大爆炸后短短6.9亿年内生长的程度远远超过我们预期,挑战了目前有关黑洞形成的理论。在不到6.9亿年的时间内聚集起这样大的质量,对超重黑洞生长理论构成了极大的挑战。这与现在宇宙黑洞形成的情况非常不同,现在的黑洞很少有超过数十个太阳质量的。这是我们迄今发现的来自那个时期的唯一一个黑洞。它的质量极大,然而宇宙还很年轻,按理不应存在这样的巨型黑洞。当时的宇宙还很年幼,根本无法产生这样大的黑洞。这着实令人困惑。

这一令人意外的发现是根据世界各地天文台搜集的数据实现的,属于一个早期类星体长期研究项目,研究还将继续。科学家们称,以后可能还会发现更古老的黑洞。

天文学专家们在用美国国家航空航天局广域红外线巡天探测卫星和智利、夏威夷的陆基望远镜进行新一代广域、高灵敏度观测时发现这个黑洞的。

他称:“这是令人非常激动的发现。等到正在建造的若干灵敏度更高的下一代设施投入使用,未来几年我们可以预计在早期宇宙研究领域会有许多令人兴奋的发现。”

本文内容参考中国《科技日报》《参考消息》、英国《自然》。

火星无生命原因

科学家最终确认火星上没有生命的原因。

英国牛津大学的研究人员认为,当火星表面的水分被吸入火星表层时,火星就不适合居住了。牛津大学地球科学系牵头的最新研究让我们能深入了解星球环境的细微差别,星球的环境决定了其是否拥有生命。

直到30亿年前,火星表面还覆盖着水,与地球差不多。现在的火星贫瘠干旱,因此除了在科幻小说中,火星人是不存在的。

研究人员长期以来一直在思索,火星上的水究竟去哪儿了。此前的研究表明,火星磁场崩溃后,火星上的一部分水被吸进了太空。

牛津大学的一项最新研究表明,水还在,只是由于与岩石外壳发生化学反应,被锁在火星表层了。研究带头人乔恩·韦德博士称:“在火星上,水与刚刚喷发、最终形成玄武岩外壳的熔岩发生反应,引发了海绵式效应。”研究报告发表在英国《自然》周刊上。

他称:“这种水与岩石之间的反应改变了岩石的矿物特性,导致星球表层干涸,因而不适合生命居住。”地球与太阳系其他星球(比如火星)之间存在微小差别,这为生命出现在我们的星球上而非其他地方创造了条件。

乔恩·韦德称:“最大的区别就在于火星表层岩石含有更多的铁,因为火星是在氧化水平略高的条件下形成的。”

研究人员发现,火星岩石锁住的水分要比地球岩石多25%,而这些岩石又将水输送到星球内部。

长期以来,人们一直认为火星可能有生命,因而特别关注火星的含水量。

以往的研究显示,火星的表层可能一度存在微生物,也许是在曾经有过的热泉和间歇泉里。

专家们指出我们知道火星数十亿年前有过很多水。而我们也知道它现在还有大量水,以冰的形式存在。吉姆·麦克尔韦恩称,虽然火星岩石或许吸收了水分,但即使没有该现象,火星很可能仍不会像地球一样拥有海洋,因为它的大气条件不同。水很可能最终结冰,或进入太空。

探究其他星球的岩石化学成分在锁住水分和改变环境方面的作用非常重要。

星球成分的微小化学变化可能对其维持生命的能力产生重大影响。

本文内容参考中国《科技日报》《参考消息》、英国《自然》。

火星有八大“地下冰库”

科学家利用美国国家航空航天局的轨道航天器发现了火星表层下8处大型冰原,或将为未来人类哨所提供水源。

科学家早就知道火星1/3的表面蕴含浅层地下冰,且两极冰储量最多。而11日发表的研究认为,该星球中纬度地区100米高的山坡中存在厚厚的地下冰原。

位于亚利桑那州弗拉格斯塔夫的美国地质勘探局天体地质学中心的地质学家科林·邓达斯是本项目研究的领导人。他称:“在这些地方发现冰令人惊讶。在中纬度地区,常常覆盖着一层尘土或者风化层。”

其纬度相当于地球上的苏格兰或南美南端。

研究人员使用了美国国家航空航天局火星勘测轨道飞行器的图像。该飞行器从2006年开始研究火星大气层和地形,以及地表和近地表的类似水流来历。

研究显示,冰可能比先前所知的更易获得,可用于支持未来的机器人或人类探索任务,甚至可能用于建立长期火星基地。水可以饮用,或许还能转化为氧气以供呼吸。

专家指出:人类到哪里都需要水,随身携带又太沉。以前的想法是,要想在火星上获取可供人类使用的水,需要从干燥的大气中提取,或者粉碎含水岩石。

我们现在认为,几乎有由纯水结成的冰埋在表层之下。不需要高科技即可获得。只需要拎着桶和铲子出去,想要多少就铲多少。与两极冰帽不同,这些地区更加靠近人类可能的着陆点。两极冰帽非常不宜居。这些冰存在于坡度高达55度的被称为陡坡的地理构造中。其中7个陡坡位于南半球,7个陡坡位于北半球。

本文内容参考中国《科技日报》《参考消息》、美国《科学》。

最神秘恒星忽明忽暗无关外星人

它被称为“宇宙中最神秘的恒星”。它比太阳大,以一种奇怪的方式忽明忽暗。对一些人来讲,这意味着一个巨型外星人建造物或许正围绕它运行。

该研究是由100多位一直观察这颗名为KIC8462852的恒星的科学家汇总而成的。

专家们指出:“导致该恒星忽明忽暗的最可能原因在于尘埃。新数据显示,不同颜色的光以不同程度在被遮蔽。”

该恒星最初是在美国国家航空航天局开普勒太空望远镜的帮助下发现的。开普勒太空望远镜通过追踪恒星亮度因一个天体在它前面经过而变暗的时刻来探查行星。这颗恒星的亮度不同寻常地下降引发了全球兴趣。该恒星距离我们超过1000光年,它比太阳大50%,并比太阳热1000摄氏度。

该恒星奇怪现象的发现者是被称为“行星猎手”的民间科学家。他们详细审查了来自“开普勒”任务的大量数据,从而作出了有关发现。

研究者希望,一旦能够实时捕捉到一次亮度变暗的情况,他们就可以查验,这种变暗是否在所有波长上都程度相当。

如果它们几乎是一样的,这说明导致变暗的是某种不透明的东西,像一个在轨运行的飞碟、行星、恒星,甚至太空中的大型建造物。

实际上,从2017年开始,团队发现了该恒星亮度4次变暗的情况。尽管该团队已经排除任何巨型外星建造物导致亮度变暗的可能性,同时,该恒星亮度变暗背后有其他现象在发挥作用的可能性。有些模型涉及系外彗星,证实了研究者的最初假设——等拱星物质。这似乎同我们掌握的数据是一致的。

本文内容参考中国《科技日报》《参考消息》、美国《天体物理学》。

天文学家或发现“最暗”行星

英国《新科学家》周刊论文称：遥远的类木行星或许是迄今所见最暗的世界。

天文学家发现了迄今所见最暗的行星之一。因为颜色太黑，所以它被比作木炭。

WASP-104b 是一颗快速运行的气态巨行星。这颗质量与木星相近的行星每 1.75 天绕其恒星运转一周。因为距离恒星很近，WASP-104b 接受了太多辐射，导致云层都被吹跑了，行星霾层里的钾元素和钠元素就有了发挥作用的机会。照射到 WASP-104b 表面 97%～99%的光线被钾和钠吸收，导致这颗行星几乎不反射任何光线，成为罕见的“黑暗”行星中的一员。

项目研究者称，在能够从文献里找到的所有黑暗行星当中，这一颗能够跻身前五名……或者讲前三。

能排进前三名的黑暗行星似乎都能吸收同等比例的光线，因此如果真要评出哪一颗最暗，恐怕就得纠结于微乎其微的反射率差异，还要排除微小的观测误差。

如果 WASP-104b 几乎不反射光线，那么我们是怎么发现它的？主要通过它的“影子”。从地球的视角来看，行星飞越恒星前方时（称为“凌日”现象），会遮住恒星的部分光芒。

WASP-104b 最初于 2014 年被“广角搜寻行星项目”发现，但当时看起来似乎只是一颗比较典型的炽热的气态巨行星。它当时引人注目的地方在于，其运行速度在“热木星”（这类气态巨行星绕其恒星运转一周只需几天）当中属于非常快的，我们无法判断其外表是什么样子。

后来，开普勒太空望远镜发现 WASP-104b 属于一种更加罕见的热木星亚型，它吸收的光线远远超过反射光，也许是迄今所见最暗的行星。开普勒太空望远镜多次记录其凌日前后的状况，希望发现能反映其实际情况的更多线索，比如究竟有多少光线被反射出来。最后的答案是——几乎没有。

那么它究竟长什么样？可能有点发青。研究者描述：“它比木炭还要黑,可能有一点误导。它的颜色很可能稍稍偏紫。”当这些黑暗行星围绕褐矮星旋转时,最终会带上一点洋红的色调。如果行星保存了完整大气层但距离恒星较近,那么它同样会出现外观变暗的现象,因为云物质和霾物质会被推到下方,导致钾元素和钠元素在大气层表层富集。

詹姆斯·韦布太空望远镜和其他一些天文台应该能够观测到这些黑暗行星的真实样貌,帮助我们了解为什么有些热木星那么闪亮,而另外一些却黯淡无光。考察它们的光谱和红外光变曲线应该有助于揭示这些星球的真实情况,搞清楚它们是否真的像看上去那样黑暗。

本文内容参考中国《科技日报》《参考消息》、英国《新科学家》。

FRB 121102 或源自黑洞附近中子星

一颗藏匿在黑洞附近的中子星正在向地球不断发射无线电波。

美国西弗吉尼亚州的格林班克望远镜从来自 FRB 121102 的快速射电暴中测出了一种复杂的结构。该望远镜是用俄罗斯“突破聆听”计划的一种新记录系统探测到这一射电暴的。

研究发现,这些持续不断的爆发可能来自一个位于极强磁场——有可能是巨大的黑洞附近的中子星。

快速射电暴指的是持续几毫秒的强烈射电波脉冲,它在这几毫秒时间内释放的能量比太阳在几小时、几天,甚至几星期内释放的能量还多。

快速射电暴在 2007 年才被发现,10 年来研究人员探测到了 20 次左右的 FRB,他们估计每天在宇宙中会发生大约 1 万次这样的 FRB。

快速射电暴的来源在很大程度上仍是个谜,因为它过于短暂,很难确定来源。以前的研究认为可能的来源包括灾难性的大事件,比如黑洞蒸发和中子星碰撞等。

不过科学家在 2016 年发现,一个名为 FRB 121102 的快速射电暴能多次释放。研究报告共同第一作者、阿姆斯特丹大学天体物理学家雅松·赫塞尔斯对太空新闻网称:“这是已知的唯一重复释放快速射电暴的来源。”

雅松·赫塞尔斯称,FRB 121102 能够多次爆发说明它不是来自一次性的灾难性事件。他称:“这一领域的一个关键问题是,这一多次释放 FRB 的来源是否从根本上区别于其他所有一次性的来源。”

为了更好地了解这种 FRB,科学家用波多黎各的阿雷西博天文台和格林班克望远镜分析了 16 次爆发。“FRB 121102 位于离地球约 30 亿光年的一个矮星系的恒星形成区域”,雅松·赫塞尔斯称。

在研究这些爆发时,研究人员关注了一种称为极化的射电波特性。之所以会存在这种特性,是因为包括射电波在内的所有光波都能上下左右或以其他任何角度波动。研究报告共同作者、阿雷西博天文台的研究人员安德鲁·西摩称,FRB 121102 的射电波时间很短,极化程度很高,类似于此前观察到的银河系年轻中子星的射电发射。

本文内容参考中国《科技日报》《参考消息》、英国《自然》。

外星人或藏身冰下黑暗海洋

获得诺贝尔奖的物理学家恩里科·费米曾有句名言:“他们都在哪里呢?”他指的是有智慧的外星人,这些外星人按理讲早就该露面了,考虑到银河系已经存在了很久(大约130亿年),而且里面有数十亿个具备宜居潜力的星球。

数十年间,科学家对这个现在被称作“费米悖论”的问题给出了许多可能的答案。例如,也许地球是整个星系里唯一有生命的星球,或是唯一有智慧生命居住的星球。也或许外星人是存在的,正偷偷从远处观察我们。

研究者给出了另一个答案:或许银河系里广泛存在智慧生命,但它们大部分都生活在深深的、黑暗的冰下海洋里,与宇宙的其他部分隔绝。

实际上,如果以我们的太阳系作为参考,这样的海洋应该很常见。在木星的卫星木卫四、木卫三和木卫二极冷的表面壳体下,以及土星卫星土卫二的地壳下都流动着液态水的海洋。据猜测,在其他星球上也存在地下海洋,包括冥王星。唯一已知表面有液态海洋的行星是地球。

与地表水体相比,地下海洋能够提供更加稳定的环境,平均而言,可能给予生命更长的时间来进化出智能和复杂性。艾伦·斯特恩在位于科罗拉多州博尔德的西南研究院工作。

天体撞击和太阳圈斑、附近的超新星绕暗海洋什么样的轨道运行、有没有磁层,还有大气是否有毒——这些都无关紧要。

保护这些地下海洋不受危害和变化影响的东西——其上的冰层(或者冰加上石头)——很可能也孤立了它们。

如果他们有技术的话,比如讲广播技术,或者有城市灯光之类的东西——我们在光谱上完全看不到,也许只能捕捉到非常低频的(无线电)。

地球人类考虑另一个因素:生活在这种环境中的外星人到底有多大可能会试图沟通?深藏在冰或石头下面,他们是否知道银河系里还有数不清的星球？他们必须挖洞来到表面才能看到。

专家们指出，水栖外星人也很难开发出载人航天技术，因为他们的生命维持设备需要大量的水，会非常重。

本文内容参考中国《科技日报》《参考消息》、美国《天体生物学》。

宇宙基本力可“合二为一”

《新科学家》周刊:支配物质和光的力最终可能合二为一。

大爆炸刚发生之后的宇宙中只存在一种力。随着宇宙的冷却,这种力先是分化为两种力,再分化为三种力,最后分化为今天宇宙中的四种力。

物理学家们长期以来一直在寻找一种把除万有引力之外的所有力结合成为同一种力的大统一理论。现在,一种新理论刚好可以做到这一点,同时没有作出给先前的努力带来厄运的预言。

粒子对撞机的实验已经证明,在四种基本的力(万有引力、电磁力、弱核力和强核力)当中,电磁力和弱核力在大约100千兆电子伏特的能量状态下,将成为一种电弱力。这把我们带回到大爆炸发生后大约万亿分之一秒的时候。

但问题是大爆炸之后的万亿亿亿亿分之一秒时发生了什么?原则上,电弱力和强核力本该成为同一种力的。

现在参照一个被称为SU(5)的早期设想构建了一项大统一理论,关键之处是它并未要求质子必须衰变。

SU(5)理论是霍华德·格奥尔基和谢尔登·格拉肖在1974年提出的。根据SU(5)理论,在大统一的高能状态下,所有粒子都将呈现可以想象为五边形或十边形的数学结构。

而在他们创建的新的大统一理论模型中,为SU(5)模型增加了两种结构,其中一种结构有40条边,另一种结构则有50条边。这两种结构代表的是重场,重场不仅帮助电弱力和强核力的统一,而且还阻止质子的衰变。

这是对于这样一项理论能够得到构建的概念验证。

本文内容参考中国《科技日报》《参考消息》、英国《新科学家》。

已知第二古老天体

科学家宣布他们使用世界上最先进的望远镜之一发现了一个拥有128亿年历史的遥远星系。

它“只”比大爆炸年轻10亿岁，是人类有史以来发现的第二古老的天体。这项最新研究的报告发表在英国同行评议期刊《自然·天文学》上。研究者表示：“这个新天体很可能是最早形成的星系之一。”研究报告称，目前已知的同类天体中只有一个比它略微古老，且距离我们更加遥远。

研究者指出：“大爆炸发生在137亿年前，而现在我们所看到的这个星系形成于128亿年前，所以它是在大爆炸之后的头个10亿年内形成的。”他称：“发现一个在大爆炸后头10亿年内形成的天体是很不寻常的，因为宇宙在头4亿年内太热且物质分布过于均匀，无法形成任何天体。所以，我们最有把握的猜测是，第一批恒星、星系和黑洞都是在大爆炸后的头5亿年到10亿年间形成的。”

这个被命名为G0983808的星系是用大型毫米波望远镜发现的。LMT位于墨西哥，人们称之为一台高精度的时间机器，因为它能够看到数十亿年甚至上百亿年前星系形成时的样子。

这次发现的星系也是迄今为止使用LMT所发现的最古老天体。LMT由美国阿默斯特马萨诸塞大学与墨西哥国家天体物理学、光学和电子学研究所共同操作。

随着大型毫米波望远镜在未来几个月内全面投入使用，它的高分辨率和高敏感度意味着“人类能够发现非常非常模糊的物体，它们基本上存在于宇宙的最边缘”。

与此同时，在关于早期宇宙的其他消息中，最近的另一项研究还发现了迄今为止人类所发现的最古老的漩涡星系（就像我们的银河系一样）。这个被称为A1689B11的星系已经存在了110亿年，只比大爆炸晚27亿年。

漩涡星系在早期宇宙中格外罕见，这一发现为研究星系如何从高度混乱动荡的圆盘演变成像我们自己的银河系一样平静的薄片形态打开了大门。

本文内容参考中国《科技日报》《参考消息》、英国《自然·天文学》。

巨型“怪兽”行星挑战天文学理论

宇宙中发现的巨型“怪兽”行星，可能会挑战科学家们对行星形成原理的理解。

相对于其恒星而言，过于庞大的一颗巨型“怪兽”行星，可能会让科学家反思他们关于天文学的理论。

这颗行星被称为 NGTS-1b，大小与木星相当，但它绕其作轨道运动的红矮星大小只有太阳的一半。

科学家从未预见到像这么庞大的行星能够绕着这么小的恒星运行，而且这违背了他们有关行星形成理论的核心认识。

这个神秘的星系距离地球 600 光年，其恒星与行星体积之比是迄今为止发现的最不寻常比例。

研究者指出：“NGTS-1b 的发现让我们大吃一惊，我们原以为那么小的恒星周围不会存在这样庞大的行星。我们已经在质疑关于行星如何形成的公认观点。我们现在的任务是要弄清楚这些类型的行星在银河系中有多普遍。”

NGTS-1b 是由位于智利北部阿塔卡马沙漠的“下一代凌星巡天”发现的，这个自动化望远镜阵列的目的是搜寻从母星前面经过的系外行星。

这颗“热木星”非常靠近它绕其运行的恒星，只有地球与太阳之间距离的 3%，每 2.6 天绕轨道运行一周。它的表面温度约为 530 摄氏度。

虽然 NGTS-1b 是一颗巨型行星，但它很难被发现，因为它的母星很小，发出的光很微弱。

小恒星是宇宙中最常见的，所以可能有很多像这样的巨型行星有待发现。开发 NGTS 望远镜阵列花了将近 10 年时间，看到它分辨出让人意想不到的新的行星类型真让人激动。

本文内容参考中国《科技日报》《参考消息》、英国《皇家天文学会》。

太阳系起源新理论

尽管人类对宇宙已经有了许多令人印象深刻的发现,科学家们却仍然不确定太阳系的诞生过程。

芝加哥大学的科学家提出了一个全面的理论,称太阳系在一个早已死亡的巨大恒星周围由星风吹成的圆罩中形成。这篇论文发表在美国《天体物理学》杂志季刊上,它探究了一个让人百思不得其解的宇宙之谜:太阳系中为何有两种元素的丰度不同于银河系中其他星系。

主流看法是,太阳系几十亿年前形成于超新星附近。在本次研究的最新模拟情境中,这一切始于一种名叫沃尔夫-拉耶的巨大恒星,其起源新理论体积是太阳的40~50倍。它们的燃烧温度是所有恒星中最高的。随着沃尔夫-拉耶的质量散落,星风卷起它周围的物质,形成一个有着密实外壳的圆罩结构。

研究者称,“这种圆罩的外壳是产生恒星的好地方,因为尘埃和气体被包裹在里面,可以在那里凝聚成恒星”。所有类似太阳的恒星中有1%~16%可能是在这样的恒星摇篮里形成的。

这个设想有别于超新星假说,可以解释早期太阳系中存在比例异常的两种同位素的原因。早期太阳系留下的陨石显示有大量同位素铝-26存在。另外,越来越多的研究成果(包括尼古拉斯·多法斯和他以前的一个学生在2015年发表的研究成果)表明,太阳系里的同位素铁-60较少。

这让支持超新星假说的科学家们无言以对,这两种同位素都是超新星能产生的。芝加哥大学天文与天体物理学副教授、论文共同作者维克拉姆·德瓦卡达斯表示:“这引出了一个问题:为什么一种同位素被注入太阳系而另一种没有?”如沃尔夫-拉耶恒星,它释放出大量铝-26,而非铁-60。

研究者推断是,从沃尔夫-拉耶散落的铝-26,被在恒星周围形成的尘埃颗粒携带着往外移动。这些颗粒有足够的动力冲破壳体,而且多数在那里被毁掉,铝-26则被包裹在壳体内。最终,部分壳体因重力而向内塌陷,形成我们的太阳系。

本文内容参考中国《科技日报》《参考消息》、美国《天体物理学》。

地球水并非来自彗星

“罗塞塔”彗星探测器发回的探测结果,使人对地球上的水大部分来自彗星的理论产生怀疑。

科学家一直在分析此次由欧洲国家主导的飞行任务发回的数据。“罗塞塔”释放的“菲莱”着陆器成功登陆彗星“67P/丘留莫夫-格拉西缅科”。

美国《科学》周刊上的数据显示,冰冷的彗星上的水不同于地球上的水。

研究报告的断定,地球上的水来自小行星的可能性较大。但其他科学家表示,不能排除来自彗星的可能性。

“菲莱”的此次历史性飞行任务在电池电量耗尽后似乎已宣告结束。然而,“菲莱”在电池电量耗尽前已将宝贵的科学数据成功传回地球。

一种理论认为,地球上的水最初是由彗星撞击带来的,而母船“罗塞塔”收集的这些最新探测结果对这种理论造成了冲击。

两个被称为“罗西娜”的光谱仪能“嗅到”彗星表面释放的气体。“罗西娜”显示,彗星上的“重水”比例与地球水的显著特征不符。

专家们指出:“‘重水’与‘轻水’之比很有特点,不容易改变,能保持很长时间。比较一下彗星上的水和地球上的水就能确定二者是否相符。这是到目前为止在太阳系测到的‘重水’和‘轻水’之间的最高比例。这个比例是地球上‘重水’与‘轻水’比例的3倍以上,也就是讲,这种彗星不可能把水带到地球上。”

然而,英国学者却认为,研究小组“下结论可能有些过早”。“罗西娜”测量的是来自这颗彗星表面的气体。我们必须拭目以待,看看“菲莱”着陆器上的彗星取样与成分分析仪和演化气体分析仪的检测结果。

本文内容参考中国《科技日报》《参考消息》、美国《科学》。

2 颗最像地球行星

8 颗有望支持生命的星球，其中 2 颗是迄今发现最像地球的行星，科研人员发现八颗位于恒星“金发姑娘地带”即宜居带，它们与恒星的轨道距离适当，可能存在海洋和生命。

这项发现使体积较小、直径不到地球 2 倍、据认为处于母星宜居带的行星数量增加了 1 倍。

天文学家表示，这 8 颗行星当中的 2 颗是迄今发现最像地球的行星。

这项研究的主要科学家、美国哈佛-史密森天体物理学中心的吉列尔莫·托里斯博士称：“这些行星大多很可能像地球一样由岩石构成。”

两颗最像地球的行星名叫开普勒-438b 和开普勒-442b，都围绕比太阳体积小、温度低的红矮星运转。

据科学家估算，开普勒-438b 的直径只比地球大 12%，由岩石构成的可能性达 70%。开普勒-442b 的直径比地球大 1/3 左右，由岩石构成的可能性约为 60%。

宜居带的行星既不能太热也不能太冷，接受的阳光照射与地球相仿。如果从恒星获得的热量太多，水就会化为蒸汽；热量太少，水又会结冰。

开普勒-438b 获得的光照约比地球多 40%，这使它有 70%的可能性处于宜居带。相比之下，灼热的金星获得的光照是地球的两倍。另一颗行星获得的光照约为地球的 2/3，有 97%的可能性处于宜居带。

研究报告指出：“我们不能肯定样本中的任何一颗行星真正宜居。我们只能讲它们都有希望。”

这些行星与地球的距离都不近。开普勒-438b 与地球相距 470 光年；开普勒-442b 更远，与地球相距 1100 光年。

该小组研究的候选行星最初是由美国国家航空航天局开普勒太空望远镜发现的，科研人员在美国天文学会的华盛顿年会上提交了此项研究成果。

这些行星都太小，无法通过衡量其质量来确认。天文学家用一套计算机程序证实它们在统计数据上很可能是行星。

本文内容参考中国《科技日报》《参考消息》、美国《天体物理学》。

火星阿拉伯台地曾存在过水

行星科学家发现在火星上的阿拉伯台地曾短暂存在过水。

作为亚利桑那北部大学和约翰斯·霍普金斯大学合作团队的成员，亚利桑那北部大学博士研究生阿里·克佩尔近日发现，火星上一个名为“阿拉伯台地”的区域曾经存在过水。

阿拉伯台地位于火星北纬地区。这片古老的地域由意大利天文学家乔瓦尼·斯基亚帕雷利在1879年命名，面积略大于欧洲大陆。阿拉伯台地包含陨石坑、火山口、峡谷和美丽的岩石带，让人联想起彩色沙漠或劣地国家公园的沉积岩层。

专家们特别感兴趣的是利用火星表面的岩石更好地了解40亿年前至30亿年前的环境，以及是否可能存在过适合生命在火星表面生存的气候条件，以及过去是否存在过稳定的水、稳定的水可能存在过多久、大气曾经可能是什么样子，以及过去的火星表面温度可能多高。

为了更好地了解前述岩层是如何生成的，科学家们把重点放在了热惯性上，热惯性定义了一种材料变温的能力。由松散的细小颗粒组成的沙子会迅速增热或散热，而一块坚实的巨石则会在天黑后长时间保持温暖。通过观察表面温度，他们能够确定研究区域内岩石的物理性质。他们能在一种物质看似坚实时，判断它是否松散并且正在受到侵蚀。

此前没有人对这些覆盖火星很大一部分表面的非常有趣的沉积物进行过深入的热惯性研究。

这项研究在轨道运行卫星上使用了遥感仪器。专家们还没办法到露出地面的岩石那里采集样本——只能依赖卫星数据。因此，有少数卫星在绕火星运行，每颗卫星上都载有一系列仪器。每台仪器在帮助我们描述火星表面的岩石方面都发挥着自己的作用。

通过使用这些远程收集的数据进行的一系列调查，才能研究热惯性、受到侵蚀的证据、陨石坑的状况及矿物质的构成。

这些沉积物远没有此前所有人认为的那么有凝聚力，这表明这种环境只可能有很短的一段时间存在过水。这实际上很有趣,因为它引出了整整一系列新问题。是什么条件让那里短暂存在过水呢?那里是否有过冰山、但随着大洪水暴发而迅速融化了?会不会有过一个地下水系统,它曾经短暂渗出地表,不过后来又沉降回去了?

本文内容参考中国《科技日报》《参考消息》、美国《地质学》。

“迷你海王星”或有地外生命迹象

天文学家可能很快在太阳系外的“迷你海王星”上找到生命迹象。

在对宜居行星进行重新思考后,专家表示,我们也许在两三年内就能找到太阳系外存在生命的迹象。

就宜居行星而言,天文学家一直在寻找大小、质量、温度和大气构成跟地球相似的行星。在最新研究表明一个“迷你海王星”可能也是宜居星球后,英国剑桥大学的天文学家认为,宇宙中或许存在更多的可能性。这个被称作“K2-18b”的“迷你海王星”的半径是地球的 2 倍以上,质量是地球的 8 倍以上。

研究人员发现了一类新的宜居系外行星,叫作 Hycean 行星。这是一种炽热、被海洋覆盖且大气中富含氢的行星,它们比类地行星的数量更多,也更易于观测,“K2-18b”就是其中之一,宇宙中还可能存在更多这样的星球。

研究报告指出:“这类行星基本上是水世界,大气中富含氢。我们认为,如果这些行星存在生命,在未来两三年内,我们有可能首次在太阳系外发现生命印迹。”

相对于类太阳恒星来讲,类地行星的体积较小,这导致它们的大气特征较弱,因而难以探测生命迹象。

但 Hycean 行星的半径可能是地球的 2 倍以上,质量是地球的 10 倍左右,它们的大气平均温度接近 200 摄氏度。

体积较大的行星不仅比地球大小的行星更常见,也更容易被找到,而且科学家更容易探测它们的大气层。此外,Hycean 行星的构成意味着,可以寻找更广泛的分子,后者可能暗示生命的存在。

研究小组在美国《天体物理学》杂志季刊上发表文章称,此类行星被定义为拥有富含氢的大气层、占星球质量至少 10%的岩石核心,以及占星球质量多达 90%的水层。

研究小组称,此类行星的阴暗面有可能存在生命迹象。这些行星靠近恒星,被潮汐锁定,意味着行星的一面永远朝向光——这一面可能会太热,不适宜居住。

研究小组称，如果此类星球上存在生命，它们必然是水中生命，因为按照定义，这些行星被水层所覆盖。Hycean 行星上的生命会以什么形式存在仍是个未知数。至少可能存在微生物生命。

迄今为止，我们发现的系外行星极为多样化，因此有必要对那些可能孕育生命的非类地行星进行研究。

在 Hycean 行星上寻找生命存在的迹象可能非常困难。在类地行星上寻找生命印迹已经非常困难——在大多数情况下，依靠探测不同生物特征气体的组合，来证明大气并不处于平衡状态。从原则上讲，这可能也适用于 Hycean 行星，但如果没有地球作为范例，在某些情况下，排除误判的难度就更大了。

科学家都需要从许多星体获取数据，以了解哪些星球可能宜居。

本文内容参考中国《科技日报》《参考消息》、美国《天体物理学》。

解开奇怪光线之谜

科学家终于找到了12世纪天文学者在夜空中发现的一束像土星一样亮的光线的原因。

根据一项研究结果,中国和日本观测者在840年前发现的这束光是由银河系中两颗密度极高的恒星相撞引发的超新星造成的。

这一发现为白矮星衰竭恒星的余烬之间的一种罕见碰撞和Iax型超新星提供了证据,这是在银河系中第二次发现这种现象。

Iax型超新星源自两个退化恒星天体的碰撞,比如白矮星。它们比Ia型超新星要暗一些,后者出现在一颗正常恒星和一颗白矮星组成的双星系统中。

一个国际天文学者小组发现,这次撞击产生了名为“帕克星”的恒星及其星云Pa30(它周围的气体和尘埃的外壳)。

中国早期的天文学者不知道超新星——通常在恒星寿命结束时引发的大规模恒星爆炸的存在。他们认为,天空中的这种闪光是短暂出现然后消失的恒星。他们将这些短暂而灿烂的闪光命名为“客星”。

这些“客星”中的大多数都已被确认,并与它们的超新星成因联系在一起,但1181年的中国“客星”的起源仍是一个谜,它的现代名称是SN1181。事实上,在这项研究之前,它是最近1000年来唯一与真实事件未发现关联的“历史超新星”。

另一颗星云3C58曾因为距离近而被认为是1181年那颗超新星的残存部分,但因为年龄和近距离观察结果而被排除。研究团队指出,残存部分没有其他可行的候选对象了。

直到这个由英国、西班牙、法国和匈牙利的研究人员组成的团队考虑星云Pa30。他们发现,构成这颗星云的气体和尘埃以每秒684英里(约合1100千米)的速度扩散。这告诉他们星云是大约1000年前形成的。考虑到这一点及该星云与地球的距离,早期天文学者在1181年发现它的时间框架是正确的。

此前人们认为,Pa30 是名为白矮星的两颗致密恒星碰撞产生的。这些退化的恒星是在较小恒星耗尽核燃料并在生命即将结束开始变得暗淡时形成的。这导致它们的外层消失,剩下致密物质的内核。

这种碰撞会导致一种恒星爆炸,即 Iax 型超新星,它比更常见的 Ia 型超新星暗淡。

如果这确实是导致这一星云和 SN1181 的原因,那么这是我们的银河系中第二次发现这样的碰撞。

研究指出:“鉴于其可能具有 Iax 型的性质,Pa30 现在为 SN1181 爆发提供了一个绝佳且可行的候选对象。(SN1181)也是银河系中首次有记录的 Iax 型超新星事件,目前已知的事件大概有两起。”

本文内容参考中国《科技日报》《参考消息》、美国《天体物理学》。

月球内部或含大量水

月球上的古代火山沉积物提供的新证据显示,月球内部含有大量的水。

英国《自然·地球科学》月刊的一份研究报告中,科学家利用卫星数据研究了月球上的火山碎屑沉积物,即可能由大型火山喷发形成的岩石层。

此前的研究发现,月球两极阴影区有少量水冰。这种水可能是来自太阳风的氢产物。新研究显示,月幔中可能也含有大量的水。那些水早在月球形成初期还没完全固化的时候就存在了。现存于月球表面的沉积物中发现了水,而这些沉积物是来自月球内部深处的岩浆产物。既然这些岩浆产物中含有水,那么月球内部深处一定也含有水。

研究人员分析了印度"月船1号"探测器搭载的月球矿物测绘仪发来的卫星数据。该仪器测量了月球反射的可见光和近红外太阳光。为了估测火山碎屑沉积物中所含的水量,科学家需要将反射的太阳光与月球表面释放的热能进行隔离。

不同的矿物质和化合物吸收和反射光线的方式不同,因此我们观察了水分子和羟基分子吸收光的波长。我们发现,火山喷发碎屑沉积物在这些波长有更大的吸收量,或者反射的太阳光更少,这表明其含有羟基或水。

布朗大学的科学家在相似的火山样本中发现了微量的水,这些样本由松散的物质组成,并由阿波罗15号和17号带回地球。但这些阿波罗样本并非来自最新研究中利用卫星数据测绘的大型火山碎屑沉积物。这也使人怀疑,阿波罗样本反映的究竟是月球"湿润"内部的大部分区域的特征,还是只代表"干燥"的月幔中一小块多水区。

研究说明,几乎所有大型火山喷发碎屑沉积物都含有水,这似乎是来自月球深层岩浆的共同特性。也就是讲,月幔的大部分可能是"湿润"的。

通常认为,形成月球的巨大撞击事件太过剧烈、温度太高,致使水无法留存。然而,水是存在的。一种可能性是这些水是在巨大的撞击事件后、而月球完全冷却前被送到月球上的,可能是有水的彗星和小行星撞击月球的结果。对于希望人类开始在太阳系开拓殖民地时在月球建立基地的人来讲,研究人员最近发现的"月球内部很大区域是湿润的"迹象是个好消息。

研究人员称,在这项新研究中,科学仪器在月球火山喷发产生的物质的多数样本中发现了有水存在的种种迹象。这些水可能是在惊人的碰撞后得以留存,或者是由彗星和小行星撞击带到月球上的。

其他研究已发现月球两极阴影区存在水冰,但火山喷发碎屑沉积物所在地点更容易靠近。如果未来的月球探险家无须从地球搬运大量的水,那将是个很大的进步,而我们的研究结果给出了新的替代方案。

本文内容参考中国《科技日报》《参考消息》、英国《自然·地球科学》。

“蓝莓”石或证明火星上曾有水

最新研究表明,火星上的“蓝莓”石可能证明这颗星球上曾有水。

火星表面散布着数以百万计的微小球形晶体,其直径平均为十分之一英寸(约合2.5毫米)。

尽管这些微型球体让这颗红色星球呈现出锈色,但它们在2004年美国国家航空航天局的一张照片中呈现出蓝色外观,这为它们赢得了“蓝莓”的绰号。

想用这些“蓝莓”榨汁的宇航员会失望地得知,它们实际上是赤铁矿——由铁和氧构成的矿物化合物。不过对地球上的类似矿物质进行的最新分析显示,情况可能并非总是如此。

据一项最新研究称,火星上的“蓝莓”石实际上可能是水赤铁矿,是以前在含水环境下形成的铁氧化合物。

研究人员写道,果真如此的话,火星上散布的大量“蓝莓”石就相当于一个“大型水库”,这进一步证明了火星上曾经有过水。

研究报告的作者在一份声明中称:“火星表面的很大一部分显然形成于星球表面较湿、含水环境造就了(像“蓝莓”这样的)铁氧化合物的时候。不过,火星上存在水赤铁矿仍是个推测。”

研究小组利用X光扫描和红外线扫描等各种技术,研究了这些矿物质的构成,并证实这些矿物质中的一些铁原子被羟基所取代,后者是一种在含水环境下形成的氢氧化物。

接下来,研究小组想要了解水赤铁矿形成的条件,看看它是否跟火星上一度可能存在的条件相符。在不同的温度、酸度和湿度条件下对样本进行研究后,研究人员了解到,水赤铁矿在温度低于300华氏度(约合150摄氏度)的含水酸性环境下会结晶。

换句话讲,水赤铁矿晶体可能是火星在过去的含水条件下形成的,它们在整个星球上形成了一层由微小的铁卵石组成的沉积层。

因此,火星上的每块红色“蓝莓”石按质量计算可能含有多达8%的水分。

研究者称:“在地球上,这些球形晶体是水赤铁矿,因此在我看来,我们可以合理地推断火星上的红色卵石也是水赤铁矿。”

这里的关键词是“推断”。尽管地球上的水赤铁矿与火星上的“蓝莓”石在视觉上有相似之处,但没有确凿证据证明这些“蓝莓”石含有水。

当美国国家航空航天局的“机遇”号火星探测器在2004年首次发现这种“蓝莓”石时,它无法确定这些石头是由赤铁矿还是水赤铁矿构成的——像“毅力”号这样的新一代火星探测器也无法确定。

在未来的火星探测任务把原始矿物样本从火星带回地球之前,科学家们只能对这些红色石头的构成进行猜测。

本文内容参考中国《科技日报》《参考消息》、美国《地质学》。

最大环双星行星或拥有宜居卫星

美国《天体物理学》公布的一项研究,科学家们在位于 3700 光年外的天鹅座发现了迄今最大的环双星行星。

这颗代号为“开普勒-1647b”的行星在质量和大小上与木星相近,奇妙的是,它与科幻电影《星球大战》中广为人知的环双星行星“塔图因”星非常相似。这是迄今为止发现的最大的环双星行星。

这颗行星年龄在 44 亿年左右,与地球的年龄接近。它绕 2 个恒星的周期较长,达到 1107 天。该行星处于这个双星系统的“宜居带”内,或许有液态水存在。

在某些行星的天空中不止有一个太阳。现在科学家们表示,他们已经证实了围绕一对双恒星公转的迄今最庞大行星的存在——这是一颗质量和半径与木星相似的气态巨行星。

这一庞大行星已被命名为“开普勒-1647b”,年龄与地球相仿,直径是地球的 11 倍。它的太阳与我们的太阳十分相似(其中一个稍小,另一个稍大),不过有两个。

“开普勒-1647b”行星距离其太阳的距离约 2.7 个天文单位(日地距离为 1 个天文单位),并位于其恒星的“宜居区”内。这意味着它处在神奇的最佳区域中,可以接受适量的阳光和热量,从而可以形成液态水。

但是,这颗行星本身不可能成为我们所知的“生命家园”:它几乎完全是由气体组成的。如果它与我们太阳系中的气态巨行星相似的话,那么它很可能拥有数十个卫星,而且就像围绕土星和木星旋转的卫星一样,这些小小的岩石世界可能是寻找与我们相似的生命的出色场所。

科学家们是通过测量行星“飞越”恒星,即在我们的视野中从恒星前面通过,使其主恒星亮度变暗的方式发现系外行星的。而发现环双星行星要困难得多。

环双星行星之所以更难发现,是因为它们的飞越没有严格的周期性。

科学家喜欢研究拥有多个主恒星的系统,因为它们有助于我们了解恒星系统的无数种可能演化方式。几年前,我们证实了行星可以形成于这些陌生的多恒星系统中。我们知道除了较小的近轨行星,这些系统还可能发展出稍稍遥远一些的大型行星。

研究者指出,“抛开宜居性不讲,‘开普勒-1647b’之所以重要,是因为它是理论上预测的巨型长周期环双星行星群体的冰山一角”。

本文内容参考中国《科技日报》《参考消息》、美国《天体物理学》。

发现银河系最小黑洞

科学家发现了比原先认为有可能存在的最小黑洞更小一些的新类型黑洞。

天文学家一直认为,黑洞的质量必须至少是太阳的 5 倍。然而,他们发现了一个质量是太阳 3.3 倍的黑洞。这是迄今为止银河系中已知的最小黑洞。研究论文第一作者、美国俄亥俄州立大学天文学教授托德·汤普森称:"有迹象显示,存在我们在寻找黑洞时尚未予以真正探究的另一个类型。人们试图了解超新星爆炸、特大质量的黑色恒星如何爆炸,以及元素是如何在特大质量恒星中形成的。因此,如果我们能够揭示一类新的黑洞,就能知道关于哪些恒星爆炸、哪些不爆炸、哪些形成黑洞、哪些形成中子星的更多信息。这就能开辟一个新的研究领域。"黑洞具有如此强大的引力,使得任何事物,包括光都无法逃脱。它们形成于恒星死亡、坍缩,然后爆炸时。中子星体积小、密度大,是恒星死亡和坍缩时形成的。

天文学家只了解质量是太阳 5 倍到 15 倍的黑洞。如果中子星的质量是太阳的 2.5 倍以上,科学家认为它们就会坍缩成黑洞。

科学家利用激光干涉仪引力波观测台发现两个黑洞在一个 18 亿光年外的星系中合并。其中一个黑洞的质量是太阳的 31 倍,另一个黑洞的质量是太阳的 25 倍。

这表明,黑洞的质量可能大于此前的记录。这意味着还可能发现质量介于最大中子星(迄今所发现)与最小黑洞之间的黑洞。

美国《科学》论文称,天文学家详细研究了"阿帕奇顶点天文台银河演化实验"项目收集的数据,发现了一个质量是太阳 3.3 倍的低质量黑洞。该实验收集了银河系中大约 10 万颗恒星的光谱。专家指出:"我们提供了一种寻找黑洞的新方法,但我们也可能发现了天文学家以前不知道的类似的低质量黑洞中的一个。天体的质量能告诉我们关于其形成、演变及性质的信息。"

本文内容参考中国《科技日报》《参考消息》、美国《科学》。

人类首次观测到“行星际激波”

美国国家航空航天局的一组航天器终于观测到科学家搜寻多年的一个现象:“行星际激波”。

这些航天器构成了“磁层多尺度任务”项目。该项目着眼于研究地球周围的磁环境。为此,它依靠4枚相同的航天器合作绘制正在发生的情况。

在新的研究中,科学家剖析了磁场中发生的一个特别有趣的现象。由于4枚航天器都部署在彼此相距仅12英里(约合20千米)的范围内,它们能从最佳视角观测正在发生的事情。

研究人员绘制了一幅动画,展示了激波及这些激波冲刷美国国家航空航天局的美国多任务模块化航天器后其所反射的离子。不同的颜色代表观测到的离子数量,暖色表示离子数量更多,黄色代表反射的离子。

这个现象是“行星际激波”,即不断从太阳流出的带电粒子流——科学家称之为太阳风的不同区域之间的相互作用。

当一个速度快的太阳风区域移动超过一个速度慢的区域时,科学家们认为,速度快的区域将能量传递给速度慢的区域,并产生激波。在2018年的观测中,航天器首次捕捉到发生这种能量传递。

不过,尽管这一观测结果姗姗来迟,但研究小组希望未来能看到类似现象,因为该任务应该每周都能观测到一次“行星际激波”。科学家们希望,未来由该任务的一组航天器获得的观测结果将使他们对单次“行星际激波”的结构有更详细的了解。即研究地球磁气圈中被称为“磁重联”的爆炸现象。

本文内容参考中国《科技日报》《参考消息》、美国《地球物理研究》。

土星环涟漪或揭秘土星构造

目前无法通过观察土星表面云朵的旋转速度来判断土星的转速。但土星环的涟漪却揭示了土星的旋转速度：它的一天为10小时33分钟38秒。

美国《天体物理学》报告了土星的旋转速度，土星的半径约为5.8万千米，是地球的9倍，但一天的长度却不到地球的一半。

科学家此前曾用20世纪80年代“旅行者”号宇宙飞船和21世纪初“卡西尼”号飞船的无线电测量结果估算土星的一天可能有多长。这些估计数字与新的估算结果属于一个区域，但相差了大约20分钟。

1993年，天文学家马克·马利和后来领导“卡西尼”号飞船项目成像团队的卡罗琳·波尔科意识到，地震活动对土星重力的影响足以使由绕轨道微粒构成的土星环发生相应改变。因为自转会搅动土星气体，所以那些内部振动的频率可以用来计算土星的自转速度。2004年，“卡西尼”号抵达土星轨道，终于提供了足以检验这种看法的土星环图像。

美国国家航空航天局的这一轨道飞行器任务于2017年结束。研究团队利用该飞船拍摄的图像测量了土星环因土星而地震产生的振动，并得以精确计算出土星在云层下旋转的速度。

研究者称：“我们从土星环了解到的土星内部情况多到几乎没人能想象得到。”

了解土星的自转速度有助于科学家弄清这个巨型气态行星的构造。天文学家认为，土星的固态内核质量大约是地球质量的15倍，外面是处于不同阶段的液氢层。斯托弗·曼科维奇称，其团队认为，土星作为一个坚硬的球体自转，构造可能像洋葱，每层的自转速度都不一样。下一步任务是剥开这些洋葱层。

本文内容参考中国《科技日报》《参考消息》、美国《天体物理学》。

木星水储量远超地球

在木星上发现了大量的水，远超地球水量。

1995年12月7日，美国国家航空航天局的“伽利略”号太空探测器以超过17万千米的时速进入木星大气层，在被木星内部的巨大压力粉碎之前向地球发送了58分钟的数据。

从某种程度上来讲，“伽利略”号太空探测器在运行最后时期进行的探测结果符合科学家们的预期，也有不少意外。最大且最令人不安的意外是，“伽利略”号进入的木星区域几乎是完全干燥的，这与科学家的预测大相径庭。围绕木星的79颗卫星大部分是由冰构成的，这意味着木星的大气层里应该含有相当数量的水，但是探测器没有发现任何有关水的蛛丝马迹。

专家们想知道木星厚厚的大气层中到底蕴藏着多少水。

研究者称：在利用地面望远镜列出和分析获得的数据之后，团队在木星大红斑深处发现了水的化学特征。木星是气态巨行星，它的质量是太阳系中其他七大行星质量总和的2.5倍。虽然木星大气层的99%由氢和氦组成，但在如此巨大的行星之中，即使是比例很小的一部分水，也比地球的含水量要高得多。

研究者在观察过程中将注意力集中在木星的大红斑上，这是一团体积约为地球两倍多的非同寻常的大风暴，已经在木星上存在了150多年。研究人员利用地面望远镜上安装的两台仪器收集到的辐射数据在大红斑内寻找水。

研究团队在大红斑中发现了三个不同云层的证据，其中最深云层的压强为5巴（bar，公制压力单位）到7巴。木星的高度以巴来计算，因为它没有与地球相似的可以用来测量高度的固体表面。在5巴到7巴或约160千米深处，科学家相信，那里的气温已达到水的冰点。看起来，研究者确定的三个不同云层中的最深云层确实是由冰冻水组成的。“我们利用技术在木星上发现了水，这个发现意义重大，因为我们的研究重点是大红斑，但在未来项目中也有可能对木星上存在的水的总量进行估测。此外，水或许在木星的气候模式中发挥关键作用,因此这一发现将有助于我们理解为何木星的大气层如此动荡。最后,只要存在液态水,就不能完全排除生命的可能性。虽然看起来不太可能,但木星上存在生命的可能性并非凭空想象。”

“朱诺”号探测器于2016年抵达木星,并将绕其轨道飞行至2021年,它揭示了这颗就快要变成恒星的巨大行星的很多秘密。当然,“朱诺”号也在用它的红外光谱仪在木星上寻找水。如果“朱诺”号的观测结果与地面望远镜的观测结果一致,那么新的观测技术不仅可以应用于大红斑,还可以应用到整个木星,甚至包括土星、天王星和海王星这三个太阳系中的其他气体行星。

本文内容参考中国《科技日报》《参考消息》、美国《天文学》。

探测到宇宙最早分子键

宇宙中最早的分子键终于在太空中被探测到。经过数十年的探索,科学家终于在太空中探测到了宇宙大爆炸之后的早期宇宙中形成的最早分子键。

在 NGC7027 行星星云中明确无误地发现氦合氢离子(HeH^+),使得在外层空间寻找这种行踪不定分子的搜寻努力宣告结束,并将巩固有关实际上使我们所知道的宇宙成为可能的化学过程的理论性预言。

专家们指出:“附近宇宙中缺乏氦氢化物存在的证据,已经导致了对我们所了解的早期宇宙化学过程的质疑。现在公布的这一发现将消除这些怀疑。”

理论认为,一旦早期宇宙在大约 140 亿年前的“大爆炸”后冷却下来,氢元素的离子便开始相互重新结合。在绝对温度低于 4000 开氏度(约为 3727 摄氏度)的某个状态下,早期宇宙见证了研究人员所讲的化学的黎明,而根据科学的假设,其完整的过程取决于一个关键的步骤。

研究者们在一篇新论文中解释称:“在这种没有金属和低密度的环境中,中性的氦原子通过与质子的辐射联系,形成了氦合氢离子(HeH^+)形态的宇宙中最早的分子键。”

几乎早在一个世纪之前,科学家们就曾在正常的微观规模上利用实验室复制了这一基本化学过程,但仍然存在一个相当大的障碍。这个障碍就是在“野外”还从未发现过氦氢化物这种最基本的化合物。这里所讲的“野外”指的是太空,也就是行星星云。

行星星云是发光、膨胀的电离气体云团,它们是在恒星生命的最后阶段被喷射出来的,而且至少就氦合氢离子而言,它们是我们所知道的最接近于后“大爆炸”化学过程的天体类似物之一。

科学家们早在 20 世纪 70 年代就预言,氦合氢离子可以在行星星云中形成,但在此之前我们一直没能探测到它。

研究人员称,这是因为对于试图在特定红外波长上探测这种分子的陆基光谱仪来讲,地球的大气层实际上如同一面厚厚的砖墙。此外,先前分辨率相对低的光谱测定技术的局限,使得对氦合氢离子的任何观察充其量也是含糊不清的。

研究团队能够同时克服上述两个障碍,这得益于美国国家航空航天局“平流层红外天文学观测站”飞机搭载的“德国太赫兹频率天文观测接收器”所具备的能力。它是世界上唯一能够进行此类观测的仪器,而且只有在先搭乘飞机进入太空的情况下,它才能探测到太空中的氦氢化物。罗尔夫·居斯滕称:“这种搜索之所以无法从地面的天文台进行,是因为在149微米的波长上,地球的大气层是完全不透光的。因此,需要进入太空,或者在像SOFIA这样的高空飞行平台上,在巡航于具有吸光性的低层大气之上的状态下操作仪器。”

本文内容参考中国《科技日报》《参考消息》、英国《自然》。

月球主要由古地球岩浆构成

“大碰撞说”似乎与现代观测到的月球化学成分并不相符。

在一项新研究中，研究人员试图通过在假说中加入岩浆海的概念来解决这一有关月球形成过程的矛盾。

这项新研究以“大碰撞说”的标准版本为开端，内容大致如下：大约在45亿年前，当太阳系中还布满新生行星时，一块逃离的大小与火星相当的岩石在金星附近拐错了弯，与仍在形成中的地球相撞。接下来的理论是这样的：这块岩石撞击后的碎片，连同地球上被撞下来的一些破碎物质，聚集在地球的轨道上，最终变成了我们所知和喜爱的、圆圆的、表面坑坑洼洼的月球。

研究人员对这一古老撞击过程进行计算机模拟后发现，如果月球真是这样形成的，那么构成月球的大多数物质就必须来自撞向地球的那块岩石。但最近有关月球岩石的研究却讲述了一个不同的故事。研究人员发现，地球和月球的化学成分几乎完全相同。那么，月球的主要成分怎么可能同时既是地球物质，又不是地球物质呢？必须放弃其中一样。

研究报告的作者们试图通过将大碰撞的时间定在太阳形成后约5000万年来解决这一矛盾，当时年轻的地球表面可能被深达1500千米的岩浆海所覆盖。在一系列计算机模拟中，研究人员将一颗岩石原行星扔入被岩浆包裹的地球，然后观察岩浆海溅出巨大的岩浆“臂”飞入太空。

由于受到撞击的岩浆的温度比原行星的岩石状物质的温度要高得多，这就导致岩浆飞入太空后体积膨胀。研究人员称，一开始，溅起的岩浆沿地球轨道追在原行星的碎片之后，但很快就追上了它们。尽管原行星的大多数碎片最终落入了地球炙热的岩浆海中，但由岩浆物质构成的巨大云团一直停留在轨道上，最终凝聚成了月球。模拟的结果是，在最终形成的月球中，来自地球的物质所占的比例要比之前的研究结果高得多。

研究报告指出：“在我们的模型中，月球约80%是由原地球物质构成的。而在此前的大多数模型中，月球约80%是由撞击的原行星物质构成的。两者区别很大。”

研究报告称,岩浆海假说表明,月球的化学成分与地球类似,这一点可以与大碰撞理论兼容。虽然这还不是月球是如何形成的这一问题的完整答案,但的确把主流理论同实际观测巧妙地统一了起来。

本文内容参考中国《科技日报》《参考消息》、英国《自然地球科学》。

地球初期生命或无细胞膜

一团简单的碳基化合物可能是最初活体细胞的前身。一项新的研究表明,在早期地球上或许可以迅速而容易地形成这种颗粒。

研究者称找到了这些有趣的微小颗粒结构,它们可以从生物出现前的资源中合成。它们可能不是现代细胞的直接前身,但它们也许能产生某种作用,或在最初生命的出现中发挥作用。

所有现代细胞都被一个叫作膜的外壁包围,膜是由长链状的脂质分子构成的。鉴于细胞膜的普遍性,许多研究生命起源的科研人员制造出简单的膜状球体,这可以模拟最初的简单细胞。

该研究者制造的颗粒是不同的,即它们没有外壁。从这个意义上讲,它们是无膜的颗粒。

研究小组是用名为α-羟基酸的简单化学物质制造出这种颗粒的。研究者称,羟基酸形成过程与氨基酸的形成过程相同,这表明它们在早期地球上存在,“你也可以在陨石中发现它们”。在2018年证明了α-羟基酸在多种温度下连接形成复杂分子。在这项新的研究中,研究小组只是先溶解了水中的酸,然后让它们在80摄氏度的温度下干燥一周。这模拟的是一个高温的火山池塘附近的情况。这些酸变成了厚厚的凝胶状物,因为它们又形成了复杂的分子。当研究人员加水后,凝胶形成了数以百计的直径几微米的颗粒。进一步的实验显示,包括蛋白质和核糖核酸在内的关键生物分子能够进入这些颗粒,且仍能发挥其作用。

无膜颗粒是关于生命起源的第一个流行假设的关键要素,该假设是俄罗斯生物学家亚历山大·奥帕林在20世纪20年代提出的。然而,当人们发现所有细胞都有细胞膜的时候,这个想法就不受青睐了。

颗粒和基于薄膜的细胞都是生命成分的容器。因为它把所有的成分聚集在一起,从原本可能是一堆的化学物质中创造出一个独立的有机体。细胞膜的屏障坚固,因此最初的细胞可能很难摄入食物并排出废物,所以在最初，无膜颗粒会更好。“颗粒不必与环境隔绝，因为这些颗粒是可渗透的，它们可以让物质在颗粒内外扩散。”

本文内容参考美国《新科学家》。

地球“失踪之氮”谜团

“失踪之氮”的大量来源可能令气候变化预测发生革命性变化，一个科学家团队解决了地球“失踪之氮”之谜，这一发现将对气候变化研究产生重要影响。

氮对植物生长至关重要，因此其可利用量控制着能在地球上存在的绿色植物的数量。

科学家普遍认为，植物利用的所有氮都来自空气，一项新研究显示，其中超过四分之一来自地球基岩。这与为环境科学奠定基础的数百年来的范式不符。

植物在保护世界免受气候变化最严重影响方面发挥着重要作用，因为它吸收并封存了大气中的大量二氧化碳。

这促使许多专家呼吁多种树，以此作为应对气候变化、履行巴黎气候协议条款的一部分。

人类燃烧化石燃料会排放二氧化碳，来自地球基岩的氮也许使森林和草地封存的此种二氧化碳的量超出了此前估计的量。

岩石中的氮能够在岩石自然风化时要么通过地壳运动，要么在岩石与雨水发生化学反应时进入生态系统。

由于这个此前未认识到的来源可能在促进更多的植物生长，全球生态系统从大气中吸收的二氧化碳可能多于以前气候模型所预测的。

科学家们长期以来观察到，可从大气中获得的氮量与土壤和植物中累积的氮量存在差异。

但此前不清楚这种差异是如何出现的。

专家指出：“我们的研究显示，氮之谜与岩石有关。岩石中有着足够的氮，而且其开裂速度快到足以解释为何存在这种神秘差异。”

这一新发现的来源能够提供的氮量在不同地区差别很大，在很多地区，富含氮的岩石风化较严重。

其他有着大量岩石氮的区域包括喜马拉雅山脉和安第斯山脉等山区。

这一知识有助于指导为保护生态系统所做的努力。“地质情况可能在很大程度上控制着哪些系统能够吸收二氧化碳、哪些系统不能。在考虑碳封存问题时,地球的地质情况有助于指导在可持续发展和环境保护中作出决定。”

氮不仅是地球上生命的一个重要组成部分,还能形成危险的污染物,也可用来生产对世界粮食供应至关重要的肥料。

如此重要的发现将开启研究这种重要营养物质的一个新时代。

本文内容参考中国《科技日报》《参考消息》、美国《科学》。

冰川消融改变地壳形态

冰川正在急剧融化,从而导致地壳的形状发生改变。

科学家利用这一效应发现了一个令人惊慌的新现象,这一现象正在加快融冰注入大海的速度。

专家们发现,冰川的“急剧”消融在冰川中制造了一道“孤波”,把融冰更快地推向大海。从转移水体的角度讲,穿过林克冰川的冰波是巨大的。

当以高达每月 12 千米的速度推进时,仅 2012 年的一道冰波就将 67 亿吨的融冰推入大海。而在 21 世纪初,平均每年被推入大海的融冰总量也不超过 110 吨。

本研究是一个“突破”,它不仅展示了这种技术的强大威力,还揭示了波浪效应。

这一技法有效地把对固体地球弹性响应的测量当作一种滤波器,它只对邻近冰川的质量变化作出反应。

科学家认为,冰波是融化的冰水在冰川中流过、汇至冰川底部后开始形成的。

专家们对当前解释冰川为何“移动如此之快”的理论大致是这样的:“大量的水对冰川底部起到了润滑作用,从而使冰川能够更快速地移动,同时软化了冰川的侧面——流动冰川的侧面是接触岩石或静止冰川的地方。”孤波可能会在未来成为更重要的因素。

像我们在 2010 年和 2012 年所见的那种急剧消融是史无前例的,而它描绘了我们或许会在未来不断变暖的气候条件下见到的那种景象。

本文内容参考中国《科技日报》《参考消息》、美国《地球物理研究通讯》。

人造晶体定义地质新纪元

研究人员表示，人类通过大量人造晶体在地球上留下不可磨灭的印记，从而进一步证明了我们生活在一个地质学新纪元人类世界的观点。美国的一个研究小组披露，在国际矿物学协会正式确认的5208种矿物中，有208种只与或在很大程度上与人类活动有关，从沉船、矿山到博物馆抽屉，各种各样的地方都存在人造晶体。

研究报告指出："新奇矿物飞快地激增——大多数出现在过去200年里，而地球历史已有45亿年。在地球历史上从未出现过类似情况。激增就发生在眨眼之间，当然我们眼下只看到冰山一角。"

研究报告还指出，人类亲手设计和生产的"类似矿物"的物质要多得多，包括激光晶体和混凝土成分。报告作者们写道："人类的聪明才智让大量此前太阳系、或许宇宙中都从未存在过的晶体化合物诞生。"

再加上建设大规模基础设施和宝石等矿物的全球分布出现与人类相关的改变，研究人员认为，人类正在创造地质历史上的清晰一层。这为人类世界这一新兴概念提供了支持。这个新的地质年代的特征使对地球造成深刻影响的人类活动激增。但这个地质年代尚未得到国际地质科学联合会的确认。这的确是决定人类世界是否是一个新地质时期的最重要因素——我们创造了如此繁多、如此美丽的物质和晶体。它们将在地球上永存，构成一个令我们的时代不同于此前45亿年中任何时代的独特标志层。

本文内容参考中国《科技日报》《参考消息》、美国《美国矿物学家》。

细胞外新陈代谢或可解释地球生命如何产生

构成地球上生命基础的新陈代谢过程在细胞外自发出现。新陈代谢是所有细胞内的级联反应,为细胞提供生存所需的原料。新陈代谢可以在如此简单的条件下发生,这一偶然发现为生命起源提供了新的认知。这一发现还表明,生命所需的复杂过程可能具有令人惊讶的卑微起源。

负责指导此项研究的科技人员称:“人们讲过,这些代谢途径看起来十分复杂,它们不可能仅仅凭借环境化学形成。”

但许多代谢反应可能自发出现于地球早期的海洋中,由金属离子而非如今促成细胞中新陈代谢的酶来催化。

新陈代谢的起源是我们对生命起源理解中的一个重大空白。如果看看全世界众多不同的有机物,你会发现这一反应网络看上去始终十分相似,这表明它肯定出现于非常早的进化时期,但没人确切知道何时及如何出现。

一种理论是,核糖核酸是生命的最初组成部分,因为它有助于产生能催化复杂序列反应的酶。另一种理论是,新陈代谢首先出现,甚至后来可能产生了形成核糖核酸所需的分子,而细胞后来吸收了这些过程,但几乎没有证据支持这一说法。

很明显,这一发现是个意外,该项目研究小组对实验室用于培养细胞的培养基进行例行质量控制测试时无意中发现的。实验人员为了走捷径而把未使用的培养基放入质谱仪,发现了丙酮酸盐的迹象。丙酮酸盐是一种被称为糖酵解的代谢途径的最终产物。

为测试同样的过程是否帮助产生了地球上的生命,他们与地球科学系致力于重建太古海洋化学组成的同事进行了联系。在近 40 亿年前,太古海洋覆盖地球。当时是没有氧气的世界,海洋中富含铁及其他金属和磷酸盐。这些物质都可能促成了我们在现代细胞中所看到的化学反应。

研究小组提取了早期海洋溶液,并加入了被认为是现代代谢途径起点的物质,后来把样本持续加热 5 个小时,至 50~70 摄氏度。

“一开始,我们认为可能会发现一两种反应,但结果令人惊讶。我们几乎可以完全重建两种代谢途径。”

他们发现的代谢途径是糖酵解和戊糖磷酸,研究人员称,“这是构成每个活细胞核心代谢支柱的反应”。这些途径共同产生了现代细胞中最重要的一些物质,包括三磷酸腺苷。

如果这些代谢途径出现在早期海洋中,那么最初的细胞可能在形成细胞膜时将它们包裹在内。

本文内容参考中国《科技日报》《参考消息》、英国《新科学家》。

脆弱岩石致地球板块运动

脆弱的东西可能是有用的。地球的表面是活动的,由移动的岩石板块组成。现在看来,地表之所以能够移动,似乎是因为它的一部分是由在地心遭受破坏的脆弱岩石构成的。

地壳被分成多个区域,这是地球在太阳系中独一无二之处。千百万年来,这些构造板块的移动形成高山,引发地震。通常,一个板块会被压到另一个板块下面,并沉入下方的地幔,这一过程被称为俯冲。而在其他地方,新的物质会被带到地球表面。如果地球板块不这样循环往复,那么我们的地球可能就不会拥有如此稳定的气候环境,也不会产生如此丰富的对生命至关重要的化学物质。

因此,板块构造运动的开端是地球发展史上的一件大事。但是最初板块是如何开始移动的及在何时开始移动的,目前仍不明确。第一次俯冲似乎发生在 40 亿年前,但有关所有板块都在移动和俯冲的确凿证据则出现在 30 亿年前。

为了解释这样的滞后,研究人员对小范围的岩石情况进行了研究,然后将研究结果推演到整个地球。上地幔就位于板块的下方,模拟了岩石在上地幔发生的变化。在那里,热流让构成岩石的颗粒缩小,这有点像搅动泡沫物质能产生细小的气泡。这样一来,薄弱区域开始形成并不断扩大。

随着时间的推移,受损岩石在上地幔中不断累积,并最终被推升起来形成新的板块区域。

这些新板块部分是由脆弱岩石构成的,因此它们的边缘更易碎,使得一个板块更容易被压到另一个板块的下面。

研究人员认为,最初岩石发生俯冲是在 40 亿年前,在之后的 10 亿年里,这些岩石在地幔中慢慢受到破坏,并重新并入地表板块。到了 30 亿年前,各大板块的脆弱程度已经足以导致俯冲现象。

德国科学家称:“他们的模型非常直观。他们向前迈进了一步,并且从量上证明这种理论可能是站得住脚的。”虽然我们或许永远不能肯定地知道板块构造运动是如何开始的，但研究人员的模型似乎有些道理。

这一模型有助于解释地球为何是目前已知的唯一拥有活跃板块构造运动的行星。关键在于，真正的板块只能由岩石的薄弱区域演变而来。以金星为例，它的表面气温要比地球热得多，因此它的脆弱区域复原得更快，使得板块构造活动尚未开始就已经结束。

本文内容参考中国《科技日报》《参考消息》、英国《新科学家》。

地球上“第一缕”氧气何时出现

地球上“第一缕”氧气是何时出现的？在植物发现光合作用的力量之前，单细胞生物靠化学物质而不是阳光生存，它们燃烧氢、甲烷、硫黄和其他“美味可口”的化合物。这些“厌氧生物”的生存不需要氧气，当被称作蓝细菌的蓝绿海藻进化能光合作用、开始释放氧气时，这些“厌氧生物”就中毒了，但蓝细菌生存下来了。

岩石中的氧含量于25亿年前开始突然增加，这次增加被称作“大氧化事件”。长期以来，这种氧含量的剧增被视为蓝细菌进化出光合作用的证据。《自然·地球科学》上刊登的研究提供了大量数据，显示最早的好氧生物在大氧化事件之前很早就出现了。

研究人员现在认为，地球上第一批光合作用生物生活在距今30亿年前。

在这项新研究中，专家们分析了南非一些有29.5亿年历史的岩石中钼的含量。这些岩石位于海岸边一处浅海的水下。钼可作为光合作用的标志。钼同位素可用于追踪锰的氧化，该反应需要高浓度的氧气。这些岩石中的化学痕迹显示，蓝细菌在海洋表面的水中制造了氧气。

在最近另一项对南非岩石的研究中，科学家通过研究铬同位素来估算30亿年前大气中的氧气含量。研究结果显示，当时的大气氧含量比非生物化学反应所能解释的高10万倍。“这两个研究是互补的。我们提供了独立证据证明蓝细菌的存在。我们跟踪的是海洋表面的反应过程，他们跟踪的是陆地上的反应过程。”不过，追踪金属元素的技术需要进一步确认。这两种分析方法都只出现了10年左右，只在非常古老的岩石上进行过测验。

需要科研人员进一步探索的是微生物进行了我们这个星球的第一次呼吸，还是环境改变让这个星球富含氧气？

一些科学家认为，随着大陆面积增加，地球本身在提高氧气含量方面也起了作用。地壳侵蚀及火山性质改变——大陆面积变大，意味着发生了更多位于陆地的火山喷发而非水下喷发，这会向大气中释放气体。这些地质变化与蓝细菌一起促使地球大气出现更多氧气。

本文内容参考中国《科技日报》《参考消息》、英国《自然·地球科学》。

地球四大“生态极限”遭突破

一份有关人类活动对大自然影响的科学报告称，气候变化和动植物高灭绝率将地球推向对人类来讲危险的境地。

由专家组成的国际团队还对森林砍伐与化肥中氮和磷的污染敲响了警钟。

《科学》周刊称，被评估的界限中有四个——气候变化、生物多样性、土地使用和生物地球化学循环被突破，这让人类处于危险的境地。研究报告称气候变化可能引发地球“突然且不可逆转”的变化，“在人类历史上，我们首次需要面对整个地球不稳定的风险”。

研究共涉及九个方面，其中淡水使用、海洋酸化和臭氧消耗被认为是在安全界限以内，空气污染等方面尚未得到合理评估。

该项目专家小组在美国《科学》周刊上发表报告称，人类使地球达到极限。按照研究者的评估，因为人类的影响，地球已经超出了大自然的多个承受极限。该团队确定了九个确保生活条件稳定的极限值。参与研究的德国波茨坦气候影响研究所强调表示，其中的四个极限值——气候变化、生物多样性、土地使用和生物地球化学循环已经被突破。

在学者们看来，气候变化和生物多样性这两个极限值具有至关重要的意义。但是土地使用及从氮到磷的人为代谢也冲破了地球的容纳能力。

研究报告称，“急剧变化自 1950 年开始出现”。他认为，人类的重大经济变化直接影响地球系统的变化。自 1950 年以来，交通运输的距离、能源和水的消耗大幅增加——与之相应，大气污染、海洋酸化、原始的多姿多彩的地形风貌减少。“如果关注一下这些进程就可以发现，很多曲线在二战后不久便骤然上升。”人类将在两代人之内就变成一股“地质力量”，这影响着整个星球，大自然已经进入一个未知的新状态，“持续了 1.17 万年的全新世将让位于新的历史时期人类世”。

其他学者也确定了新时期开始的日期：1945 年 7 月 16 日。这一天，第一颗原子弹在美国试爆成功。人类世和地球极限值的理念完全可以被视为相互统一。

本文内容参考中国《科技日报》《参考消息》、美国《科学》。

喀喇昆仑山冰川为何神秘扩张

世界各地的冰川正在融化、后退甚至彻底消失。然而,在亚洲的喀喇昆仑山区即地球第二高峰 K2 峰所在区域,冰川却并没有融化。如果讲有什么区别的话,那就是有些冰川正在扩张。

现在,科学家找到了关于这种神秘的冰川稳定现象的一个解释。尽管整个喜马拉雅地区的降水量正在增加,但是这些水分大多是在夏天降下的——除了在喀喇昆仑,那里唱主角的是降雪。

喀喇昆仑是指印度、巴基斯坦和中国边境沿线的一连串风景如画的雪峰,它是更为庞大的喜马拉雅山脉的一部分。随着气候的变暖,喜马拉雅山脉的冰川正在逐渐消失。

但是在喀喇昆仑地区的观测却发现,那里的冰川是稳定的,而且降雪量正在增加而不是减少。

该项目的研究人员从巴基斯坦气象局及其他来源处汇集了近代以来的降水和气温数据,包括卫星数据。他们把这些信息与气候模型结合起来,对三个喜马拉雅地区——喀喇昆仑地区、喜马拉雅中部地区及包括青藏高原一部分在内的喜马拉雅东南地区,对 1861 年至近年的气候变化状况进行了跟踪。

研究人员发现,一个模拟分辨率精确到 50 平方千米的气候模型可以与在喀喇昆仑地区所观测到的气温和降水周期相一致。萨拉·卡普尼克指出,联合国政府间气候变化专门委员会用来模拟全世界继续按目前的速度排放温室气体将会出现什么状况的模型,却无法捕捉到这些季节性循环。她表示,联合国政府间气候变化专门委员会的气候模型及其他模型都没有考虑到喀喇昆仑地区的海拔变化比其他两个地区更大一些,这最终导致它们过高估计了喀喇昆仑地区的温暖程度。

由于先前的模型过高估计了喀喇昆仑地区的气温,它们也就低估了该地区的降雪量。这些研究人员在近期出版的《自然》杂志上报告表示,这一原因是神秘的喀喇昆仑异常现象的症结。

随着全球变暖,整个喜马拉雅地区的降水都在增加。而由于喀喇昆仑地区的地理特点,该地区主要是在西风给群山带来飘雪的冬季获得这部分额外水分的。相比之下,喜马拉雅中部地区和喜马拉雅东南地区的水分大部分是在夏天的季风雨中获得的。夏天更加温暖,因此降水大多是以雨水形式降下的。夏季几个月份中的降水总量正在增加。但是由于气温正在上升到冰点以上,它们并不会造成降雪的增加,实际上它们正在造成这两个地区的降雪减少。

理解喀喇昆仑地区及其他喜马拉雅地区的降雪对于梳理气候变化条件下的地区差异十分重要,这一研究成果也具有更为直接的用途。积雪为喜马拉雅地区的居民提供了水源,因此季节性降水的预测对于理解水的可利用性具有重要意义。如果积雪和冰融化得太快,可能会导致毁灭性洪水。

本文内容参考中国《科技日报》《参考消息》、英国《自然》。

氢储存最优结构

研究发现,一种"白色石墨烯"结构拥有空前的氢储存能力。

赖斯大学的工程师专注于研究纳米材料"白色石墨烯"储存氢的最优结构——这个设计就像"小人国"的摩天大楼中有氮化硼的"楼层"一层层加盖,并由氮化硼柱保持精确的5.2埃(1埃等于0.1纳米,埃为长度单位)的距离。

这一研究结果发表在德国《斯莫尔》杂志上。

研究报告称:"我们的初衷是创造一种有效材料,它可以承载和储存大量氢——体积和重量都要大,并能在需要时快速、轻松地释放氢。"

氢是宇宙中最轻、含量最丰富的元素,其能量质量比远远超过化石燃料。氢也是最清洁的发电方式,唯一的副产品是水。2017年发布的一份报告认为,到2021年,全球氢储存材料和技术的市场价值可能达到每年54亿美元。

氢的主要缺点与便携性、储存和安全问题有关。虽然在高压下,氢可以大量储藏于地下盐丘和特别设计的罐箱内,但是工程师们对于如何制造出大小相当于汽车油箱的小型便携式罐箱仍然一筹莫展。

经过赖斯大学速度最快的两台超级计算机数月的计算后,科研人员发现了在氮化硼中储存氢的最优结构。这种材料的形式之一——六方氮化硼由原子厚薄的硼和氮层组成,它有时被称作白色石墨烯,因为这些原子的排列正像碳原子在石墨烯平层上的排列。

贝赫·沙赫萨瓦里的多尺度材料实验室此前的工作发现,石墨烯和氮化硼的混合材料可以储存足够的氢,达到能源部对轻型燃料电池汽车的储存目标。材料的选择很重要。氮化硼在吸收氢的方面比纯石墨烯、碳纳米管及石墨烯和氮化硼的混合物好。但是氮化硼层和柱的间距和安排也很关键。研究者决定进行全面搜索,在所有可能存在的氮化硼几何排列中去发现哪种效果最好。我们还把各种温度、气压、添加剂和微量元素纳入计算之中。在氮化硼中加入添加剂和微量元素可以增强其氢储存能力。

本文内容参考中国《科技日报》《参考消息》、德国《斯莫尔》。

中国戈壁沙漠“养活”美国森林

研究表明，中国戈壁沙漠为约塞米蒂国家公园的森林提供养分。

美国约塞米蒂国家公园与亚马孙雨林有什么共同之处？由一个遥远的地方供应食物。

气候学家称，在加利福尼亚州的雨季，远至亚洲戈壁沙漠的地区的尘土被环球急流带起，落到约塞米蒂国家公园的花岗石基岩上，灰尘中的微小物质滋养着内华达山脉大片的森林。

这一过程已持续了数十万年，不过科学家直到最近才想要了解这一关系对内华达山脉的影响。

总的来讲，植物是在基岩转化为土壤时获得养分，这个过程控制着地表大部分区域的生命。不过在缺乏这一过程的地区（如约塞米蒂国家公园的花岗石山脉，以及持续的降雨和洪水将养分冲走的亚马孙地区），沙漠的灰尘就能带来很大不同。

亚马孙地区的大部分养分要靠非洲撒哈拉沙漠来提供，科学家据此猜测，内华达山脉的松柏科植物也依赖一种类似的关系存活。

在国家科学基金会的支持下，加利福尼亚大学默塞德分校的科学家分析了约塞米蒂国家公园的尘土成分，从而证实了他们的理论，并于近期发表了研究报告。

他们发现，尘土中的一些物质来自中国戈壁沙漠和蒙古国，另外还混杂了加利福尼亚州中央谷地的尘土。

该研究不仅有助于解答专家的以下问题，即内华达山脉充斥着红杉和松树的针叶林如何在缺少养分的花岗石地区生长了数十万年，也能解释它们是如何应对气候变化的。

本文内容参考中国《科技日报》《参考消息》、美国国家科学基金会官方网站。

南极海底古老生态被发现

美国《科学美国人》月刊指出，巨型冰山脱离暴露隐藏的生态系统。

一旦确认可以安全航行到那里，生物学家们就将对南大洋一处新发现的区域进行考察。有记载以来，最大的冰山之一脱离了南极半岛的拉森 C 冰架。随着它向威德尔海漂移，被冰遮蔽了 12 万年之久、面积达 5800 平方千米的海底露了出来。如果研究人员能以足够快的速度抵达那里，那么他们将有机会在冰的消失造成改变之前研究这个水下生态系统。

在南极，当前这个夏季抵达该地区的希望落在英国南极考察处上。目前，英国的一个拨款委员会正在考虑这一方案。设在韩国仁川的韩国极地研究所的生物海洋学家称，韩国研究人员也在考虑是否对一项前往南设得兰群岛的任务进行调整。

如果英国南极考察处的方案取得成功，那将是海洋生物学家首次在冰裂后如此之快地考察这样一个生态系统。邻近的冰架区域——拉森 A 和拉森 B 区域分别在 1995 年和 2002 年发生崩裂。但几年之后这处海域的海冰才消失，生物学家才能安全考察那里。朱莉安·古特是最先开展详细调查的一位，他在 2007 年领导一个大约由 50 名科学家组成的研究小组，搭乘"北极星"号科考船前往那里。研究小组在拉森 A 和拉森 B 的冰裂暴露区域对数以百计的物种进行了采样，并且发现了一个独特生态系统的迹象。该生态系统含有的深海物种超过南极大陆架其他任何地区。但其他物种已经开始迁入，包括海鞘、磷虾和小须鲸。为看到冰架下生态系统的样子，在发生改变前到达拉森 C 暴露区域至关重要。地球物理学家在拉森 B 区域拍摄的一段视频显示，大部分海底被一层白色的东西覆盖，研究小组认为这是一层噬硫微生物和大蛤，后者也是化能自养生物，即依靠太阳以外的其他能源生存的生物。这是首次报告在南极存在化能自养生态系统。但当"北极星"号科考船两年后抵达那里时，研究小组只看到死亡的蛤壳和一层正在腐烂的植物和沉积物。

拉森 C 区域是受到南极洲海洋生物资源保护委员会 2016 年一项协议保护的首个区域。

本文内容参考中国《科技日报》《参考消息》、美国《科学美国人》。

南极洲近海出现神秘“冰洞”

研究人员称，他们发现南极洲附近海冰出现了一个神秘的巨型冰洞。

冰洞面积约3万平方英里(约合7.8万平方千米)。这是20世纪70年代以来在威德尔海发现的最大冰洞。

这是科学家们连续第二年在南极洲的海冰上发现这种巨型冰洞。

美国国家冰雪数据研究中心称，这种现象叫作“冰间湖”，即在本应是固体海冰的地方出现了一片持续未冰封的水域。

科研人员通过一个能够在海冰下作业的机器人浮筒发现了这个冰洞。近年，其中一个机器人浮筒在这个冰间湖里浮出水面，给科研人员带回了珍贵的数据，证明冰洞的存在。

卫星图像进一步证实了冰洞的存在。

研究人员当时正与南大洋碳与气候变化观测模拟项目的成员合作，研究冰间湖及其对气候的影响。这个冰间湖消失了40年，现在重新出现，这太不寻常了。

如果失去海冰的隔绝防护，冰间湖会让大气层与海洋交换热量、动量及水汽，会对气候产生重大影响。

科研人员并不确定这个冰间湖对南极洲的海洋和气候会有什么影响，以及是否与气候变化有关。这个冰间湖会带来什么样的长期影响，我们并不确切了解。

不过，根据新测量的海洋数据，加上从大气层外进行的观测及气候模型研究，冰间湖的秘密及其对气候的影响终将有揭晓的一天。

本文内容参考中国《科技日报》《参考消息》、英国《自然》《国家地理》。

寒武纪生命大爆发之谜被破解

地球“生命大爆发”是北美洲与南极洲分离造成的吗?

研究人员表示,地壳板块的一次大规模移动创造了导致地球生命大爆发的“完美风暴”。他们还透露,北美洲曾经是和南极洲连在一起的。

在地球45亿年的漫长历史中,寒武纪生命大爆发是意义最为重大的事件之一。那次突飞猛进的生命进化过程的结果是,几乎所有现代动物门类都在地球上突然出现了。

众多的寒武纪化石记录了地球上生命快速进化的历程,但此次生命大爆发的原因仍然是个谜。

地质学家发表的一篇论文称,寒武纪时大规模的地壳运动导致海平面上升等多种环境变化,这与显而易见的生命大爆发是相伴而生的。该论文发表在美国地质学会创办的《地质学》月刊上。“在前寒武纪与寒武纪交界之际,地壳方面发生了一些大变动,导致各大洲许多地方被泛滥的浅海所淹没。与此同时,地球上突然出现了多细胞硬壳生命的大爆发。两者在时间和空间上明显是紧密联系在一起的。”除了海平面上升,地球当时发生的地质和地理变化很可能造成大气中氧的含量增加和海洋化学构成发生变化,得以使较为复杂的生物进化出来。

这种新生物突然大量出现的情况又被称为“达尔文困境”,因为它看上去与达尔文关于生物通过自然选择逐步进化的假说存在冲突。

目前对地球在寒武纪早期地理状况进行的重建显示,劳伦古大陆(当今北美洲的核心)当时已经和冈瓦纳超大陆(当今南半球古大陆)分开了。

研究者认为,在寒武纪早期,太平洋和巨神海(大西洋的前身)之间存在一条很深的海道,它的发展导致劳伦古大陆被孤立起来。这次地理大变动后,紧接着发生的就是全球海平面上升和生命大爆发。“先前人们之所以没有把这些因素结合起来,是因为他们没有看遍当今各大陆所有的岩石记录”,如南极洲的岩石记录就来自非常偏远的埃尔斯沃思山。“长期以来,人们一直想知道,从埃尔斯沃思山分开的是哪块陆地。在我看来,它很有可能是北美洲。”“在远古时期，北美大陆最初似乎是和南极洲及南美洲的一部分连在一起的，而不是人们目前普遍认为的欧洲和非洲大陆。”“我并非断言这就是寒武纪生命大爆发的终极原因，但它可能有助于解释当时发生的事情。”

本文内容参考中国《科技日报》《参考消息》、美国《地质学》。

化石有望揭开生命复苏之谜

大量化石为弄清生命如何在小行星撞击地球后寻找出路提供了线索化石。在美国科罗拉多州斯普林斯的郊外,研究人员发现了数千件化石。这些化石显示了6600万年前一颗小行星撞击后,地球上的生命是如何复苏的。那起小行星撞击地球事件导致大多数恐龙及其他很多陆地和海洋生物丧生。

经综合分析,这些化石记录下了一个进化过程,按下了时代的重启键。科学家们在美国《科学》周刊上发表研究报告称,虽然无数的物种永远消失了,但在那场灾难发生后的100万年里,一些动植物以相对较快的速度实现了复苏,其中也包括作为人类起源的哺乳动物。

该研究项目的专家们称:"这是哺乳动物从恐龙时代的骨灰中崛起的时代。那个时代确实增进了我们对当今世界形成过程的了解。"

大多数哺乳动物虽然灭绝了,但活下来的哺乳动物很快就在那个新世界站稳了脚跟。科学家们称,小行星撞击地球后的10万年里,各种哺乳动物物种在总量上翻了一番。当时有些新物种在体型上是小行星撞击地球后活下来的同类物种的三倍大。

与此同时,蕨类植物发挥了开荒作用。科学家们称,在大约70万年的时间里,蕨类植物先后又被棕榈树林以及胡桃林和其他树林所取代,进而为快速进化的哺乳动物提供了新的食物来源。

未参与这项研究的专家们称:"他们的研究成果非同寻常。有观点认为,现代哺乳动物的进化与那起物种灭绝事件后的恢复状况有关,研究成果可以作为这种观点的佐证。"

这一发现是近年一系列发现中最新的一个。这些发现揭示了一颗城市大小的小行星以100万枚核弹头的威力撞向当今墨西哥所在地区的近海并发生爆炸的详情。科学研究表明,那次撞击引发了地震和海啸,还在全球范围内出现如雨般的炽热残骸和大量尘埃,在随后的几十年里给全世界造成了遮光效应。早些时候对那个时期的浮游生物化石进行分析的地质学家们表示,小行星撞击地球后,海洋的酸性迅速达到致命程度,那可能是富含硫的岩石粉末沉降物造成酸性暴雨的结果。科学家们称,那可能导致一半的海洋生物惨遭灭顶之灾。

在美国《国家科学院学报》月刊上的分析报告称,海洋生物经过4万年才开始复原。但此前很少有化石证据表明,陆地生命在那场灾难后是如何自我恢复的。

经过数十年的寻找,米勒博士及其同事在他们最没有料到的地方找到了证据——丹佛盆地西南角的一段岩沟以及草地和河床上。自20世纪30年代以来,考古学家和古生物学家们一直在上述区域断断续续地研究那段历史,其间只在那里发现了几块来自小行星撞击地球时代的化石碎片。

科学家们将注意力转向散落在该区域但长期以来一直无人问津的球状沉淀物,名为凝岩。此类岩石有时形成于作为核心物质的化石的周围。

该研究项目古生物学家称:"我记得我当时看到一种模样很怪的白色无定形团块。我把它捡了起来,然后用处理岩石的锤子敲开它,我能从横截面上看到一个小脑壳在回望着我。我差点儿流下泪来。那真是喜出望外。"

在地面上一片大约10平方英里的岩层,他们迄今为止已发现超过1000块动物化石。此外,科学家们还发现了数千种那个时期的植物标本,其中包括树叶、树桩、树枝和整株树苗。所有这些都可追溯至小行星撞击地球后的那个恢复期。华盛顿大学西雅图分校研究早期哺乳动物的专家们称:"这将为未来设立标准。我将以此作为衡量标准,去研究地球在物种大灭绝事件后的复苏情况。"

本文内容参考中国《科技日报》《参考消息》、美国《科学》《国家科学院学报》。

地球生命崛起的推动力是气泡

在地球上出现生命之前、也就是大约35亿年前,海洋是各种分子随机混杂的地方。然后,不知怎么地,一些分子组合成了有秩序的脱氧核糖核酸链、具备保护功能的细胞壁,以及能够让细胞存活并发挥功能的类似微小器官的结构。长期以来,分子如何形成这些组织结构的问题一直困扰着科学家。现在,德国慕尼黑大学的生物物理学家认为,他们找到了答案,那就是气泡。

生命的出现不是一蹴而就的。先是早期的前体分子转变成生命的基本构件,如核糖核酸、脱氧核糖核酸、盐和脂质。然后,这些分子组织起来形成早期细胞。这些细胞再变成最初的单细胞生物。

生物学家称"这是所有生命的基础"。然而,细胞要在原始地球上形成、开始复制并自行发展,所有的化学物质需要聚拢到一起。

在深海中(许多科学家认为生命起源于深海),脂质、核糖核酸、脱氧核糖核酸等分子或许一直都存在。但即使如此,它们太分散了,因而难以发生任何有趣的事情。"分子们迷路了。它们四散分布。凭它们自身不会发生相关反应。"

生物学家称,科学家们都认为,某种力对于分子聚集并相互发生反应是必要的。研究人员只是在这种力究竟是什么的问题上存在分歧,因此就要谈到气泡理论。

在地球的早期海洋中,到处都是气泡。炽热的深海火山喷射出冒着气泡的烟柱。这些气泡停留在多孔的火山岩上。这就是研究人员试图复制的环境。他们用多孔材料制造了一个容器。这种材料模仿了火山岩的质地。随后,他们依次将6种不同溶液注入该容器,每种溶液模拟生命形成过程中的一个不同阶段。一种代表早期阶段的溶液包含一种称为脱氧核糖的糖。脱氧核糖是构建核苷酸的必要物质。核苷酸是形成核糖核酸和脱氧核糖核酸的基本构件。代表较晚期阶段的其他溶液本身就包含核糖核酸,以及形成细胞壁所必需的脂肪。

然后,研究人员在溶液的一端加热,在另一端对它进行冷却处理。他们是在制造所谓的“热梯度”。在存在“热梯度”的情况下,温度从一端到另一端逐渐变化,这同深海火山口附近的海水从热到冷逐渐变化相类似。

在每种溶液中,温度变化迫使分子聚集到一起。它们受到在这种环境中自然形成的气泡的吸引,几乎立刻开始发生反应。

糖类形成了晶体,晶体为制造核糖核酸和脱氧核糖核酸提供了一种构架。酸类物质形成了较长的链条。这朝形成复杂的类核糖核酸分子又迈出了一步。最后,这些分子形成了类似简单细胞的结构。基本上,细胞就是装在脂肪制成的口袋中的分子。这就是模拟的气泡表面发生的事:脂肪在核糖核酸和其他分子周围形成包围圈。这些变化发生的速度——在不到30分钟的时间里就完成了。

不过,一些化学家对气泡是否能准确代表当时的原始环境感到怀疑。例如,这个气泡实验是在很小的规模上进行的。这一点十分重要,这意味着从一端到另一端的温度变化非常突然。在现实环境中,当时海洋中的“热梯度”要缓和得多。

本文内容参考中国《科技日报》《参考消息》、德国慕尼黑大学网站、美国趣味科学网站。

发现寒武纪化石新宝藏

中国新发现的一个化石遗址有很多奇怪的原始物种，以前在地球任何地方都未曾发现过。

古生物学家在中国南方的丹水河岸边发现了这个保存完好的化石宝库。其中，好几十种生物可以追溯到寒武纪（5.3亿年前至4.9亿年前），当时地球上的动物多样性正以前所未有的速度迅猛增长。

科学家们收集了数以百计的标本，并确认了101种动物的化石。研究人员在一项新研究中指出其中超过一半是有待介绍的新物种。

研究报告称："发现一个如此丰富，且拥有如此大比例的全新物种的新宝藏，是一大惊喜。"

当发现这个遗址时，研究人员正在附近勘探寒武纪早期的岩石。在午休时，科学家们在河岸的岩石中注意到了"一种灰色和黑色条纹相间的明显图案"。

这种沉积物图案表明了这里在古代曾出现泥石流，可能埋藏和保存了古代生物。他们在研究报告中写道，科学家们开始敲凿这块岩石，他们很快发现了这个地方不同寻常的化石遗迹中的第一块化石，该遗迹现在统称为清江生物群。

研究小组共发现了50多种不为科学界所知的化石。其中许多化石——钟状水母、带刺的蠕虫、装甲节肢动物等，保留了惊人的软组织细节。

清江生物群是了解一种新的寒武纪早期生态系统的新窗口。

就像寒武纪生物保存完好的其他化石宝库——加拿大的伯吉斯页岩化石库和中国云南省的澄江化石库一样，这些清江生物很快先被泥石流吞没，然后被埋入细粒土中。沉积物在这些微小尸体周围"黏合起来"，将微生物排除在外，从而使腐烂过程中止。

这是得以保存"水母和蠕虫等通常不会留下化石记录的生物的精细的、原生的器官遗骸"的原因。

清江化石的状况比其他寒武纪遗址的化石状况要好得多。清江化石很原始,似乎与它们在寒武纪形成化石后的样子差不多。

本文内容参考中国《科技日报》《参考消息》、美国趣味科学网站。

三 人类起源与生命科学

新技术可使人类皮肤细胞年轻30岁

英国巴巴拉哈姆研究所的研究人员开发了一种方法，可以使人类皮肤细胞年轻30岁，从而在不丧失功能的情况下逆转细胞的老化。这项研究由巴巴拉哈姆研究所表观遗传学研究项目的研究人员进行。该研究部分恢复了老化细胞的功能，并让细胞在生物学层面上变得更加年轻。该研究近期发表在美国《电子生命》期刊上。虽然这种方法还处于探索阶段，但它可能会彻底改变再生医学。

随着年龄增长，我们的细胞功能会下降，基因组会积累衰老的标记。再生生物学和再生医学旨在修复或替换细胞，包括衰老的细胞。

再生生物学中最重要的工具之一是培育诱导性多能干细胞的能力。这个过程是几个步骤的结果，每个步骤都会清除一些导致细胞特化的标记。理论上，这些诱导性多能干细胞有可能变成任何类型的细胞，但科学家们还不能有把握地重建所需条件，以将诱导性多能干细胞重新分化成所有类型的细胞。

巴巴拉哈姆研究所开发的这种新方法基于获得诺贝尔奖的科学家用来制造干细胞的技术，通过在此过程中部分停止、重新编程，解决了完全消除细胞身份的问题。这使研究人员能够找到细胞重新编程之中的精准平衡，从而使细胞在生物学层面上变得更年轻，同时还能恢复它们的特殊细胞功能。

日本学者(诺贝尔生理或医学奖获得者)山中伸弥成为第一位将具有特定功能的正常细胞转化为具有成为任何类型细胞的特殊能力的干细胞的科学家。山中伸弥证明了被称为“山中因子”的四个转录因子能够将成熟细胞变为年轻的干细胞。

巴巴拉哈姆研究所开发的新方法名为“成熟期瞬时重编程”，将细胞暴露于山中因子中的过程缩短至13天。在此期间，与年龄相关的变化被清除，细胞暂时失去了它们的身份。研究人员给部分重新编程的细胞一定时间，让它们在正常条件下生长，以观察它们特定的皮肤细胞功能是否恢复。基因组分析表明,这些细胞恢复了皮肤细胞(成纤维细胞)的特征性指标,这通过观察重新编程细胞中胶原蛋白的产生得到了证实。

为证明细胞已经变得更年轻,研究人员找到了衰老标志的变化。

该研究项目科研人员称:“我们在分子水平上对衰老的理解在过去10年中取得了进展,使得研究人员掌握了能够测量人体细胞中与年龄相关的生物学变化的技术。我们将其应用于我们的实验,以确定我们的新方法实现的重新编程程度。”

这项技术的潜在应用将使细胞不仅看起来更年轻,而且还能像年轻细胞一样运作。成纤维细胞产生胶原蛋白,这是一种存在于骨骼、皮肤、肌腱和韧带中的分子,有助于构建组织和愈合伤口。与未经历重新编程过程的对照细胞相比,年轻化的成纤维细胞产生了更多的胶原蛋白。

本文内容参考中国《科技日报》《参考消息》、美国《电子生命》。

致幻蘑菇药物可治抑郁症

一项研究显示,在致幻蘑菇中发现的会产生迷幻效果的化合物能够“重建”大脑连接,从而能比常规药物更有效地治疗抑郁症。

研究结果显示,自20世纪60年代以来基本上被主流研究人员忽略的致幻剂——裸盖菇素是如何在大脑各区域之间重建连接的。这似乎可以让患者摆脱与反复消极想法相关的大脑活动的僵化模式。

核磁共振成像扫描显示,在接受治疗的人群中可以看到连通性的增加,这些人在治疗过程中服用了一定剂量的合成裸盖菇素,它可以引发强烈但受到严密控制的“幻觉”。

虽然每次幻觉仅持续几个小时,但大脑结构的变化会持续数周,而且研究人员发现,与广泛使用的抗抑郁药物艾司西酞普兰相比,裸盖菇素对缓解抑郁症的效果要好得多。

英国帝国理工学院致幻剂研究中心研究者称:“我们首次发现,裸盖菇素与传统抗抑郁药物的作用方式不同——它使大脑变得更加灵活和流畅,较少地陷入与抑郁相关的负面思维模式中。这支持了我们最初的预测,证实了裸盖菇素可能是真正的替代选项。”在另一项研究中,英国伦敦大学国王学院计划开始研究类似药物能否治疗创伤后应激障碍。初步实验将招收5个研究对象,以评估安全性并寻找初步的有效性迹象。裸盖菇素研究涉及招募近60人的两项实验。有迹象显示,在裸盖菇素的帮助下,大脑皮层区域之间的联系增强了。尤其是,这些人似乎没有那么受困于一种被称为“默认模式网络”的大脑活动模式中。裸盖菇素似乎涉及两种不同的大脑行为模式,即“执行网络”和“突出网络”,这两种模式与需要认知灵活性的任务有关,如学习和任务间的切换。据报道,在抑郁症和强迫症等疾病中,其网络功能出现受损。

在使用艾司西酞普兰治疗的患者身上没有看到类似的变化,这表明迷幻药物的作用方式完全不同。

研究人员称:“裸盖菇素针对的是大脑皮层——大脑中思维的高级别部

分,而艾司西酞普兰针对的是大脑中更深层次、更简单的压力中心。我们现在有两种治疗抑郁症的方法,这非常令人兴奋。”

在英国《自然·医学》月刊上的这项研究报告的作者敦促抑郁症患者不要自行服用致幻蘑菇药物。这项研究的治疗是在“受控的临床实验条件下”进行的,“使用了实验室配制的规定剂量,而且在给药前、给药期间和给药之后得到了心理健康专业人士的广泛心理支持”。

研究人员称:“抑郁症患者不应试图使用裸盖菇素进行自我治疗,因为在没有这些谨慎防护措施的情况下服用致幻蘑菇药物或裸盖菇素可能不会产生积极的结果。”

加利福尼亚大学旧金山分校的英国帝国理工学院致幻剂研究中心专家称:“我们还不知道用裸盖菇素治疗后大脑活动的变化会持续多长时间,我们需要进行更多研究来了解这一点。我们确实知道有些人会复发,也许在一段时间后,他们的大脑会恢复到我们在抑郁症中看到的大脑活动的僵化模式。我们的发现带来的一个令人振奋的影响是,我们发现了一种基本机制,通过这种机制,迷幻疗法不仅对抑郁症有效,对其他精神疾病也有效,如厌食症。”

本文内容参考中国《科技日报》《参考消息》、英国《自然·医学》。

培育出功能正常的肾组织

科学家在活的有机体内成功培育出能排尿的人类肾组织，这在医疗科学史上尚属首次。

这项研究由英国曼彻斯特大学开展，是开发肾病治疗方法的道路上的重要里程碑。

这个项目由英国医学研究委员会和英国肾脏研究所资助，相关论文发表在美国《干细胞报告》杂志上。研究人员用实验室塑料培养皿培育的人类胚胎干细胞最终形成肾小球。培养皿里有一种被称作培养基的营养物质，内含可促进肾发育的分子。

他们把培育出的肾小球先与一种充当天然结缔组织的果冻状物质结合起来，然后把形成的小块物质注入小鼠皮下。

三个月后对上述组织进行检查，结果显示，小鼠体内形成了肾单位，即肾脏中微小的功能单位。

这些新结构含有人类肾单位组成部分的大部分，包括近端小管、远端小管、肾小囊和亨利氏环。

小鼠体内还形成了毛细血管，给新的肾脏组织提供营养。

但是，这些“迷你肾”还缺少一条大动脉。没有大动支脉，器官只能发挥一部分正常功能。

因此，研究人员正在与外科医生合作，希望能植入一条动脉，给新肾提供更多血液。

为了测试新组织的功能，研究团队使用了右旋糖酐，这种荧光物质会使肾单位过滤血液后生成的尿类物质（肾小球过滤物）染上颜色。

研究人员在新结构的小管内追踪探测到了右旋糖酐，表明的确生成了肾小球过滤物，并且是作为尿液排出的。苏·金伯教授称：“我们已毫无疑问地证明，这些结构过滤血液生成尿液，发挥了肾细胞的功能，但我们还讲不清发挥了多大比例的功能。尤其令人兴奋的是，这些结构由人体细胞组成，构建了良好的毛细血管血液供应系统，并且与小鼠的脉管系统相连。”

她还称："这构成了原理验证，但还有很多工作要做。"

曼彻斯特大学生物科学学院、曼彻斯特大学再生医学网及终生肾健康组织也为这项研究提供了支持。

同时，担任曼彻斯特皇家儿童医院儿童肾病专家称："在世界范围内，200 万人正通过透析或移植来治疗肾衰竭，令人悲哀的是，每年还有 200 万人因无法得到这些治疗而死亡。这是研究领域的一大里程碑，但是，需要了解的东西要多得多，我们必须在生成肾过滤单元的基础上进一步研究如何构建尿液排出通路，同时想办法把这种技术用于治疗肾病。"

本文内容参考中国《科技日报》《参考消息》、美国《干细胞报告》。

蚂蚁或成新型抗生素来源

蚂蚁天生就能产生强有力的抗菌剂以抵御细菌和真菌。此项研究聚焦这种勤劳的昆虫,看看它们能否成为人类的药厂。

面对病菌越来越强的抗药性,人类100年来研制的抗生素武器库已经快要耗尽,蚂蚁的药用功能就是在这种背景下被发现的。

一个研究团队在英国《皇家学会开放科学》杂志撰文称,对20种蚂蚁开展的实验显示,其中12种体内有抗菌剂。这意味着,如果要发现新的抗菌成分,蚂蚁可能是很好的研究对象。

蚂蚁产生这些化合物的特殊腺体,常常被称作它们体内的“化工厂”。

蚂蚁用这些腺体的分泌物包裹自己的身体,有些蚂蚁在巢穴附近播撒这些抗菌剂,就像我们在家里使用抗菌剂一样。

这个团队用人体皮肤常见的一种通常无害的细菌——表皮葡萄球菌,测试蚂蚁制造的这种化学物质的威力。

研究人员发现,不同种类蚂蚁所产生的化学物质,其抗菌效力各不相同。这些化学物质尚需用致病菌进行测试。需要指出的是,据记录有超过1.5万种蚂蚁,每一种都可能产生很多不同的有抗菌功能的化学物质。

我们已经采取了最初行动,以查明哪些种类蚂蚁最有潜力产生能抵御人体疾病的抗菌素。但是,要弄清可以用作抗菌素的化学物质,以及如何合成这些物质还有大量工作要做。

人们早就认为,生活在大型紧密社会组织内的昆虫有希望成为新抗生素来源,这样的社会组织是病菌理想的繁殖场所。

但是,直到现在还几乎没有这方面的实际测试。

蚂蚁用自身的化学屏障抵御多种微生物入侵者。

这些入侵者包括几种细菌和一种能把蚂蚁变成“僵尸”的真菌。这种真菌释放出来的化学成分劫持蚂蚁的神经中枢,相当于先欺骗蚂蚁的身体,然后将其杀死。

一个关键问题在于,为什么侵袭蚂蚁的病原体没有对蚂蚁产生的抗菌素形成抗药性？蚂蚁使用这些抗菌素大概已成百上千万年，而很多人造药物却不出几十年就失去效力。

这项研究的另一项关键发现涉及不产生抗菌素的8种蚂蚁，至少这几种蚂蚁对实验里使用的细菌没有抗菌能力。研究团队表示，如果一个物种不产生抗菌素，那就意味着它们一定有其他办法抵御疾病。

联合国称，日益严重的抗药性（部分原因是抗生素的滥用）是一种“全球健康紧急情况”，因此人们将来可能死于今天很容易治愈的疾病。

本文内容参考中国《科技日报》《参考消息》、英国《皇家学会开放科学》。

人工智能将蛋白质变成音乐

科学与艺术的完美结合已经上升到了新高度。美国麻省理工学院的研究人员开发出一套系统,能利用人工智能技术将蛋白质的分子结构(生物体的基本构成)转化为音乐片段。研究人员还可以将这一过程进行逆转,改变几个音符,将音乐片段转化成自然界中从未见过的全新蛋白质。这项研究成果发表在《美国化学学会·纳米》月刊上。

《麻省理工学院技术评论》称,通过利用分子的物理特性来确定声音,这套系统提供了一种将蛋白质的氨基酸序列"翻译"成音乐序列的方法。为了能使人耳听到,这些声音都经过了一定的调整,但这些音符和相互之间的关系都是基于每个氨基酸分子的实际振动频率,而这些频率是经过量子化学理论计算得出的。

该系统将20种氨基酸转化为20个音阶。虽然对于习惯了西方音乐的人来讲,这样的音阶听起来并不太熟悉,但听者在熟悉它们之后,很容易就能意识到其中的联系和差异。

麻省理工学院的研究团队使用人工智能系统来分析由多种不同的蛋白质所生成的旋律目录。他们利用人工智能在音乐序列中引入微小的变化,或生成全新的序列,然后转化回与经过修改或新设计的序列所对应的蛋白质。通过这个过程,研究团队可以创造出现有蛋白质的变体。

该研究的主要目的是提升对蛋白质结构及其各种变体的了解程度。研究人员指出,蛋白质是构成皮肤、骨骼和肌肉的结构性材料,同时也是构成酶、化学信号物质,以及生物体结构的功能性材料。

该团队希望通过这项研究,获得关于不同蛋白质家族及其变体之间的联系和差异的新知识,并以此作为研究许多可以用来调整和修改蛋白质结构及功能的方法。

为了以直观的方式展示这一研究成果,研究人员还开发了一款名为"氨基酸合成器”的安卓智能手机免费应用程序,用于播放由氨基酸转化的声音,并将蛋白质序列录制成音乐作品。

本文内容参考中国《科技日报》《参考消息》、美国《美国化学学会·纳米》《麻省理工学院技术评论》。

找到导致失忆的细胞

大脑是一组接收、处理、传输和存储信息的有组织的单元,其中最有趣的特性之一是其可塑性。当我们以记忆的形式接收我们想要保留的新信息时,传递这些信息的神经元会加强它们之间的连接,也就是"突触"。正是因为有了这种突触可塑性,我们才能学习和记忆。

然而,神经细胞间的这种连接也会减弱,这是删除不再重要的信息并用新事件或情况替换它们所必需的过程。这种能力被称为认知灵活性,这就是为什么我们通常会记得今天停车的地方,而不是昨天或上周停车的地方。如果没有这种形式的选择性删除,我们会在大脑中存储大量不必要和矛盾的记忆,而这种情况在罹患阿尔茨海默病等疾病情况下会加剧,并且与记忆丧失相关。因此,了解记忆删除和重写的机制对于研发针对阿尔茨海默病的新疗法可能是至关重要的。

迄今为止,人们一直认为,神经元完全负责重塑它们的突触连接,既能强化它们,又能削弱它们。然而,大脑大体上是由神经元和神经胶质细胞两大类组成的。事实上,近年来已经有研究证明,神经胶质细胞因具有为神经元提供保护和营养的功能,也参与突触传递。

西班牙国家研究委员会科学家领导的一项研究更进一步表明,哺乳动物脑内分布最广泛的一类细胞——星形胶质细胞负责削弱大脑海马区神经元的突触连接,这片区域参与记忆和认知灵活性的过程。这项研究刊登在英国《自然 · 通讯》杂志上。

玛塔 · 纳瓦雷特称:"这一发现意味着,在我们理解的阿尔茨海默病和其他类型痴呆症的发展过程中,削弱突触连接的细胞机制的模式发生变化,由此能够开发出针对这些引起记忆丧失的神经系统变性疾病的新靶向疗法。"

在实验小鼠身上展开的这项研究显示,为了削弱突触连接,神经元首先激活了星形胶质细胞中的钙信号,从而诱导星形胶质细胞释放谷氨酸。随后,谷氨酸再次刺激神经元,触发一系列分子事件,导致突触连接减弱。研究还表明,上述机制在限制记忆的过程中扮演着重要角色。

研究人员的下一个目标是尝试开发一种能以特异性作用于星形胶质细胞的疗法,以阻止患者的记忆丧失。专家称:“这是一项复杂的挑战,但我们相信前途一片光明。我们希望在未来几年内能开发出有效的新疗法。”

本文内容参考中国《科技日报》《参考消息》、英国《自然·通讯》。

基因决定人类生来擅长长跑

人类在漫长的进化史中将其他物种远远甩在身后。因此，正如马德里欧洲大学运动生理学教授亚历杭德罗·卢西亚所言，人类是唯一在进化过程中不断完善有氧运动和认知能力的生命体。和大多数陆生哺乳动物不同，人类生来就更擅长长跑而不是短跑。换言之，刻在人类基因里的不是急速飞驰，而是长途跋涉的能力。

从这个意义上讲，很多关于人类进化动力的科学研究都认为，让人类从解剖学上区别于其他动物的祖先是早在150万年以前就已灭绝的直立人。在类似于非洲大草原的生存环境中，树木越来越少，为了适应这种新的生存环境，直立人逐渐进化出直立行走的能力。这是人类为了捍卫自身捕猎者地位而不断完善自身能力的进化过程。人类凭借耐力对猎物穷追不舍，甚至直到猎物中暑。这就涉及人类的另外一种能力：体温调节能力。与其他动物不同，人类的皮肤上毛发很少，而汗腺则可以帮助保持体温恒定。人类因此比其他动物拥有更加耐高温的能力。

生物学家们曾在英国《自然》周刊上撰文指出，人类生来就擅长长跑，因为短跑所需的肌肉爆发力和力量并不利于人类生存。研究指出，200多年来，人的身体为了适应生存环境的变化而不断自我调节。

人类的足底筋膜等组织富有弹性，减少了足部与地面的冲击力，进而节省了腿部的力量。人类的关节结构在长跑过程中能够承受体重2倍到4倍的反作用力。同样，脊椎和周围的肌肉能够让人类在长跑过程中保持平衡，进而确保耳朵等前庭器官的平衡。

所有这一切都是从人类的祖先那里遗传来的，因此人类一直以来都是一种善于长途跋涉的物种。

当然，也有人遗传了速度和力量基因，但大多数人还是更加耐疲劳。研究人员曾对多个国家和地区的运动员进行研究，最后发现，合成α辅肌动蛋白3（ACTN3）基因的某种变异体在西非裔黑人的基因库中出现频率很高，而这种变异体自然也被遗传到了今天的牙买加人身上。因此，当今很多短跑名将来自牙买加。

专家称,久坐不动的日常活动方式导致人类丧失了祖先留下来的能力。人类每天需要消耗大约 3000 千卡热量,还应通过锻炼消耗大约 1000 千卡的热量,如通过走路等方式。事实上,世界上大约三分之一的人口每周甚至不愿花上 150 分钟去散步。

有氧运动能够帮助人类维持有效运作的能力。既然人类从祖先那里继承了优秀的长跑能力,就应通过经常锻炼的方式继续保持。

本文内容参考中国《科技日报》《参考消息》、英国《自然》。

昆虫不会“好了伤疤忘了疼”

科学家发现,果蝇能像人一样感受到坐骨神经痛、神经受压迫或脊髓受伤那样的不适感。

研究发现,即使伤口痊愈后,果蝇仍能对危险保持“高度敏感”,并“试图在有生之年继续保护自己”。

研究人员希望他们关于慢性疼痛的发现能够有助于开发针对人类的治疗方法。

进行这项研究的悉尼大学的格雷格·尼利称:“人们曾认为昆虫不会感受到任何痛苦。但已经有研究表明,很多不同的无脊椎动物能够感知并避免我们认为是痛感的危险刺激。”

格雷格·尼利称:“为了简单起见,我们可以把昆虫的感受称为‘疼痛’。我们知道昆虫能够感知疼痛,但我们不知道的是,一次伤害可能会带来对通常不痛苦的刺激的长期敏感,就像人类患者的体验。”

在这项研究中,科学家破坏了果蝇一条腿上的一根神经,并等待伤口愈合。虽然伤口已经愈合,但果蝇的所有腿都对热或冷等潜在有害刺激“高度敏感”。“在动物受过一次重伤后,它们会变得高度敏感,试图在有生之年保护自己。这点很棒,而且是出于直觉的。”

在解释昆虫如何感觉疼痛时,悉尼大学的专家称,果蝇从其身体接收到的信号会传到腹神经索相当于我们的脊髓。

格雷格·尼利把这种昆虫的神经系统比作一扇“门”。这扇“门”能让果蝇根据具体情况感受到是否疼痛。

专家们称:“受伤之后,受伤的神经会将所有东西都丢弃到神经索中,并永远地毁掉所有的闸门。然后动物就不再有‘疼痛’的闸门了。‘痛苦’的阈值改变了,现在变得高度警惕。”

有了这些关于神经系统受损后出现的神经性疼痛的信息,科学家们希望在人类医学研究上取得突破。

神经性疼痛可能出现在一些人类疾病中,如坐骨神经痛、神经受压迫痛、脊髓损伤和癌症骨痛。专家们称："我们的重点是研发针对潜在病因并永久止痛的新型干细胞疗法或药物。"

本文内容参考中国《科技日报》《参考消息》、美国《科学进展》。

蛋壳可助骨骼生长愈合

美国马萨诸塞大学洛厄尔分校研究人员发现,蛋壳可以促进医疗过程中所需的新的强壮骨骼的生长。马萨诸塞大学洛厄尔分校开发的这项技术可能有朝一日会被用于修复患者因衰老、事故、癌症和其他疾病或在军事作战中受伤的骨骼。

根据这一创新技术,在一种水凝胶混合物中加入粉碎的蛋壳,形成一个微型框架,用于为骨移植而在实验室中进行的骨骼培育。为达到这一目的,需要先从患者体内取出骨细胞,注入这种物质,在培养皿中进行培育,然后将由此生长出来的新骨骼植入患者体内。

这项研究表明,将蛋壳颗粒——主要由碳酸钙构成,加进水凝胶混合物,可以增强骨细胞的生长和硬化能力,从而有可能加快骨骼的愈合速度。此外,骨骼是由从患者体内提取的细胞生成的,因此可以大大降低人体免疫系统排斥这种新材料的可能性。

这一技术还可用来帮助软骨愈合、牙齿生长和肌腱的生长。

这是第一个在水凝胶基质中使用蛋壳颗粒来进行骨骼修复的研究。我们已经申请了专利,我们对研究结果感到非常兴奋。我们预计可以对这一技术进行调整,以便用于许多重要的方面。有朝一日,蛋壳颗粒还可以用作向人体运送蛋白质、肽、生长因子、基因和药物的工具。

相关研究报告已经刊登在英国学术期刊《生物材料科学》(网络版)上,并将成为该杂志印刷版当月封面文章。

据研究人员称,利用蛋壳来支持骨骼生长可以提供一种重复利用蛋壳的可持续方式,同时推进这些程序背后的技术。

研究人员称:“每年全球各地的家庭和商业性厨房丢弃的蛋壳通常有数百万吨。通过重新利用这些蛋壳,我们可以直接给经济和环境带来好处,同时给未得到满足的临床需求提供一个可持续的解决方案。”这不是马萨诸塞大学研究者第一次使用非常规方法来设计生物医学工程新材料。近年,研究者以日本古老的折纸艺术的原理为灵感,建造了微型 3D 结构,用于以在实验室培育生物材料,制造出新的组织。

本文内容参考中国《科技日报》《参考消息》、英国《生物材料科学》(网络版)。

新技术可提前 20 年检出帕金森病

我们已经知道,帕金森病是一种中枢神经系统疾病,与神经传导物质多巴胺系统受损有关。事实上,补充多巴胺的药物治疗方式是当前治疗帕金森病的主要手段。

伦敦大学国王学院最近发表在英国《柳叶刀·神经学》杂志上的一项最新研究指出,可以根据大脑血清素系统的变化提前 20 年发现帕金森病的早期发病征兆。

这意味着一种新的生物标志物可以帮助诊断和预防帕金森病。仅在西班牙,就有大约 15 万人患有这种疾病。

同阿尔茨海默病等其他神经退行性疾病一样,帕金森病可能需要数年发展出明显的症状。

因此,在早期阶段找到有效的生物标志物至关重要。此前,一些研究已尝试开发早期的诊断方法,如血液检测。

以往大多数研究都将目标对准与帕金森病发病密切相关的大脑多巴胺系统,但在这项最新研究中,研究人员寻求从其他系统(如血清素系统)的变化中找到帕金森病早期信号。

为此,研究人员招募了多名携带一种极为罕见的基因突变的志愿者。这种基因突变几乎肯定会在他们一生中的某个阶段诱发帕金森病。目前,全球已知约 100 人携带这种基因突变。因此,这些志愿者为在早期阶段发现帕金森病生物标志物提供了“完美的研究案例”。

研究人员花了两年时间,对 14 名携带这种基因突变的志愿者进行跟踪研究,并对他们进行了全面的脑成像扫描,以确定在出现退行性症状之前,神经系统是否有任何变化。该研究报告认为,确实发现了一些变化,“我们发现,血清素系统功能是判断帕金森病前兆的一个很好指标,因为在尚未确诊的参与者体内发现了血清素系统的可检测变化”。

研究人员表示,血清素系统变化的出现要早于多巴胺系统的变化。这意味着它可能是迄今发现帕金森病的最早信号。

另外，应该指出的是，这项研究存在比较大的局限性。首先，仅仅研究了14名志愿者的案例，而且所有志愿者都携带极其罕见的基因突变，这使得该研究结果可能无法覆盖其他患者。这种基因突变还极有可能影响人体的其他机能，而不仅是罹患帕金森病的风险。其次，研究中使用的成像检查方法非常专业，仅应用于少数研究机构，而非任何医院，因此很难在短期或中期内将其用作诊断方法或评估新疗法的手段。此外，这种神经成像方法成本高昂，不可能被用作早期临床检查的工具。因此，下一步工作将是在有更多参与者的研究中验证血清素作为生物标志物的作用，同时寻找成本更低的扫描手段。

本文内容参考中国《科技日报》《参考消息》、英国《柳叶刀·神经学》。

阿尔茨海默病病理有新解

阿尔茨海默病患者的神经退化程度竟然并不大吗？是否可能主要是神经元机能问题？研究人员多年来一直走在错误的道路上吗？以上是法国与加拿大魁北克联合团队发表在《科学报告》杂志上的研究所提出的问题。

这项研究证明，与原本预计会看到的突触（能够传导神经信号的神经元末梢）锐减相反，研究人员仅观察到一小部分突触消失，达不到病理学分级中的严重程度。位于蒙特利尔的麦基尔大学道格拉斯心理卫生研究所教授萨拉·梅斯蒂卡维在与巴黎索邦大学的法国团队合作进行研究后认为："突触数量减少主要是在患病最末期才出现，因此其数量减少很可能是病果而非病因。"研究团队表示："之前的观点认为这种病的症状是由大量神经元和突触死亡造成的。我们得出的最新结论完全有悖于这一观点。因此，我们在思考发表这一成果的意义。后来我们慢慢想到或许我们有重要发现：实际上患病过程中并没有出现大规模神经退化。"

具体来讲，研究团队测定了突触蛋白的含量，就是前额皮层中几乎所有突触结构和机能中包含的蛋白。而前额皮层控制的很多认知机能都会在罹患阿尔茨海默病时退化。科学家们共研究了171名去世患者的大脑。

结果表明，与健康大脑相比，这些大脑的突触蛋白量平均仅减少20%～30%，而且大部分都是在痴呆的最后阶段发生的。绝大多数人的减少数量也与痴呆的严重程度无关。无论如何，没有任何有力证据能够解释患者为何出现那些症状和皮层萎缩。

研究人员指出："这一点（萎缩的存在）毋庸置疑。很多皮层区都缩小了，表明脑中神经元密度下降。这甚至是对该疾病的一种诊断方法。"

但神经元减少并不能自然而然地推断出突触减少。与神经元死亡相配合的是该环境下的突触重组。突触会绕开这一损失，在其他细胞间创造新的连接。这被称为神经可塑性。因此，我们不能排除神经元退化伴随着新突触形成的可能性，这或许就是突触最终消失得并不多的原因。不过，突触虽然还有很多，却很有可能无法正常发挥机能，所以症状才会加剧。无论晚期剩下多少神经元,突触的数量始终是足够的,只是有些不发挥作用了。我们要找出是哪些突触罢工以及它们罢工的原因。所以,不要再试图保护神经元了,而是要修复突触异常。这或许是个非常好的消息,因为在治疗层面会更容易实现!

本文内容参考中国《科技日报》《参考消息》、英国《科学报告》。

新方法让基因组测序更便捷

科学家用一种不比手机大的装置给最完整的人类基因组测出序列。

发表在《自然·生物技术》杂志上的该研究报告提出,这项突破使我们离家庭医生在正常体检时能够做基因组测序更近了一步。

研究报告称:“我们毫无疑问正在接近那个目标,也就是基因组测序将成为门诊高级检查的例行组成部分。”

这种新的测序方法是一种可以阅读不间断的长 DNA 链、准确率达 99.88%的方法。组合基因组的过程就像拼七巧板。

关键在于,所谓的纳米孔技术可以帮助人们理解管理人体免疫反应和肿瘤生长的基因组区域,目前人们对这些区域的认识还很少。这还可以帮助发现血液里的癌症 DNA,并且在肿瘤出现症状或通过放射技术显现以前发现它们。

如果怀疑一位患者染病,这种测序技术可以用来查明病毒或细菌的基因组。

我们还可以同时查看患者对这种感染有何反应。每个个体的免疫系统都有差异。

就个性化用药而言,我们希望弄清楚个体对抗生素和抗癌药会有什么反应。

人体基因组由超过 30 亿个碱基对组成,大约为 2.5 万个基因。

基因组里包含的代码和指令告诉身体如何生长发育。指令的缺陷会导致疾病。

2003 年,科学家首次成功给人类基因组解码,完成人类基因组序列图,那是像曼哈顿计划一样的行动:历时 13 年,耗资 30 亿美元,集结了数百名科学家及 20 所大学和研究机构的计算能力。

如今,这种新测序法由十几位学者用五六个手持设备完成,用时三周。

专家预测几年以后,基因组测序将像烧壶水或泡杯茶一样常见。

本文内容参考中国《科技日报》《参考消息》、英国《自然·生物技术》。

基因图为癌症治疗开新路

基因图为研发新疗法创造条件,癌症治疗将实现重大突破。

科研人员破译了大量肿瘤的基因代码,为提高癌症疗法的疗效和研发新药物提供了路线图,预示着癌症治疗将实现"突破"。

科研人员进行了具有开创性的国际合作发现:此前被当作不同疾病进行治疗的人体不同部位的肿瘤,其实在分子层面具有相似性,可能可以使用已上市的药物进行治疗。

这项研究抛开乳腺癌和肠癌等只描述癌症最初发病部位的术语,重新定义了癌症种类。科研人员新发现的癌症分子构造最终可以"彻底改变"为患者选用最佳药物的方式。

新研究成果可能改变基于肿瘤位置的"传统"疗法,让开展临床试验的医生能"确定最有可能(从受试药物中)获益的患者"。

"癌症基因组图谱"是同类科研项目中规模最大的,涵盖取自 1.1 万多名癌症患者的各种肿瘤细胞的基因信息,这些患者所患癌症共达 33 种。研究论文的作者们将这些最新数据与已获准用于治疗其他癌症的疗法的信息进行了对比,结果发现这 1.1 万名患者的肿瘤中有一半可能已经有了有效治疗手段。研究项目还试图探究这些肿瘤出现的原因,一路追踪到 300 种不同的基因突变,包括已被充分研究的基因种类,这些基因的突变会大大增加罹患乳腺癌的风险。

研究还发现,约 8%引发癌症的基因突变遗传自父母。其研究成果可与人类基因组计划的完成媲美,后者首次解码了人类的每条脱氧核糖核酸,开创了为每一个人定制药物的前景。实际上,生物医学现在正从孤立地研究肿瘤向在更大的背景下评估肿瘤转变。本文介绍的研究成果表明,临床实践和药物研发将发生巨变。

虽然这项研究本身并不意味着马上就会出现癌症新疗法,但其他团队可在该研究的基础上进行药物研发和临床试验。

研究该项目的专家称:"光是知道癌症基因是什么就很有意义了,因为现在我们可以组建一个癌症筛查小组。”

筛查肿瘤抑制基因的工作已经在进行,这可以帮助妇女选择最佳治疗方案。所有这些都是重要的突破,但我们最重要的收获就是知道了下一步该干什么。

有了深入了解,就可以根据不同种类的癌症的相似性指导治疗方案的制订。通过研究其分子特征,我们现在知道了这些癌症密切相关。比如,不论是在哪个部位,始发于不同器官的细胞的癌症基本都密切相关。

该研究项目启动于 2005 年,已发表 27 篇系列论文,其中 8 篇发表在近期《细胞》双周刊上,预示着人类对癌症的理解翻开了新篇章。

有些时候,我们可以借鉴比较了解的疾病的临床实践,将之应用到还不太完善的某些癌症的治疗方案中。我们在这项研究成果中达到的里程碑就是最终能退后一步,看看整体情况。

独立研究人员认为,这项研究带来了“新的可能性”,需要在患者身上进行试验。

英国癌症研究会专家认为:“通过在分子层面将各种癌症分组,这项研究为患者带来了新的可能性,传统上,医生会根据癌症发病部位对他们进行治疗。”

本文内容参考中国《科技日报》《参考消息》、英国《细胞》。

植物“大脑”可控制种子发芽

科学家发现控制种子生长的植物“大脑”。

英国伯明翰大学的科学家在一项最新研究中发现,植物中的一组细胞具有植物胚胎“大脑”的作用,能够评估环境条件并决定种子何时发芽。决定何时发芽是植物一生中做出的最重要决定之一。发芽太早,植物可能会受到冬季恶劣条件的伤害;发芽太晚,又可能竞争不过其他较早发育的植物。

近期发表在美国《国家科学院学报》月刊上的研究报告中,伯明翰大学的科学家证明这种在速度与准确性之间的取舍是由植物中的一小组细胞控制的,它们的运转方式类似于人类的大脑。

这些科学家指出,植物的这一“决策中心”名为阿拉伯芥(又名拟南芥),包含两种细胞,一种能够促进种子休眠,另一种则能促进种子发芽。这两种细胞通过移动的荷尔蒙进行交流,类似于我们的大脑在决定是否采取行动时的机制。

科学家利用数学模型证明,这些分离的细胞之间的交流决定了植物对环境的敏感性。按照这一理论,他们使用一种变异植物——这种植物的细胞之间的化学联系更加紧密,相当于强化了“电路元件”之间的交流证明,发芽的时机取决于这些区域内部发送的信号。研究报告第一作者、伯明翰大学生物科学院教授乔治·巴塞尔称:“我们的研究揭示了植物决策中心的内部元件之间存在一种至关重要的‘分离’。在人类的大脑中,这种分离被认为导致了时间延迟,理顺了来自环境的嘈杂信号,提升了我们作出决定的准确性。在种子的‘大脑’中,这些组成部分的分离看来对它的运转同样至关重要。”

参加这项研究工作的科研人员称:“‘电路元件’的分离扩大了对环境刺激作出反应的种类范畴。这就像是在决定去不去电影院之前,读四遍同一名影评人的影评和读四名不同影评人的影评之间的差别。”

据这一描述植物决策功能的数学理论预测,与稳定的环境相比,在面对多变的环境时,如波动的气温,更多的种子会发芽。科学家在实验室里对这一理论进行了检验,结果发现植物的行为确实如此。

该项目的专家称:“我们的研究对于了解农作物和种子的生长方式具有重要意义。现在可以将这一知识应用到商业作物上,以促进同步发芽过程,提高作物产量并减少除草剂的使用。”

本文内容参考中国《科技日报》《参考消息》、美国《国家科学院学报》。

52种智商相关基因

研究人员在英国《自然·遗传学》杂志上发表论文称，总的来看，智商测试结果的差异有20%是这些新发现的“聪明基因”造成的。

大多数新发现的、与高智商相关的基因变体在调节脑细胞发育，特别是在神经元分化和突触的形成方面发挥着作用。

由30名科学家组成的国际团队梳理了早前的13项研究，这些研究详述了7.8万人——全部是欧洲裔的基因概况和基于智商测试的智力评估结果。

功能越来越强大的计算机使研究人员可以扫描和比较数十万个基因组，将DNA的微小变化与疾病、体型或天资进行匹配。人类基因组有大约2.5万个，由超过30亿对基础分子构成的基因。

许多与高智商相关的遗传变异也与其他特征相关，这些特征包括：求学时间更长、婴儿期的头围较大、个子高、能成功戒烟。同时，与高智商有关的基因变异也与罹患泛自闭症障碍的风险较大有关。

反过来，缺少某些高智商基因的现象在患有精神分裂症或肥胖症的人群中更常见。

为了挑战自己的成果，研究人员分别核对了他们所借鉴的13个数据库——每个使用了稍微不同的智商测试，与52个基因变体，看看智力与基因概况之间的匹配是否成立。结果的确成立。

科学家必须扫描数以百万计的基因组才能把“聪明基因”全部找出来，而目前还做不到这一点，原始数据不够，计算能力有待提高。就智力而言，有成千上万的基因，我们鉴别出了52个最重要的，但还会有更多。

本文内容参考中国《科技日报》《参考消息》、英国《自然·遗传学》。

破解木乃伊完整基因

英国《自然·通讯》杂志公布一项研究成果,对曾经在公元前1400年至公元400年生活在古埃及的3具木乃伊的遗传物质进行了首次完整分析。

由德国马克斯·普朗克人类历史学研究所的此项研究指出,与古埃及人相比,现代埃及人的血统与撒哈拉以南的非洲人更为相近。而古埃及人的血统与近东和西亚人更为相近。这就意味着,在过去,曾有撒哈拉以南非洲人迁移到埃及,并改变了当地人的基因组成。

大量史料显示,从至少3000年前,埃及就开始通过人类迁徙活动与非洲、亚洲和欧洲文明展开长期交流。不过,要运用基因物质来证明这个事实一直存在困难,尤其是因为气候变化和岁月侵袭导致人类遗骸基因被破坏。

然而,科研人员在此次研究中使用现代基因读取技术,利用上百万个基因片段重建了3具木乃伊的全基因组数据集。此外,科研人员还进行了严格的真实性测试,以防遗传物质受到细菌或者现代人污染,进而导致结果失实。

科研人员认为,这种方式在木乃伊研究领域引发了变革,大大提升了研究效率。除了重建人类迁徙历史,他们认为,这种方法还能够用来研究具体基因的演化,分析木乃伊的个体特征,重建血缘关系,甚至寻找古代疾病的踪迹。

科研人员研究发现了来自埃及尼罗河流域阿布西迈利克的151具木乃伊的骨骼、牙齿和软组织样本。通过对这些木乃伊的分析与研究,他们重建了3具木乃伊的全基因组数据集,这3具木乃伊分别来自托勒密王朝之前的时期、托勒密王朝和罗马时期。

此外,科研人员还对90具木乃伊的线粒体基因组进行了分析。在这些基因信息的基础上,科研人员对古埃及人的基因组成展开研究,并将其与现代埃及人进行了对比。

该研究指出:“具体而言,我们希望找到阿布西迈利克居民在基因组方面的变化和延续性。”另一位作者、德国蒂宾根大学教授韦雷娜·许内曼表示："我们希望找到亚历山大大帝或其他强国入侵埃及在古埃及人基因当中留下的痕迹。"

但此项研究并未得到上述结果。阿布西迈利克居民的基因组成在此项研究涵盖的1800年间并未发生重大变化。在他们的基因中没有发现入侵者的痕迹，但有迹象显示，古埃及人与古黎凡特人有着十分相近的血缘，还与新石器时代的安纳托利亚半岛和欧洲人在基因上相似。

虽然侵略并没有改变古埃及人的基因组成，但是人口迁徙却在现代埃及人的基因组成当中留下了痕迹。与古埃及人相比，现代埃及人的血统与撒哈拉以南非洲人更为相近。这就意味着最近1500年来，该地区可能发生重大的人口迁徙。大迁徙的原因可能是尼罗河南部地区流动性的改善，埃及与撒哈拉以南非洲的商贸活动增加，以及从1300年前开始的穿越撒哈拉沙漠的奴隶贩卖活动。

研究人员认为，他们采用的遗传数据来自中部埃及的一个单一地点，可能不能代表古埃及的所有种群。但他们认为，其分析结果是首个可靠的数据集。此项研究证明，基因测序技术可以成功运用于埃及木乃伊。

对木乃伊进行基因研究在古埃及学界一直备受争议。约翰内斯·克劳泽指出，必须审慎地看待木乃伊基因的保存。埃及气候炎热，墓穴中湿度较高，这可能导致木乃伊基因受损。但此项研究表明，现代基因测序技术有可能改变这一现状。为了检验该研究成果，科研人员还将在其他时期的古埃及遗址中使用他们的研究方法。

此项研究使用的方法开启了对木乃伊的遗传物质展开新研究的大门。在不远的将来，古埃及辉煌灿烂的历史或将得到进一步深挖。

本文内容参考中国《科技日报》《参考消息》、英国《自然·通讯》。

具备视觉仿生手
能“看到”物体并调整抓握姿势

能够“看到”物体从而去抓握的人造手给截肢者带来希望。能够“看到”物体并相应调整抓握姿势的假肢手已经由英国科学家设计出来。他们希望,这种手会帮助截肢者更加自然地使用假肢。

人类的手极其灵活,可以在拇指和其他任意手指之间拿起鸡蛋而不会打破它,可以用整只手握住一个大玻璃杯而不会将它掉在地上,还可以先在手掌中抓住一个哑铃,然后将其举起。

此前,让人造手也做到这些事情的目标一直没能实现。虽然目前已经研发出了能够读懂向残肢肌肉发出信号的假肢,但在实验室外将这种信号转化成较为精细的动作却困难重重。相反,使用这类假肢的截肢者经常要提前选择抓握姿势。

新技术要让假肢能够自动选择抓握姿势,如利用摄像装置来发现需要拿起来的是一杯水,或者需要操作的是一把牙刷。

帮助设计这种人造手的英国纽卡斯尔大学的科学家称:“利用计算机视觉,我们研发出了一种能够自动做出反应的仿生手——事实上,它就像真正的手,使用者可以伸手拿起一个杯子或一包饼干,需要做的无非就是朝着正确的方向瞟一眼。”

当截肢者使用人造手在以前没见过的物体上进行测试时,它们拿起这些物体的成功率几乎达到90%。许多人选择完全不使用假体。灵敏度一直是人造肢体面临的主要障碍之一。对于许多截肢者而言,参照物是他们健康的胳膊或腿,因此对比之下,假肢看起来迟缓又笨重。

根据发表在英国《神经工程学》杂志上的文章,研发人造手最困难的一点是教它认识要拿起的物体是什么。一种办法是创建一个包括每一种物体的图片数据库,但显然这将是一项极为艰巨的任务,因为严格来讲,这需要包括每一种样式的笔、牙刷、杯子,这个清单是无穷无尽的。相反,通过将图像识别技术与学习算法相结合，人造手就能教自己识别新物体。这种做法意味着人造手可能会变得越来越好用。

本文内容参考中国《科技日报》《参考消息》、英国《神经工程学》。

开发出花期可控转基因水稻

在开发出能按需开花的转基因水稻之后,农民今后将能够控制农作物成熟的时间。不管我们的农业技术如何发展,户外作物仍然要靠天生长。日本科学家希望能够改进这个问题,让农作物根据另一种东西(杀真菌剂)来生长。

如果能有一个系统来控制花期,那就可以随心所欲地种植作物了。花期前后的生长条件对收成的质量有很大影响,因此控制花期是关键。你可以控制收成的质量,延长生长期并且获得更好的产量。有一些商业水稻品种只能在日本特定的地区生产,因为它们的生长速度不同。

假如我们要在日本北部的北海道种植晚稻,那么花期就会很晚,在 9 月份。那个时候已经很冷,这样就没有足够时间来收获了。假如这种水稻的花期能在 8 月初,那就能有很好的收成。同样,控制花期也能有助于日本的主要农作物抵御气候变化的影响。

这项研究发表在英国《自然 · 植物》杂志。先对水稻进行了基因改造,让其不会开花。然后对作物进行改造,让其控制开花的机制只有在接触特定的杀真菌剂时才会开启。在喷洒杀真菌剂一个半月后,水稻真的开花了。如果不喷洒,它就不会开花。

研究人员现在希望将试验移到稻田中,看看在实际环境下这是否能带来更好的收成。完全可以将同样的方法用于其他重要作物,包括玉米和小麦。

本文内容参考中国《科技日报》《参考消息》、英国《自然 · 植物》。

人造“胚胎”

一个人为的像胚胎一样的结构首次在实验室里制造出来，这一历史性突破可能解开生命诞生背后的“魔法”。

英国剑桥大学的研究人员制造了看上去像“结构上正确的”老鼠早期胚胎的一种东西。尽管其中一位科学家强调，它距离能发育为真正动物“还十分遥远”，但这“无疑”最终会成为可能。

这种技术有可能用来制造一种人类胚胎人工模型，可以帮助科学家们弄清楚一些早期胚胎在子宫未能发育的原因。对于美国《科学》周刊介绍的这项研究，该领域的一位科学家称之为“精心孕育的杰作”。

该胚胎模型是通过将两种不同的干细胞结合在一起制造出来的。干细胞可以形成制造一种动物所需的任何组织，包括从大脑到皮肤细胞等。其中一种干细胞形成胎儿，另一种则发育成胎盘。

该研究项目科研人员称：“胚胎细胞和胚外细胞开始相互交流并形成一个外形和行为都像胚胎的结构。它具备在正确的位置和正确的时机发育的结构正确的部位。”“肯定会探索”在实验室利用人类干细胞制造一个类似结构。在为细胞搭建可供其生长的三维架构后，细胞似乎自行组织起来形成正确的结构。为了发现“令细胞有效混合的这一过程得以进行的神奇因素”，还需要进一步进行研究。是否可能使用同样的技术来制造接近人类胚胎的东西。

可能形成卵黄囊的第三种干细胞属于人工制造一个有功能的胚胎所必需的附加步骤之一。

专家开发出一种能使早期胚胎在实验室发育的技术，这超越了通常将早期胚胎移植到子宫的做法。然而，他们的研究因缺乏胚胎而受阻，能够制造类似的人工胚胎或将解决这一问题。

本文内容参考中国《科技日报》《参考消息》、美国《科学》。

授粉无人机

一款能给花卉授粉的无人机会与真蜜蜂一同工作,提高作物产量。

全球约有 3/4 的作物品种需要依靠蜜蜂及其他昆虫授粉。但杀虫剂、开荒及气候变化导致许多昆虫数量减少,给农民造成了难题。

对花卉植物的繁殖而言,授粉是必不可少的。雄蕊产生的花粉可使雌蕊受精,从而产生种子。在自花传粉的花卉中,雄蕊可直接将花粉传给雌蕊。但异花传粉的作物需要将花粉从雄花转移至雌花。这主要依靠的是蜜蜂等昆虫在雄花里觅食时将花粉粘在身体上,在访问雌花时将花粉涂抹在柱头上面。异花传粉比自花传粉更具优势,因为它增加了遗传的多样性,可提高作物的质量和数量。

日本产业技术综合研究所研究人员用蜜蜂的异花传粉原理,制造出一款可在花卉植物之间授粉的无人机。

这款手动控制的无人机宽 4 厘米、重 15 克。其底部带有一层马鬃,上面裹着一层特别的凝胶。当无人机飞到花朵上时,花粉就会轻轻粘在凝胶上,随后在无人机访问另一朵花时因摩擦而落下。

该研究团队现在正研发一款自主式无人机,可以帮助农民为作物授粉。这款无人机需要采用全球定位系统、高分辨率相机及人工智能,才能使其在花丛中独立搜索路径并准确地停靠在花朵上,这将需要一段时间,无人机才能全部到位。

我们希望这将有助于解决蜜蜂数量锐减的问题。但重要的是,蜜蜂与无人机应一同工作。

有专家提出,使用无人机为花卉授粉是一个很有趣的想法,但在经济上可能并不合算。假设你拥有绵延数千米的杏园,每棵树能开 5 万朵花。那么,在这么大的范围内操纵无人机是令人难以置信的。

就解决蜜蜂数量减少的问题而言,目前外界正在采用几种在经济上更可行的策略。这些策略包括,通过减少使用杀虫剂对蜜蜂进行更好地管理,培育能自花传粉而不再依靠异花传粉的作物品种，以及使用机器在作物上播撒花粉。

本文内容参考中国《科技日报》《参考消息》、英国《新科学家》。

利用阳光、水和二氧化碳研制出“绿色”喷气燃料

欧洲科学家利用阳光、水和二氧化碳造出了全世界第一种可再生喷气燃料，这是朝减排迈出的重要一步。

这项成就的发布者是“太阳-喷气”项目的研究人员，这些人在过去几年中造出了一座用聚焦的太阳光加热金属氧化物的太阳能反应堆。

将水和二氧化碳输送进温度达700摄氏度的反应堆，它们可在反应堆中分解形成由氢和一氧化碳构成的合成气。

德国航空航天中心燃烧技术研究所该项目研究人员称：“基本的想法是逆转燃烧过程。我们的做法是先获取二氧化碳和水蒸气，再引入能量来制造燃料。”合成气随后被压缩并送往壳牌公司，在那里通过被称为费希尔-特罗普希法的方法被转化为与煤油类似的碳氢化合物。“这种大规模的方法已在世界各地得到广泛运用，其在航空领域的用途也已得到证实。这意味着利用这种技术制造的燃料不必经历任何新的、大规模的测试和证明过程。”

该项目仍处于实验阶段，只在实验室环境中用模拟阳光制造出了满满一杯喷气燃料。

但科学家相信，这一过程能为交通运输提供价格更低廉、可持续性更高的可再生能源。这一技术意味着，有一天我们或许能为飞机、汽车和其他运输工具制造大量更清洁的燃料。这可以大大加强能源安全并将导致全球变暖的主要温室气体之一转变成一种有用的资源。

“太阳-喷气”项目的合作伙伴包括德国航空航天中心、苏黎世联邦高等工业学院、包豪斯航空研究所和壳牌公司。

本文内容参考中国《科技日报》《参考消息》、德国航空航天中心官方网站。

破解“生殖之谜” 找到让精子与卵子结合的蛋白质

英国科学家发现了生殖所需的一个关键性基本因素。他们找到了一种令人费解的蛋白质，这种蛋白质可让卵子和精子结合。这种以罗马神话中生育女神的名字“朱诺”命名的分子附着在卵子表面。该分子会与附着在具有授精能力的精细胞上的一个雄性配对分子结合。

日本研究人员已于2005年确定了上述精子蛋白，由此开启了长达十年的寻“偶”之旅。

弄清楚上述分子结合的过程，为研究生殖能力治疗和避孕的新方法敞开了大门。

该科研小组专家称：“我们解开了生物学界一个长期未解之谜。我们确定了所有精子和卵子都会有的这两种分子，它们肯定在我们被孕育之时实现了结合。如果没有这种至关重要的结合，受精就不可能实现。我们或许可以利用这一发现提高生殖治疗水平并研发出新的避孕用具。”

英国桑格研究所的科研小组率先造出了这种精子蛋白的人工版。该精子蛋白被命名为“出云1”蛋白。

“出云1”蛋白后被用于寻找附着在卵子表面的配对蛋白。经确定，“朱诺”蛋白就是“出云1”蛋白的“另一半”。

科研人员利用转基因技术让雌性实验鼠去产没有“朱诺”分子的卵，“朱诺”对生殖的重要性由此大白于天下。

上述所有雌性实验鼠都没有生育能力，它们的卵子无法与正常精子结合。此外，体内没有“出云1”蛋白的雄性实验鼠也不具备生殖能力。这突出表明，“出云1”蛋白对男性生殖发挥着重要作用。

研究成果还表明，“朱诺”分子在防止其他精子与已完成受精的卵子结合方面也发挥了一定作用。

研究报告称：“就各种生物的精卵识别而言，‘出云1’和‘朱诺’的配对是首个已知的必要结合过程。这两种蛋白的结合极为脆弱。这或许可以解释,为什么这种结合此前一直都是个谜。”

科学家发现,在精子和卵子完成初步结合后,“朱诺”分子会退出,并在40分钟后几乎消失得无影无踪。

这或许有助于解释,为什么一个精子细胞在对一个卵子完成授精后,卵子会对其他精子细胞设防。

有一个以上精子参与的受精过程,可能最终形成具有过多染色体的畸形胚胎。

“朱诺”属于“叶酸受体”蛋白一族。研究人员研究了三种“叶酸受体”蛋白,发现只有“朱诺”可与“出云1”结合。

科学家当前在对患有不孕症的女性进行筛选,以弄清楚缺少“朱诺”蛋白是否是导致她们不孕的根本原因。

如果确定是这个原因,简单的基因筛查测试就可帮助医生为她们进行最适合患者本人情况的治疗。如果没有“朱诺”分子的话,常规试管授精治疗可能不会成功。

但利用单一精子卵质内显微注射技术,绕开“出云1”和“朱诺”蛋白的自然交配或许是可能的。

本文内容参考中国《科技日报》《参考消息》、英国《自然》。

生命基因密码“添丁”

科学家为生命字母表添加新字母,他们已为构成生命化学蓝图的基因密码添加了两个字母。

他们表示,他们对一种细菌进行了基因工程改造,这样,该细菌就可以将自然界中找不到的两种脱氧核糖核酸成分纳入其中并进行复制。

这项实验旨在表明,人类的干预可以使已存在数亿年的脱氧核糖核酸字母表扩大。

通向革命性药物和纳米技术创新的道路较长,而这次改造是朝这个方向迈出的第一步。

脱氧核糖核酸是制造并维持生命的一套遗传指令。脱氧核糖核酸这种位于细胞中心部位的长分子包含一个双螺旋,这个双螺旋的形状类似缠绕在一起的拉链。双螺旋的“牙齿”是数以百万计的所谓字母碱基对,即成双成对的化学物质。腺嘌呤和胸腺嘧啶组成 A-T 碱基对,胞嘧啶和鸟嘌呤组成 C-G 碱基对。

英国《自然》周刊报道的这项新研究,为螺旋结构添加了另一种人造碱基对。

然而,这种人造碱基对只有在外界帮助下才能幸存下来,一旦得不到外界支持,就会脱离基因组。

美国斯克里普斯研究所的弗洛伊德·罗梅斯伯格表示:“地球上各种生命的密码都只包含 A-T 和 C-G 这两种脱氧核糖核酸碱基对。我们制造的有机体能稳定地包含这两种碱基对和另一种非天然碱基对。”

近 20 年来,研究人员一直在努力寻找能充当脱氧核糖核酸新碱基的新分子,目的是制造以前从未存在过的蛋白质。

但搜寻工作面临诸多挑战。新碱基对必须能与脱氧核糖核酸密码中的天然碱基对紧密配合,不得干扰复制或转录。这是制造蛋白质的第一步。

在这个过程中,脱氧核糖核酸“拉链”被打开,部分片段先被复制,以提供一个模板,然后“拉链”重新合上。

另一个问题是确保被插入的碱基对不被细胞的脱氧核糖核酸修复机制攻击和删除。

在这项新研究中,研究人员制造了一种被称为质体的环形脱氧核糖核酸,这种脱氧核糖核酸包含天然 A-T 碱基对和 C-G 碱基对及被称为 d5SICs-dNaM 的非天然碱基对,然后这种质体被插入大肠杆菌中。大肠杆菌是一种常见细菌。

但另一个问题出现了:由于这种碱基对在自然界并不存在,用来在细胞中复制它们的分子构建模块也不存在。

研究人员最后找到了解决办法:把这些构建模块添加到悬浮着大肠杆菌的溶液中。

他们还对大肠杆菌进行基因工程改造,这样,大肠杆菌就能分泌出一种藻类蛋白质。这种藻类蛋白质可以像牛马一样在细胞膜上拖曳这些构建模块。

这种新奇的质体能顺利地进行自我复制,而且很少出错——这对脱氧核糖核酸保持健康至关重要,同时,非天然碱基对也不会被从密码中清除。

本文内容参考中国《科技日报》《参考消息》、英国《自然》。

生命起源“水世界”理论

生命是大约40亿年前起源于初生的地球上的,当时地球是一个比现在更为潮湿和荒芜的地方,处于炽热的紫外射线中。最初的单细胞生物最终变成了黏液菌、蛙类、大象、人类及地球生物界的其余成员。这一切是如何开始的呢?

美国国家航空航天局加州帕萨迪纳喷气推进实验室的研究人员与该局天体生物学研究所的“冰冻世界”团队联合进行了一项新研究,它描述了海底自然产生的电能是如何能够使生命得以产生的。尽管科学家先前已提出过这种假设——被称为“海底碱性热液状态下的生命诞生”,但这篇新论文把数十年的野外、实验室和理论研究组合成一幅宏大、统一的图画。

根据这一研究结果,它也可以被视为“水世界”理论,在地球各处出现海洋以前很久,生命可能就开始形成于海底温暖、柔和的喷泉中。这种关于喷发热液的海底出口可能是生命起源之地的设想最早是在1980年由其他研究人员提出的,当时这些研究人员曾在墨西哥卡博圣卢卡斯附近的海底发现过这样的出口。这些被称为“黑色烟筒”的海底出口,流出灼热的酸性液体。相比之下,新研究——其理论最早是由喷气推进实验室的科学家迈克尔·拉塞尔于1989年提出的,引为证据的海底出口温度更低些,而且流淌着碱性液体。2000年,人们在北大西洋偶然发现了这样一个由此类碱性出口组成的巨大组合体,并把它称为“失落之城”。“生命利用了地球上的不平衡状态,几十亿年前在海底碱性热液出口发生的也许就是这种情况。生命是使这些不均衡状况得到化解的过程。”该论点发表在《天体生物学》杂志上。

有关生命起源的其他理论描述的是崎岖的地球表面上密密麻麻的化学物质池塘,即“原生汤”。在其中的一些化学汤模型中,闪电或紫外光被认为激发了这些池塘中的生命。

研究团队提出的“水世界”理论认为,这些温暖的海底碱性热液出口保持着与周围远古酸性海洋之间的不平衡状态——这可能提供了促使生命出现的所谓自由能量。事实上,这些海底出口可能造成了两种化学的不平衡。

第一种是质子梯度,在这种情形下,质子即氢离子更多地集中在海底喷烟口的外侧,它又被称为矿物膜。质子梯度可能被用来生成能量——我们人体中名为线粒体的细胞结构中就一直在进行这种活动。

第二种不平衡可能是热液体与海洋之间的电梯度。在几十亿年前,当地球还很年轻时,地球上的海洋中富含二氧化碳。当海洋中的二氧化碳与来自海底出口的燃料,即氢和甲烷越过喷烟口壁相遇时,也许出现了电子的转移。这些反应可能产生了更为复杂的有机化合物,即我们所知道的生命的必要成分。与质子梯度一样,电子转移过程经常发生在线粒体中。

本文内容参考中国《科技日报》《参考消息》、美国《天体生物学》。

新测序法发现数万基因变异

利用一种新式基因组测序技术,科研人员发现数万个以前未曾见到的遗传变异。这大大填补了人类基因组图谱上长期以来因难以测序而造成的空白。

华盛顿大学基因学教授、该研究团队带头人埃文·艾克勒表示,这种技术叫作单分子实时基因测序技术,它现在也许使得研究人员能够鉴别出许多疾病背后的潜在遗传变异。我们现在进入了一个全新的、以前无法看清的遗传变异领域。

科学家仅能确定大约一半遗传性疾病的遗传致病因素。这个谜题被称为"遗传性缺失问题"。导致这一问题的一个原因可能是普通的基因组测序技术无法精确绘制基因组许多部分的图谱。这些方法是先将数亿个长度约为 100 个碱基的基因小片段排列出来,然后分析它们的 DNA 序列,构建基因组图谱。

这种方法成功确定了人类基因组中数百万个小变异。这些由单个核苷酸碱基置换造成的变异称为单核苷酸多态性。但是,由于基因变异技术,科研人员此前无法可靠地检测到长度介于 50 至 5000 个碱基之间的片段变异。

新研究采用测序技术,使得测序和读取长度超过 5000 个碱基的基因片段成为可能,远远超过普通基因测序技术所能测序的长度。这种"长距离读取"技术让研究人员能够绘制出分辨率高得多的基因组结构变异图谱。

用这种新方法对葡萄胎基因组进行研究,研究人员识别并测定出与基因组研究中常用人类参考基因组不同的 26079 个片段。其中多数变异,约有 2.2 万个,从未被发现。研究结果表明还有很多没有发现的遗传变异。

本文内容参考中国《科技日报》《参考消息》、英国《自然》。

制作最完整的鸟类系谱

科学家制作了迄今为止最完整的鸟类系谱,揭示了一些出人意料的亲缘关系,并展示了鸟鸣等特征的演化过程。

作为重建鸟类演化史的大型工程的一部分,来自80个机构约200位科学家耗时4年多时间为鸟类基因组排序,并使用超级计算机对基因进行了分析。

美国杜克大学神经生物学专家称,就基因组数据规模和研究所使用的科学方法而言,这份新的鸟类系谱是迄今为止最全面的。根据这项研究结果撰写的8份报告发表在《科学》杂志上。

研究人员称,分析发现,一组被称为核心陆禽的鸟类(包括今天的燕雀、鹦鹉和啄木鸟)的共同祖先曾是处于食物链顶端的食肉动物。

以前的研究试图通过仅仅几十种基因来重建鸟类之间的亲缘关系,但研究结果各不相同。

如今地球上共有约1万种鸟类。从颜色鲜艳的新几内亚极乐鸟,到美洲西海岸的蓝脚鲣鸟,鸟类是世界上最多样化、最迷人的生物之一。

在这个新项目中,研究人员对48种鸟类的基因组(其中45种未曾进行过基因组排序)进行了分析,囊括了所有主要鸟类分支,包括鸦、鸭、隼、鹦鹉、鹤、啄木鸟和鹰等。95%的鸟类属于"新鸟亚纲",研究人员分析的大多数鸟类都属于这个纲。

新研究发现,"新鸟亚纲"经历了"大爆炸"式演化,许多新物种是在仅仅几百万年内出现的。这发生在大约6600万年前,也就是大多数恐龙灭绝的时候。此前的研究称,"新鸟亚纲"是逐步演化的。

一项最出人意料的发现是,火烈鸟和鸽子的亲缘关系最密切,尽管前者也许和鹏更相似。

另一项重要发现是鸣叫学习,即听声和发声的能力(这也是人类语言的关键特征),可能是在几大类不同的鸟群中独立演化的。此外,这些鸟类大脑的一个脑区和人类大脑中与语言有关的脑区有共同点。

为了构建鸟类系谱,研究人员利用超级计算机对列入研究的所有鸟类的完整基因组序列进行比对。

鸟类的基因组规模小于其他大多数脊椎动物,即便在强大工具的帮助下,鸟类系谱的某些部分也很难填充。研究人员发现,仅研究编码蛋白质的基因组是不够的,他们还必须研究基因之间的非编码序列。

这项新研究的其他成果为探索鸟类性染色体如何演化、鸟类牙齿如何脱落及鸟类和鳄鱼的共同祖先等问题提供了线索。

本文内容参考中国《科技日报》《参考消息》、美国《科学》。

发现最古老人类 DNA

2008 年,在西西伯利亚一条河的岸边偶然发现一根大腿骨,这根骨头属于 4.5 万年前的人的。

从这块古老骨头上切取的胶原质的基因组显示,此人有尼安德特人血统。尼安德特人生活在欧亚地区,是智人的表亲,他们最终神秘消失。

此前的研究发现,尼安德特人与智人有过交配,除非洲人外,现代人中有约 2%的人有少量尼安德特人遗传基因。

该发现对我们常讲的"走出非洲"理论有重要意义。该理论指出,智人在约 20 万年前在东非进化后,历经艰险迁徙出非洲。

确定尼安德特人与智人交配的时间能显示智人是何时开始了这次迁徙的关键一程:离开欧亚,向南前进,到达东南亚。新研究文章发表在英国《自然》杂志上。

这根人骨是在靠近乌斯季伊希姆的额尔齐斯河畔发现的。研究人员发现,它携带的尼安德特人 DNA 比今天非洲以外的人携带的尼安德特人 DNA 稍多一点。但它的 DNA 形状相对更长,而由于多代人不断繁衍,如今我们看到的尼安德特人的基因组是更分散的小段。

这些差异为确定"分子日历",即根据成千上万年来的基因突变来测定 DNA 年代提供了线索。

用这种方法,斯万特 · 帕博的研究小组估计尼安德特人和智人的交配发生在留下骨头的这个西伯利亚人存在的 7000 年前至 1.3 万年前,也就是距现在不到 6 万年前。

英国自然历史博物馆教授专家称,该研究也给出了智人向南亚迁徙的大致时间。

如果今天的澳大利亚人有尼安德特人的 DNA,那是因为他们的祖先穿越了尼安德特人的生活区域,并与当地人繁衍生育。

澳大利亚人的祖先与欧亚人有相同的尼安德特人 DNA,他们的祖先是后来经过尼安德特人生活的地区并与之交配的,而不是之前。尽管智人确实可能在6万年前穿越了南亚，但这些人对在非洲以外的现代人的进化并没有太大贡献，证据显示，非洲以外的现代人是与尼安德特人混血进化而来的。

人类学家认为，欧亚人北部的一个分支在1.5万年前穿越白令海峡的“冰桥”走到今天的阿拉斯加，这样，智人来到了美洲。

本文内容参考中国《科技日报》《参考消息》、英国《自然》。

抑制一种常见酶可延长寿命

科学家成功通过抑制所有动物体内都存在的一种酶的活动延长了苍蝇和蠕虫的寿命。

几乎所有动物细胞都含有这种酶:核糖核酸聚合酶$_{Ⅲ}$($Pol_{Ⅲ}$)。此前有研究显示,$Pol_{Ⅲ}$对蛋白质合成与细胞生长具有重要意义,英国《自然》周刊近期刊登的最新研究成果首次揭示了这种酶在衰老过程中所起的作用。

英国伦敦大学学院、肯特大学与荷兰格罗宁根大学科学家发现,限制$Pol_{Ⅲ}$的基因表达后,实验动物的寿命延长了10%。

伦敦大学学院健康老龄化研究所专家丹尼·法勒发表声明:“我们发现了$Pol_{Ⅲ}$在成年苍蝇和蠕虫体内所起的基础性作用:其活动会对干细胞功能、消化道健康和动物生存产生负面影响。如果抑制其活动,我们就能改善上述方面的状况。”

这一突破性成果有望推动新药研制。

由于$Pol_{Ⅲ}$在所有物种里的结构和功能都相同,专家们认为其对哺乳动物乃至人类的作用值得研究,有可能带来重要的治疗方法。

此前已有科学家利用免疫抑制剂雷帕霉素延长了实验鼠等动物的寿命。本次研究表明,抑制$Pol_{Ⅲ}$的活动具有类似的效果。同样供职于伦敦大学学院的纳齐夫·亚历克称:“能延长寿命、促进健康老龄化的药物自然会引起围观,但我们对于其作用机制了解甚少,而这才是基础性知识。”

科学家认为,雷帕霉素能够阻断一种细胞信号,该信号的作用是通知$Pol_{Ⅲ}$加速生长和老化过程。本次研究表明,直接抑制$Pol_{Ⅲ}$也能对生物体细胞代谢和寿命产生同样效果。

肯特大学专家认为:“神奇的是,我们修改了一处基因,就能对寿命和消化道健康产生积极影响。进一步了解这方面的分子作用就能为研究抗衰老疗法提供新的思路。”

本文内容参考中国《科技日报》《参考消息》、英国《自然》。

人体新型 DNA 结构

科学家们首次在细胞内发现了一种被称为“I-基序”的新型 DNA 结构。此前“I-基序”从未在活细胞内被直接见到过。这是一种 DNA,但与我们已经知道的 DNA 有所不同。

澳大利亚加文医学研究所的这一新发现近期发表在英国《自然·化学》月刊上。

在体细胞的深处是我们的 DNA。DNA 编码中的信息决定了我们身体的构成及运作方式。

自从詹姆斯·沃森和弗朗西斯·克里克于 1953 年发现了 DNA 的“双螺旋”结构后,“双螺旋”就成了人们对于 DNA 形态的代表性认识。现在已知一小段 DNA 可以以其他形态存在,至少是在实验室中,而且科学家们还认为,这些不同形态的 DNA 在 DNA 编码的表现方式方面扮演了重要的角色。

这种新的形态与双螺旋结构完全不同。

研究报告称:“我们大多数人在想到 DNA 时会想到双螺旋结构。这一新的研究提醒我们,存在完全不同的 DNA 结构,而且这些结构对我们的细胞来讲可能还十分重要。‘I-基序’是一种 DNA 四链结。在这种结构中,同一条 DNA 链上的 C 相互缠绕,因此这是一种与‘双螺旋’有很大差异的结构。”

虽然此前研究人员也看到过“I-基序”,并对其进行了仔细研究,但那是在体外,是在实验室的人工环境下,而不是在活细胞内。

本文内容参考中国《科技日报》《参考消息》、英国《自然·化学》。

基因编辑新法宝问世为治疗上万种遗传疾病开辟道路

基因编辑工具因其编辑脱氧核糖核酸的强大能力而一直备受关注,有朝一日,它可能改变我们对抗癌症及其他危及生命的疾病的方式。现在,科学家创造了一种新型基因编辑工具,它可以编辑另一种基本遗传物质:核糖核酸。

研究人员证明:这套新型编辑系统可以相对有效地编辑人体细胞,未来不仅可以使我们更好地理解核糖核酸的致病原因,还可用于治病。

基因编辑工具根据细菌抵抗病毒的免疫机制,切除 DNA 上的片段。但是,实际上有不同种类的,它们拥有不同种类的分子剪刀。已经引起大量关注的一款基因编辑工具被称为 CRISPR-Cas9。近期发表的研究报告所使用的叫作 CRISPR-Cas13。

研究报告称,与编辑 DNA 相比,编辑核糖核酸具有某些优势。核糖核酸在细胞内被不断地创造和进行再循环。这使整个过程更加安全。如果你在编辑核糖核酸时出了错,那么这个错误的核糖核酸可能在 24 小时内降解。脱氧核糖核酸的某些变化可能传递给后代,而 RNA 的变化通常不会遗传。

新的基因编辑“铅笔”可以修改致病错误。

目前,有相当多已知的人类遗传疾病在大多数情况下没有好的治疗方案,或者根本无法治愈。现在,布罗德研究所的研究人员开发出一种新工具,理论上有可能纠正大约 1.5 万种疾病的基因错误,其中包括镰状细胞疾病、囊性纤维化和某些形式的先天性耳聋和失明。

标准的基因编辑工具——如众所周知的 CRISPR-Cas9 的工作方式就像剪刀,它们可以从一条 DNA 中剪掉有问题的基因。这种办法适用于因遗传物质复制问题导致的疾病,如亨廷顿病。

这种新的工具名为腺嘌呤碱基编辑器,它更像是一支编辑用的铅笔,让科学家可以精确地改变单个碱基对,即人类庞大的基因组“句子”中的“字母”,并通过改变一个“字母”的方式帮助治疗像镰状细胞这样的疾病。布罗德研究所研究人员戴维·刘强调表示,并非一种工具优于另一种工具,而是它们可以用来治疗不同类型的疾病。

基因由脱氧核糖核酸组成,脱氧核糖核酸是两条由被称为核苷酸的分子组成的平行的长链,而核苷酸通过化学碱基对连接起来。碱基 A 通常与 T 配对,而 G 与 C 配对。但是,当基因序列出现错误,把碱基对放在错误的位置上,有时就会导致疾病。这种新工具针对的是 A-T 碱基对占据 G-C 碱基对位置的基因错误。

这种新的腺嘌呤碱基编辑器技术利用一种酶,它重新安排 A 中的原子,这样就可以在脱氧核糖核酸链中组成一个类似 G 的碱基。这套腺嘌呤碱基编辑器系统还能破坏包含 T 的 DNA 链。细胞的修复机制会用 C 来替换 T。结果是,有问题的 A-T 碱基对被转换成 G-C 碱基对。腺嘌呤碱基编辑器的基因编辑过程很有效,在 17 个测试点上,53%的情况下能够编辑基因组中的相关点,结果不理想的情况不到 0.1%。这种编辑方式的成功率与剪断基因的 CRISPR 方法不相上下。

本文内容参考中国《科技日报》《参考消息》、美国《科学》。

发现人体“新器官”间质

科学家们发现了一种隐藏在人们视线之外的新人体器官，他们希望这一发现能帮助人们理解癌症在体内扩散的过程。

一直被研究人员认为是稠密连接组织的分层物质实际上是一些充满液体的隔室，研究人员称之为“间质”。这些隔室存在于皮肤之下及肠、肺、血管和肌肉内，共同形成了一个由结实且有弹性的蛋白质支撑的网络。

刊登在英国《科学报告》杂志上的新研究报告首次把间质统称为一个新器官，并试图了解其功能。

研究团队认为，这种隔室可用作“缓冲器”，能保护人体组织不受伤害。

研究人员发现，检查人体组织的传统方式之所以忽视了间质，是因为制作医用显微镜载玻片的“固定”方法需要排干液体，从而破坏了这种器官的结构。这些被挤压的细胞的真正身份是遍布全身、充满液体的缓冲器，但它们之前一直被忽视，仅被视为一层连接组织。

得出这一结论后，科学家们意识到，这种结构不仅存在于胆管中，还存在于很多重要内脏器官的周围。几十年来，这种固定的挤压手法让这种遍布人体的、充满液体的组织在活检载玻片中呈现出固体形态，我们的研究结果纠正了这一点，拓展了大多数组织的解剖方式。

该团队从另外 12 名病人的胆管内提取了冷冻活检组织，保存了这种新发现结构的解剖样本。

专家们意识到，这层组织会流向淋巴系统，即运送淋巴液、参与人体免疫反应的导管网络。

间质的作用不仅限于为人体器官提供缓冲，保护它们不受伤害。研究人员还发现有证据显示，肿瘤癌细胞可经由间质进入淋巴系统。

由于为体液提供了流经全身的“高速公路”，间质相互联系的细胞或许会产生一个令人遗憾的副作用，即使癌症在体内扩散。

了解这个人体解剖学的新领域后，科学家们有望开发出新的癌症检测手段。

“这一发现有望大大促进医学发展，直接检验间质液体有可能成为有力的诊断手段。”

本文内容参考中国《科技日报》《参考消息》、英国《科学报告》。

发现生命起源“催化剂”

研究人员发现可能引发地球孕育生命的化学上的“缺失一环”。

从事生命起源研究的科研人员提出假说，即一种名为磷酸化的化学反应或许在早期生命形式的三个关键要素的合成过程中发挥了决定性作用。这三个要素分别是：用于储存遗传信息的核苷酸短链、发挥细胞主要功能的氨基酸短链、构建细胞壁等囊状结构的脂类。但是，此前还没人发现一种似乎可能真的存在于早期地球，并且可能在现实条件下同时生成上述三类分子的磷酸化剂。

斯克里普斯研究所的化学家现在识别出了这样一种化合物：磷酸二铵。

研究报告指出：“我们提出了一种可能在同一个地点同时生成了寡核苷酸、寡肽以及包裹它们的细胞状结构的磷酸化反应。而这进一步使此前不可能发生的其他反应成为可能，并可能催生出最早的基于细胞的生命实体。”

研究团队进行了如下展示：在水中或糊状物中、各种温度和其他条件下，磷酸二铵可以使构成核糖核酸的四种核苷酸都发生磷酸化。

而在加入咪唑（一种似乎真的存在于早期地球的有机化合物）之后，磷酸二铵的活动同样导致了由这些磷酸化的核苷酸组成的类似于核糖核酸的短链出现。

此外，在水和咪唑作用下的磷酸二铵有效地使构成脂类的甘油及脂肪酸发生磷酸化，从而导致名为囊泡（它是原始形式的细胞）的微小磷脂囊进行自组装。

在室温下，水中的磷酸二铵还令甘氨酸、天冬氨酸和谷氨酸等氨基酸发生磷酸化，并且随后帮助这些分子连接成短肽链（多个肽可以组成蛋白质）。

有了磷酸二铵、水和这些温和的条件，你就能让这三类重要的、生命起源所需的分子聚集到一起和被改造，并为它们的互动创造机会。

本文内容参考中国《科技日报》《参考消息》、美国斯克里普斯官方网站。

大荔颅骨或改写人类进化史

中国发现的颅骨可能改写“走出非洲”的人类进化论,中国发现的一个颅骨可能改变我们对人类进化的全部理解。

深入研究这个重要的古代颅骨的科学家们表示,它证明了现有人类进化理论是错误的。

多数人类学家认为,人类这一物种大约20万年前起源于非洲,大约在那8万年之后有一个族群离开了非洲,分散到世界各地。但是,最新研究表明,人类并非纯粹出自非洲,人类的重要特征实际形成于东亚。

事实上,亚洲早期人类在先走出非洲、又迁回非洲的过程中可能经历过密切融合,现代人类并非因某个单一事件进化而成。如果研究人员的结论正确的话,这意味着现代人类是由亚洲和非洲两地祖先的DNA构成的。

这个说法是几十年来遭到主流学界广泛驳斥的一种理论的发展。

某些学者暗示这个理论是杜撰出来的,目的是强调中国的地位。但是,如果新的提法属实,那么它可能证明这种长期以来遭到嘲笑的理论实际上是正确的。

这个著名的颅骨叫大荔颅骨,40年前在中国被发现。大荔人是早期物种直立人的一个成员。这个颅骨保存得异常完整,科学家仍然能够看出颅骨主人26万年前活着的时候面部和脑壳的特征。

它与现代智人也有惊人的相似之处。最新研究表明,它与摩洛哥发现的标本的共同之处也远远超乎预料。

综合地看,研究显示人类不一定像长期以来认为的那样,是在非洲进化而成的,然后走了出来。两者之间的相似度表明,早期现代人类也许并非孤立地在一个地方完成特征的进化,而是分享了全球各地的特征。

研究人员在最近一篇论文中写道,在某个时段,非洲的早期人类与中国这些地方的其他早期人类或许有过重要的基因交流。科学家现在希望对大荔颅骨与摩洛哥发现的颅骨进行更加细致的对比,从而找出中国发现的这个标本与其他早期人类的样本有何异同。

本文内容参考中国《科技日报》《参考消息》、英国《新科学家》。

首个完整人类基因组序列

科学家公布了首个完整的人类基因组序列，填补了此前研究留下的空白，同时为在全球约 79 亿人口中寻找致病突变和遗传变异的线索带来了新希望。

2003 年，研究人员公布了当时被称为完整的人类基因组序列，但其中约有 8%并未被完全解码，主要是因为其包含的高度重复的脱氧核糖核酸片段难以与其他部分啮合。

一个科学家团队解决了这个问题，其研究成果发表在美国《科学》周刊上。这项研究成果在走完正式的同行评议程序前，于近年公布。

隶属于美国国家卫生研究院的国家人类基因组研究所研究人员称："编制出真正完整的人类基因组序列是一项惊人的科学成就，让我们能首次全面审视人类 DNA 蓝图。"

该科学家团队被称为端粒到端粒联盟。

该联盟领导人之一、国家人类基因展示组研究所专家称："真正编制出完整的人类基因组序列就像戴上了一副新眼镜。现在我们可以清楚地看到一切，我们朝着理解它的全部含义又迈进了一步。"

科学家完成了一项历时 32 年、旨在解码人类 DNA 的探索活动，这一进展有望"彻底改变"我们对疾病和进化的理解。

人类基因组的第一个完整且"无间隙"的序列已被编制完成，呈现了一幅展示人类与其他动物区别的完整蓝图。

人类基因组构成我们 DNA 的 30 亿个字母代码。测序工作于 1990 年启动，最初耗资 30 亿美元。2003 年，科学家公布了人类基因组序列草图，但完成度只有约 92%。

美国华盛顿大学医学院专家称："完整的蓝图将彻底改变我们对人类基因组变异、疾病和进化的看法。"

完整的测序工作建立在"人类基因组计划"的基础上，但一直到最近，人类都还无法利用已掌握的技术对约 8%的基因组序列进行解码，因此留下了巨大的空白。

得益于测序技术的进步，科学家现在能够填补这些空白了。他们能够区分以前看上去完全相同的代码块，将它们放入正确的位置，从而添加了逾2亿个缺失的字母代码。

研究人员称，一些新解密的基因或许有助于理解为何人类大脑比其他猿类的大脑更大，其他一些基因可以帮助医生更好地了解神经母细胞瘤（一种患者多为儿童的癌症）、精神分裂症、肺癌及某些形式的肌肉萎缩症和免疫缺陷。美国国家人类基因组研究所所长埃里克·格林表示："编制出真正完整的人类基因组序列是一项惊人的科学成就，让我们能首次全面审视人类DNA蓝图。"它将有助于"理解人类基因组功能上的全部微妙之处，这进而将促进对人类疾病的基因研究"。

《科学》周刊发表了6篇论文来阐述这项研究。该研究认为，新蓝图将"推动人类基因组健康和疾病领域的新发现"。这项研究将"更好地支持个性化医疗、人口基因组分析和基因组编辑"等领域的发展。

全基因组测序有助于科学家追踪新型冠状病毒的变异。新公布的完整人类基因组是迄今编制的最完整的哺乳动物基因组序列。

本文内容参考中国《科技日报》《参考消息》、美国《科学》。

真菌的“窃窃私语”

科学家发现,真菌之间能够进行交谈。它们能够使用一种近似于人类语言的方式来交流。

研究人员发现了植物能够进行交流的证据。2019 年发表的一项研究甚至显示,植物在被收割时会“发出尖叫”。真菌既不是植物也不是动物,而是有自己的属,其中包括酵母、霉菌和蘑菇。

英国西英格兰大学非常规计算实验室尝试寻找真菌语言。之前,该实验室科研人员通过生物电活动峰值发现黏液菌具有明显的认知能力,因此认为了解真菌是否也一样。利用生物、化学和物理基底制造出了原型装置。如果制造一个基于菌类的计算设备,就需要了解它们是如何传递信息的。

另一项工作是在被真菌覆盖的基底上创建架构:“基底的某些部分包括活菌丝体,它将负责感知环境并对环境作出决定。而这将通过电活动来实现。”

研究人员为其最新研究收集了四种不同种类的真菌。它们分别是幽灵真菌、金针菇、裂鳃真菌和蛹虫草。他用电极对标本进行测试,并记录下电活动的变化。

该研究结果发表在英国《皇家学会开放科学》杂志上,研究结果显示了与神经元类似的一系列电峰值。将这些峰值与人类语言中出现的峰值进行比较并发现了相似之处。重建了真菌语言的潜在语法。

研究显示,峰值类似大约 50 个单词的词汇,单词长度与人类语言相似。不同种类的真菌在语言复杂性方面存在差异,幽灵真菌和裂鳃真菌的词汇量较大。

真菌可就一些事情进行交流。它们可能像狼嚎一样告诉对方自己的存在,也可能是在告诉菌丝体的其他部分有引诱剂或驱虫剂存在。

还有另外的选择——它们什么也没讲。菌丝末梢在交流时是带电的,因此当带电末梢经过一对差分电极时,可能存在的峰值差异就会被记录下来。

这项研究有几个方向：可以研究该物种的语言差异，以及真菌语法系统的可能性。还需对更多真菌种类进行研究，以了解其语言的变化。

未来研究的最重要方向，可能是对真菌词汇进行全面和详细的分类，我们只是根据一些相应的峰值对词语进行分类。事实上，这是一个相当原始的分类方式，类似于翻译二进制单词时仅仅通过它们的位数来翻译，而不是通过 1 和 0 的组成来翻译。

我们不要指望这项研究能够迅速取得成果。我们与猫和狗一起生活了几个世纪，如今尚未破译它们的语言。对真菌电信号交流的研究目前仍处于刚刚起步的阶段。

本文内容参考中国《科技日报》《参考消息》、英国《皇家学会开放科学》。

四足动物进化速度惊人

美国《大众科学》月刊论文称,从海洋到陆地四足动物曾以惊人的速度进化。

所有的陆地动物都是由四肢短胖、身体长长的水津鱼类演变来的。在湿热的中泥盆纪,这些鱼的一个家族跟随植物和小虫的脚步登上陆地,成为第一批四条腿的脊椎动物。

但3.9亿年前的化石记录十分稀少,科学家难以找到线索来弄清楚这些鱼类的身份或它们的进化方式。化石少之又少,还存在令人意外的空白:有关四足动物的最古老证据来自留在一块滩涂上的一系列足印,这些足印的历史刚好比最古老的四足动物化石早1500万年。

对这一化石记录的一项新分析近期发表在英国《自然·生态学与进化》杂志上。该分析显示,从地质学的尺度看,有关转变是在一眨眼的时间里发生的。但令人惊讶的是,该研究还发现,第一批四足动物登上陆地后,它们在陆上孤零零地生活了数百万年。

这项研究重建了早期四足动物的家谱,以便将这一关键时期的图景拼凑起来。这一过程类似于病毒学家为记录新病毒的传播和变异而采用的做法。但生物学家利用的不是基因特征,而是化石的物理差异来详细描绘进化过程。

该项研究首次纳入了非化石的数据——就像这些脚印,以调整模型。

能够将每一种单一现象都合并进来。这些现象都是进化的一部分。这不仅包括物种之间如何相联系,还包括进化的速度,以及物种进化和灭绝的速度有多快的问题。

研究发现,四足动物进化的速度快得不可思议,第一批四足动物与它们的始祖之间只有600万年的时间间隔。

进化树的一端是始祖鱼,从外表看,它基本上就像鱼。研究人员表示,只有在骨架中,陆地生命的基本构成要素才变得明显。

该研究专家称:“如果看它的鳍,你会讲:‘看吧,那里有肱骨。’如果看骨盆的背后,你还会看到股骨。”由于以上情况,人们倾向于关注从鳍到四肢的转变。“但在骨架各处还发生了很多其他变化。它们的确都是一些复杂精细的特征,古生物学界以外的大多数人对它们不感兴趣。”

这项研究发现,最快的变化发生在头部,新的陆地动物必须调整位于头部的眼睛、鼻子,甚至下颌来适应水面以上的世界。

四足动物的眼睛从头部两侧移至顶部,同时口腔和鼻子之间出现了一条通道。它们长出了锁骨和脖子,这让它们有了更多的灵活性以便走动和环视四周。

四足动物的其他身体部位也在改变形态以对抗重力。这并不是表示颈骨进化得很快,而颅后部分进化得较慢。同鱼类亲属相比,四足动物整个身体的进化速度都很快。只是颅骨进化得甚至更快。

尽管变化很激烈,但研究表明,早期四足动物的种类实际上并不多。

自20世纪40年代以来,生物学家一直认为:“当你根据全新的环境改造你的身体时,变化会很快。”人们推测,由于动物为了适应其环境而迅速进化,它还会形成不同的体型,并最终形成新的物种。蒂亚戈·西梅斯称:“但我们发现的情况不是这样。”

这有助于解释化石证据方面的空白。这项研究显示,物种太少了,以至于它们没能形成化石。研究者希望找到新的化石,以便更多地了解有关进化过程,但这并不容易。

为什么第一批四足动物没有发生分化还是一个新问题。四足动物发现了一个新的适合它们的栖息地,这让它们在进化上产生了一些懈怠。在四足动物真正大行其道之前,总会有一点喘息的空间。

本文内容参考中国《科技日报》《参考消息》、美国《大众科学》、英国《自然·生态学与进化》。

"百毒不侵"生命体问世

英国科学家创造出第一个具有病毒免疫力的生命体。

英国一个科研团队创造了第一个对几乎所有病毒都具有抵抗力的生命形式，这是一种大肠杆菌，其基因组已经被改写，其中包括多达18000个基因变化，而这些变化迄今为止依然不存在于自然界当中。这项研究表明，人类不仅成功破译了生命密码，而且还能对其进行广泛的遗传学修正，从而创造出合成生命这个其他生物无法做到的事情。

大自然虽然让人类能够自由行动、阅读、呼吸和思考，但也能启动病毒自我复制的恶性循环，进而引发如新冠大流行一样的疫情。而对于微生物来讲，大自然却使其能够产生避免机体感染病毒的方法。大自然创造生命形式的最大障碍之一在于，直到现在还不可能在"天然"蛋白质中引入实质性变化，而蛋白质分子对任何生命功能而言都是必不可少的。

然而，英国的科研团队发现，一个生物的遗传密码可以被深刻改变，从而创造出一个对任何病毒都具有免疫力的新物种。这项研究成果的重要性在于，地球上所有的生命形式都依赖于构成蛋白质的20种氨基酸。一个人的基因组含有大约30亿个碱基对，其中包括64个必不可少的基因序列——密码子。而这些密码子包含着合成这20种氨基酸的指令。

此项研究成果已经发表在美国《科学》周刊上。这个英国研究团队在研究报告中详细介绍了如何改写这些密码子的序列，使其具有两种惊人的功能。首先，这些密码子经过改写后能够创造新的人造氨基酸，这些新氨基酸直到现在还不存在于自然界中。其次，微生物基因组的改变对大多数噬菌体起到了"防火墙"的作用，这种改变能使几个密码子丧失功能，而病毒需要密码子来劫持细胞机制并开始自我复制。这一过程与新型冠状病毒感染人类的过程相同。

该研究团队认为，这一发现在研发新药和生物材料方面具有巨大潜力。大肠杆菌是一个真正的生物工厂，人类能利用其制造药物和发酵食物。大肠杆菌等微生物的变体被用于生产600多种药物，包括糖尿病患者的胰岛素和防止血栓的抗凝药物等。在这些变体中,有一种大肠杆菌对于制造针对新冠病毒的信使核糖核酸疫苗至关重要。

英国科学家已经证明了如何创造一种基因组水平上完全人造的微生物。如今,他们已经能够使用一项技术在细菌的基因序列当中引入大规模变化。研究人员使用一种名为CRISPR-Cas9的基因编辑技术,像使用剪刀一样切割原始基因组的片段,随后再用先前在计算机中设计好的人工序列将其替换。

结果是惊人的:科学家向一组人造细菌释放了一种混合病毒,而这种病毒足以消灭任何天然的大肠杆菌。然而,人造细菌却安然无恙,并且生长得更迅速。这项研究也揭示出一个令人兴奋不已的事实:科学家改变了一个生物的原始遗传密码,而这个生物是数百万年自然进化而来的产物。

本文内容参考中国《科技日报》《参考消息》、美国《科学》。

蚕吐出“超级丝”

美国《科学美国人》月刊称，桑蚕喂食碳纳米管和石墨烯后吐出了超级丝。

蚕丝，这种散发光泽且美丽迷人的服装面料是非常坚韧的。现在，研究人员发现了一种更聪明的办法，可以让这种轻柔细软的丝线更坚固耐用：给蚕喂食石墨烯或单壁式碳纳米管。

研究人员表示，喂食后，蚕吐出的强化丝可以有多种用途，如制作耐用防护布、可生物降解的医用植入材料和环保型可穿戴电子产品。

研究人员给蚕丝添加过染料、抗菌剂、导电复合材料和纳米粒，要么是用添加剂处理绢丝，要么是在某些情况下直接给蚕喂食添加剂。

食用桑叶的蚕蛾幼虫即为蚕，它从唾腺产生的丝蛋白溶液中结出蚕丝。

为了获得碳强化丝，清华大学的张莹莹及其同事给蚕喂食喷洒了含有0.2%碳纳米管或石墨烯水溶液的桑叶，在桑蚕吐丝结茧后收集蚕丝，与标准产丝过程一样。

如对已吐出的蚕丝进行处理，需在有毒的化学溶液中溶解纳米材料，再应用于蚕丝，因此给蚕喂食法更简便，也更环保。

与普通蚕丝截然不同的是，碳增强蚕丝的抗拉强度提高了一倍，耐压强度至少提高了50%。研究团队将蚕丝纤维加热至1050摄氏度，使丝蛋白碳化，然后研究其传导性和结构。

与普通蚕丝不同，改良后的蚕丝可以导电。拉曼光谱法和电子显微镜图像显示，由于加入了纳米材料，碳强化蚕丝纤维的有序晶体结构含量更高。

桑蚕究竟是如何将纳米材料融入蚕丝的；同时，桑蚕食用的纳米材料有多少进入了蚕丝而未被分泌或代谢。

研究人员称，在丝线的横切面看不到碳材料，可能是因为纳米粒子含量太低。研究人员表示，回答这些问题或许是生物学家的任务。

其他进行过类似研究的团队使用的是直径30多纳米的多壁碳纳米管，

也可增强蚕丝纤维的强度和韧性。

也有研究人员使用的是直径更小的 1~2 纳米的单壁碳纳米管,“更适合掺入蚕丝的蛋白结构”。

这是一个大规模生产高强度纤维丝的好办法。给桑蚕喂食二氧化钛纳米粒,希望获得抗紫外线降解的超强蚕丝。碳强化蚕丝的导电性能可能使它成为未来制作传感器以读取神经信号的主要原料。

本文内容参考中国《科技日报》《参考消息》、美国《科学美国人》。

发现“第六种味觉”

科学家发现了“第六种味觉”，或许能够解释究竟是什么导致了我们对碳水化合物的渴望。

科学界一直认为，人类仅有五种主要味觉：甜、咸、酸、苦及近年来进入这一名单的鲜。然而，研究人员还称，除去这五种味道，人类还能尝到“淀粉”的味道。

进行此项研究的俄勒冈州立大学食品科学与技术学专家们指出，人类的味觉能够探测到意大利面、土豆和面包等食物中的碳水化合物成分。

《新科学家》周刊称：“所有饮食文化都有复合碳水化合物的一个主要来源。认为我们尝不出所吃东西的味道的想法是荒谬的。”为了测试“第六种味觉”理论，研究团队在溶液中加入了不同含量的碳水化合物，并分发给22名参与者，要求他们在品尝后进行评估，“他们称这一味道为‘淀粉味’。”

很多科学家之前认为，人类只能品尝到碳水化合物中的糖分。人类唾液的酶会将淀粉分子分解为单糖，而味蕾最终只能感受到甜味。

然而事实是，即便在研究人员分发给志愿者一种化合物以抑制其唾液酶和甜味受体，他们依旧能够尝出淀粉的味道。这说明，人类能够在淀粉分解为糖之前察觉到它的味道。亚洲人会觉得它像大米的味道，而白种人会将之形容为面包或意大利面的味道。

研究者未能在舌头上找到专门捕捉淀粉味道的3种味觉受体，也就是讲，这种味道现在还不能被定义为主要味觉之一。不过研究者相信，人类能够品尝到这个味道是有益的，碳水化合物是个很好的能量缓释来源。

研究者认为这就是人类偏好复合碳水化合物的原因所在。糖的短期口感很好，在巧克力和面包之间选择，你可能会食用少量的巧克力，却会选择大量食用面包，将其作为日常主食。

本文内容参考中国《科技日报》《参考消息》、美国《新科学家》。

人工合成蛋白质获重大突破

中国科学家称能够从工业气体中生产出大量动物饲料并减少对大豆进口依赖的突破。

中国科学家在研究中找到了一种方法,可以在工业规模上用一氧化碳制造动物饲料。这一突破可能有助于减少中国对进口大豆的依赖。

据来自北京首钢朗泽新能源科技有限公司和中国农业科学院饲料研究所的研究团队称,这一过程利用含有一氧化碳和二氧化碳的尾气——炼油等工业过程的副产品,制造出一种名为乙醇梭菌蛋白的合成细胞蛋白质。

研究团队称,这些气体经过发酵、氧化、蒸馏和脱水等一系列过程,将氮和碳转化为有机材料。

科学家们已经知道,蛋白质可以通过这种方式生成。中国研究团队表示,他们制造蛋白质的速度和效率将使在工业规模上制造蛋白质成为可能。

中国研究团队已经有能力每年生产数万吨蛋白质。

这一成果将改变天然蛋白质的传统生产方式,为大豆蛋白饲料产业提供了国之利器,同时也为实现温室气体零排放和工业流程的绿色再造提供了国之重器。

如果能在我国所有的钢铁企业、煤电厂、石化企业和煤炭加工厂应用,将是一场人类对碳循环、碳利用、碳捕集有效促进的碳革命,经济效益、社会效益和生态效益十分显著,战略意义重大。

中国目前每年进口超过1亿吨大豆,约占消费总量的80%,因为国内大豆产量不足以支撑庞大且迅速增长的畜牧业。

这种对进口大豆的依赖已经对该国农业部门和粮食安全构成威胁,并成为与美国贸易战期间的一个主要冲突领域。

据中国农业科学院称,如果中国采用这项新技术,每年能工业化生产1000万吨乙醇梭菌蛋白,相当于2800万吨进口大豆。

蛋白质的天然合成通常要在植物或植物特定微生物体内实现,这需要自然光合作用和一系列复杂的生物过程。

但这一过程缓慢且效率低下，导致蛋白质含量较低。然而，中国科学家表示，他们的新方法可以克服这些障碍，能在短短22秒内生产出一种高蛋白材料。

本文内容参考中国《科技日报》《参考消息》、中国农业科学院官方网站。

培育出“阿斯加德”古菌

日本科学家培育出解释地球生命起源的生物。

经过多年的研究努力，日本科学家首次成功从深海分离并培育出“阿斯加德”古菌。这种神秘的生物可以解释地球上包括人类在内所有复杂生命形式的起源。

我们用肉眼可以看到的所有生物都是由同样的“砖块”构成的。这些“砖块”就是拥有细胞器的复杂细胞——真核细胞。地球上的所有植物、动物和真菌都是真核生物。在地球上，还有另外两个重要的生命领域：细菌和古菌。后者更加原始，内部没有细胞器，是最神秘和有趣的研究领域之一。近年来人们认为，大约在20亿年前，一种古菌吞噬了另一种微生物，将其吸收后变成了第一种复杂细胞。这是产生地球上所有复杂生命的第一步，目前还不知道这是如何发生的。

探索海洋深处的一些北欧科学家发现并命名了“洛基”古菌。这些古菌体内除了自己的DNA，几乎没有其他东西，因此研究人员无法在实验室中分离和培育这种生活在海底逾3000米深处的微生物。这些古菌的基因表明，它们是所有真核生物最近的亲戚，而且具有实现真核生物基本功能的关键基因，尽管从理论上讲它们并不需要这些基因。在那之后，相继又发现了其他类似的古菌，它们同样含有真核基因。

由日本海洋研究开发机构科学家组成的研究团队，从日本附近海域的一处海沟采集了深海沉积物样本。取样的位置深度为2500米，温度为2摄氏度，完全处于黑暗中，未知程度超过火星表面。当分析这些样本时，科学家们发现其中包含“阿斯加德”古菌。他们成为第一批培育出活“阿斯加德”古菌的研究人员。近期，该团队发表了研究报告。井町宽之表示，培养工作的关键步骤是让“阿斯加德”古菌与其所处环境中的其他微生物一起生长。此外，研究人员还添加了一种不寻常的成分：婴儿配方奶粉。这些古菌很可能将婴儿配方奶粉中的某些成分作为食物。

参照微生物的标准，“阿斯加德”古菌繁殖非常缓慢，大约每月一次。最引人注目的是它们相互纠缠的细长触角。科学家们尚不知道这些触角的用途,但他们相信,这些触角对于解释复杂生命的产生具有重要意义。

根据发表在英国《自然》周刊上的报告,这些研究人员认为,真核生物的祖先是类似"阿斯加德"古菌的一种古菌。

本文内容参考中国《科技日报》《参考消息》、英国《自然》。

详解细菌“防御漏洞”

中国科学家首次绘制出一个秘密通道的内部结构,从而有可能为对抗致命细菌的战斗开辟一条新战线,而且让它们的耐药性无用武之地。

科学家几年前就知道,几乎所有细菌的防御工事都有一个“后门”。这个入口时不时地开启,从而为抗生素穿透细菌的细胞膜创造了一个微小的通道,这种穿透不会激发耐药性。

美国和澳大利亚研究人员的一项联合研究结果称,一种新型抗生素可以通过这个入口并杀死了一种耐药细菌。

最近的这项发现由中国科学院一个研究小组获得,它可以显著加快研发能够通过这个入口的新型抗生素。

如果科学家知道靶区的确切结构,那就可以迅速找到或者设计抗生素。这就像去某个地方旅游——如果你有这个地方的地图,那就容易多了。

这是基础研究,与抗生素研发没有直接关系,但这项新发现有助于我们在对抗超级细菌的战斗中找到一个新战略。

研究人员先前认为,这个入口的开关机制类似于相机的快门,但这项新研究发现,其结构和过程要复杂得多。当入口开启时,孔洞的大小最初由许多环环相扣的叶片控制,就像相机一样。但随着开口变大,叶片周围的一个更大的结构——类似于雨伞的伞骨和伞杆一受到刺激,开始发挥作用。研究人员无法在活细菌上直接观察这个入口,因为这一结构只有 5 纳米宽,即便是最先进的电子显微镜也难以对其进行观测。

因此,研究小组必须先把入口的蛋白质与细胞膜的其他部分分离开来,然后像晶体一样加以培养。通过研究这个大晶体蛋白的形状,科学家得以测量入口的结构。

研究小组发现一种特殊的酶,它可以显著加快蛋白质的生长,从而帮助他们详细地披露了这个秘密通道的结构。

科学家眼下可能知道可以通过外力(比如推动和拉伸细菌的细胞膜)来

开关入口,但他们还是必须搞清入口是如何接收和处理这个信号的。另外一种可能性是,这个秘密通道的开关是由其他未知结构和机制控制的。

本文内容参考中国《科技日报》《参考消息》、美国《国家科学院学报》。

人类进化关键基因

科学家识别出了可能对人类的出现起到关键作用的大量基因。

一项利用一种新计算方法来预测基序(DNA 中与基因活动有关的特定模式)的研究发现,先前被认为在许多有机体中发挥类似作用的基因实际上是人类独有的。

研究人员称,这一发现可能会通过解释数百个不同基因的表达方式来解释人类与黑猩猩之间的一些主要差异。黑猩猩是与人类亲缘关系最近的动物。研究人员研究了为一类名为转录因子的蛋白质进行编码的数十种基因。转录因子通过与基序结合来控制基因活动。

即便是在亲缘关系紧密的物种之间,也存在比例不容小觑的、可能会结合新序列的转录因子。这意味着它们很可能会通过调节不同的基因来发挥新的功能,这对物种差异而言或许十分重要。

这支团队开发了一款新软件,以寻找 DNA 中被转录因子瞄准的结合区域之间的结构相似之处,并探究转录因子与相同或不同的 DNA 基序结合的能力。

先前进行的同类研究的涉及面要广得多,它们对所有区域进行了比较。而新的研究每次只关注其中的一小块区域,以便进行更精准的观察。

通过研究关键氨基酸的位置差异,研究小组发现,人类的转录因子与其他动物的转录因子识别的序列不同。研究人员称,尽管黑猩猩和人类的基因组有 99%是相同的,但这区区数十种转录因子就能导致基因表达的巨大差异。萨姆·兰伯特称:“我们认为,这些分子差异可能造成了黑猩猩与人类之间的一些差异。”

研究人员指出,这一发现对早些时候的研究结果提出了挑战。先前的研究发现,几乎所有的人类转录因子和果蝇转录因子都与相同的基序相结合。

“一种持续存在的观点是,转录因子在人类身上和果蝇身上结合的基序几乎相同”,唐纳利细胞与生物分子研究中心的蒂莫西·休斯教授称,“虽然有很多例子表明这些蛋白质与保守基序结合在了一起,但这绝没有达到可以被承认的程度。”

本文内容参考中国《科技日报》《参考消息》、英国《自然·遗传学》。

四 新发明、新材料与新制造、新能源

创造量子直接通信最远纪录

中国科学家取得量子安全通信的突破。

量子安全直接通信技术的发明人龙桂鲁及其团队表示，他们创造了量子直接通信距离的新纪录，安全发送信息超过 100 千米。

虽然传输速度很慢，仅为每秒 0.54 比特，但与龙桂鲁在 2020 年创下的 18.5 千米的纪录相比，却是一个重大飞跃。20 年前，龙桂鲁提出了能够发现和阻止窃听攻击的量子直接通信系统。

北京量子信息科学研究院专家指出，这一传输速度足以实现约 30 千米的音频通话和短信联系。

这项技术已经可以与传统加密方法相结合，用于建立基于经典中继的安全通信网络。

如果我们用量子信道取代目前发生较多窃听攻击的部分互联网，那么这些部分将具有感知和阻止窃听的额外能力，从而使通信更加安全。

例如：通过由两个中继节点连接的三条 30 千米量子信道，银行账户密码可以在相距 90 千米的两台机器之间安全传送。

在量子传输过程中，如果有人试图发动窃听攻击，就会被发现，而数据会在中继节点受到经典加密保护。

该研究团队近期在《光·科学与应用》杂志上发表了他们的研究成果。这份同行评议期刊由长春光学精密机械与物理研究所和自然出版集团联合出版发行。

实验表明，使用现有技术，通过光纤实现城际量子安全直接通信是可行的。该系统对于实现安全的 6G 无线通信也具有巨大的潜力。建设基于安全中继的城际量子示范网络是首都北京的“十四五”规划目标之一。

这一目标在近期被加入了北京的国际科技创新中心建设规划。自从 1994 年美国数学家彼得·肖尔发现量子计算机可以用于巨大数字的质因数分解以来，使用基于计算难度的加密技术的传统安全通信就一直面临过时的风险。

为了应对潜在的量子计算攻击,研究人员研发了被称为后量子加密的经典加密算法以及量子密钥分发系统。

本文内容参考中国《光·科学与应用》《科技日报》《参考消息》。

超级激光器将“撕裂真空”

中国超级激光不久可能撕裂真空。

物理学家将要建造威力强大的激光器，强大到足以从真空中剥离出物质。中国科学家们近年准备开始在上海建造一座100拍瓦(1拍瓦=1000×1000×1000兆瓦)的超强激光站。这使他们走到了全世界众多科学家的前面，这些科学家正努力实现2010年在美国《物理评论快报》周刊上发表的一则预言。当时美国和法国的科学家预言，功率足够大的激光器可以使得真空中出现电子。

想象电子可以从真空中出现，这也许有点怪异。但从量子电动力学的奇特观点来看，就更容易理解。“真空”并非空无一物，而是由密集的、成对的物质和反物质组成的。量子电动力学认为，那些成对分子紧密地填满了每个物体的空隙——它们只是不以任何显而易见的方式与宇宙中其他物体相互作用，因为它们相互抵消。

可以更容易地理解为，中国的激光器不会创造物质，而是让物质进入人类能够感知的世界。其强大的能量束将以研究人员能够探测到的方式把这些成对的分子拉开，分为电子和正电子。

建造功率强大到足以做到这点的激光器在技术上很难，造价也很昂贵，是一项挑战。美国《科学》周刊称，100拍瓦超过世界全部电网电力总和的上万倍。

上海超强超短激光实验装置是功率较小的中国激光器。它能实现10拍瓦(世界全部电网电力总和的上千倍)激光输出。激光器如何能够实现这样巨大的功率水平呢?

美国《科学》周刊称，功率是两个因素的函数:能量和时间。1秒之内发射1焦耳能量，这就是1瓦。1小时内发射1焦耳能量，这就是0.28毫瓦。但在100万分之一秒内发射1焦耳能量，那就是1兆瓦。

所有超级激光器都以某一种方式在短时间内发射大量能量，将其放大，并使能量束弯曲，这样所有能量甚至能在更短的时间内到达目标。

超强激光站可以用 100 拍瓦的能量击中仅 3 微米开外的目标。

本文内容参考中国《科技日报》《参考消息》、美国《科学》《物理评论快报》。

新材料或掀碳捕捉技术革命

为深陷泥潭的碳时代带来革命性新材料——全世界用得起的超级过滤材料。在公元前2800年左右的美索不达米亚,古代乌尔城的居民发现一种后来改变了文明进程的技术。他们发现,如果把铜和锡合为一体,就能制造出一种更坚韧、更有用的新型复合材料。这种材料的名称被用来称呼整个受其革命性影响的人类时代。它的名字是:青铜。

4000多年后,来自日本京都大学、英国帝国理工学院和中国香港城市大学的科学家在英国《自然·能源》杂志称他们如何运用上述古老方法,开发出同样具有革命性意义的新材料,这种新材料有望解决困扰21世纪的一大重要问题:如何捕捉和储存二氧化碳?“我们很容易忽视这一问题的严重性。”这一研究小组研制出“混合矩阵膜”,这种高精密度超级过滤薄膜有望给碳捕捉和储存技术带来革命性影响。

一家大型燃煤电厂一天产生的二氧化碳量足以填满数座吉萨金字塔。全世界有5000多座大型化石燃料发电厂处于运行当中,平均装机容量达到500兆瓦,还有更多发电厂即将投入使用。需要分离和储存的温室气体实在太多。

目前为止,聚合物膜技术还无法胜任分离气体的工作。现在使用的过滤膜要么渗透速度太慢,要么(就高渗透性聚合物而言)“选择度”不够高,即分离气体的能力不够高,无法高效节能地捕捉二氧化碳。这就为在大规模碳捕捉项目中应用膜技术平添了成本问题。

英国剑桥大学贾奇商学院专家戴维·雷纳在《自然·能源》杂志上撰文指出,2010年之前,碳捕捉和储存技术处于乐观期,北美、欧盟和澳大利亚涌现出许多耗资巨大的示范工程。现阶段大部分碳捕捉和储存工程基本处于荒废状态。

如果希望碳捕捉和储存技术在现实中发挥更大作用,而不是简单停留在未来模型的阶段,那么我们就必须着手把成本高的技术与成本低的技术区分开来,这样,碳捕捉和储存技术才可能走出死亡之谷。

世界经济论坛“碳管理联盟”项目专家称“一些顶尖大学研究出的新技术，如京都大学伊桑·西瓦尼亚教授研究出的相关技术，能够同时提高碳捕捉和储存技术的效果及性价比。我们应该加速推进此类技术的试点和应用，因为对此类技术突破的需求从未像现在这样迫切。这是一个关键点。”

本文内容参考中国《科技日报》《参考消息》、英国《自然·能源》。

新材料坚硬如岩石弹性如橡胶

美国卡内基科学学会科学家参与的一个研究小组发明了一种超强的轻质碳材料。这种材料还具有弹性，甚至能导电。将如此众多的神奇特性融于一身，新型碳材料有望在航空航天工程、军事装甲等各领域找到用武之地。

中国燕山大学与美国卡内基科学学会的研究人员合作开展了此次研究。他们对一种具备无序结构、名为“玻璃碳”的材料进行加压加热处理。这种原始材料被放入25万个标准大气压的环境中，并被加热到大约1800华氏度（约合982摄氏度），最终形成又坚硬又有弹性的新型碳材料。

他们将研究成果发表在美国《科学进展》杂志上。

新型碳材料同时具备类似石墨和金刚石的结构，因此能融合多种不同的特性。在高压合成环境下，玻璃碳内部一层层的无序构造通过多种方式弯曲、融合、连接在一起。由此形成的整体结构虽缺乏长距离空间秩序，但拥有纳米级的近距离空间架构。专家表示，这样强度高、弹性大的轻质材料，用于特别看重减轻重量的效果（更甚于材料成本）的领域非常理想。这种合成方法可用来发明其他形式的优质碳和完全不同类型的材料。

本文内容参考中国《科技日报》《参考消息》、美国《科学进展》。

3D 打印碳纤维复合材料获突破

实验室研究人员利用高性能碳纤维进行 3D 打印。

美国劳伦斯利弗莫尔国家实验室的研究人员首次用 3D 打印了航空级别的碳纤维复合材料，从而为更好地控制和优化这种强度高于钢材却又非常轻的材料打开了大门。

该研究发表在英国《自然》周刊的子刊《科学报告》杂志网站上。研究作者称，这标志着碳纤维微挤压 3D 打印技术实现了一个“重大进展”。

“这个符咒就是‘假如你能用碳纤维做出所有东西，你就会这样做’它可能是终极材料”，研究者称，“人们等待它已有多年，因为制作复杂形状非常困难。但有了 3D 打印，你就可以用碳纤维做出任何东西。”

碳纤维是一种非常轻但很强韧的材料，对温度的适应性也强，因此这种复合材料常用于航天、国防和自动工业，以及冲浪和摩托车赛等体育项目。

碳纤维复合材料一般有两种生产方法，将单纤维物理缠绕在一个芯棒上，或者将纤维编织起来，就像柳条篮那样，这样，成品就局限于扁平状或者圆柱形。出于性能方面的担心，制作者还倾向于过度使用材料，结果就使产品更重、更贵、更加浪费。

而劳伦斯利弗莫尔国家实验室的研究人员通过改进的直接墨水描画 3D 打印过程打印出了数个复合 3D 结构。吉姆·莱维基和他的团队还开发了一种新的化学过程并申请了专利，这一过程处理获突破材料只需数秒而不是数小时。他们还用实验室的高速计算能力开发了准确的碳纤维线流动的模型。

专家表示，通过模拟克服了障碍，取得成功在一定程度上要归功于计算机模型。

利用劳伦斯利弗莫尔国家实验室的超级计算机，一个计算工程师团队模拟了从墨嘴喷出来的数千根碳纤维，以找到最好的排列方式。

3D 打印的能力给碳纤维带来了新的自由度，研究人员称，这样他们能控制产品的细微结构。这种材料还具有传导性，结构内就可实现定向热通道。

研究人员表示,这样做出的材料可用来制造高性能机翼、一端绝缘且不需在太空中旋转的卫星部件,或可助身体散热而不会让热量进入的衣服。

本文内容参考中国《科技日报》《参考消息》、英国《科学报告》。

世界最硬金刚石

在应用领域，很久之前，金刚石就用来切割、钻孔和磨削其他材料，由于它的热稳定性差，金刚石在这方面的应用受到限制。金刚石的这个特性对打造订婚戒指来讲可能无所谓，但对工业领域影响重大。正因如此，中国河北燕山大学的研究人员制造出世界上最坚硬的人造金刚石。《自然》称，他们已做到了这一点，制造出机械和耐热性能无比优良、硬度高于天然金刚石的人造金刚石。

古埃及人或许是最早在工具中使用金刚石的人。虽然没有确凿的证据，但用金刚石来穿透岩石确实在 18 世纪就有了记录。在钻探工业和石油勘探活动中，人们需要强硬耐磨损的钻头，于是在 20 世纪 80 年代合成了一种超硬材料，由金属钴和金刚石粒子组成。

但这种材料的主要缺点是它在 700 摄氏度左右就会开始氧化，导致处于高温之下的金刚石工具出现严重磨损。虽然通过缩减晶粒体积来提高金刚石硬度的努力获得了成功，但代价是它的热稳定性变得更差了。

燕山大学研究人员表示，他们通过合成纳米孪晶结构的金刚石解决了这一问题。研究人员利用碳纳米颗粒并采用高温高压技术，合成孪晶平均厚度只有大约 5 纳米的金刚石，这是金刚石从未达到的最微小的结构。

这种新金刚石不仅硬度增强，而且起始氧化温度也比天然钻石提高 200 摄氏度，研究人员相信，他们的成果能够用于制造性能独特的新材料。

本文内容参考中国燕山大学官方网站、英国《自然》。

制氧新方法

科学家发现地球上及太空中氧气的新来源。

科学家发现了一种利用二氧化碳制取分子氧的新方法——其中没有任何绿色植物的参与。他们的研究结果可能改变我们对于地球早期大气层及其他行星如何利用其大气层中的二氧化碳生成氧气的看法。

在《科学》杂志近期发表的一篇论文中,加利福尼亚大学戴维斯分校的研究人员称,当二氧化碳分子受到某些波长的光辐射时,它们会被强烈地激发,从而分解成为一个 C 分子和一个 O_2 分子。

科学家先前认为,不管受到什么波长的光辐射,一个 CO_2 分子都将分解为一个 CO 分子和一个 O 分子,因为从分子学角度而言,这是一种化学阻力最小的途径。

研究人员指出,把一个 CO_2 分子分解成为 CO+O 所需的能量稍大于 5 个电子伏特,但是分解成 $C+O_2$ 却需要大约 11.44 个电子伏特的能量。

理论化学家曾在几年前提出与这项研究结果相同的假设,但是他们到目前为止还没有进行过实际的测量。

即使像二氧化碳这样简单的分子在高能状况下的行为理解起来也是非常有难度的。相关理论及实验仍在发展中。

研究人员表示,在他们的实验中,当处于真空中的 CO_2 分子遇到强烈的光辐射时,只有 5%的时间出现了分解成为 $C+O_2$ 的结果。加州大学戴维斯分校物理化学教授、论文作者伍灼耀称:"当你用这些高能波长的光照射 CO_2 时,它会按照不止一种渠道分解。这些渠道取决于能量的水平,但是在我们所研究的能量水平上,受到激发的 CO_2 分子中只有 5%新方法最后会分解成 $C+O_2$。"

这一研究结果暗示了地球外层大气、其他行星大气层甚至还有正在死亡中的恒星及星际分子云喷发出的分子氧形成的可能机制。

专家认为,还需要进行更多的研究才能理解这种新发现的氧气制取途径在早期地球大气层中曾发挥过什么样的作用。

由于这篇新论文,我们或许不得不修正有关宇宙中有过多少光化学氧的模型。未来需要有人对此展开更严谨的考证。

40 年来人们一直试图了解行星大气层是如何从我们现在看到的火星或金星上的那种样子,演变成为地球上现在这种样子的。科学家从未把(我们发现的)这一过程纳入他们的研究模型中,但是我们的研究证明,这种过程应该被考虑在内。

本文内容参考中国《科技日报》《参考消息》、美国《科学》。

可自愈坚硬塑料问世

日本科研人员偶然发现，一种坚硬透明的塑料在裂开时可以用手挤压将其修复。

这种像玻璃一样的物质，最初是被当作一种新型生物分子胶水来研究的，在室温条件下适度用力按压30秒就能修复。

尽管研究人员近年来发现了大量自愈材料，但这是第一种将这种特性与橡胶或热塑性塑料的坚固性结合起来的材料。它或许可用于制作耐用玻璃器皿和防碎挡风玻璃之类的物品。

东京大学研究人员解决了一个困扰其同行长达数十年的问题，当时准备用一种名为TUEG3的聚合物制作一种黏合剂。

研究人员发现只需2毫米厚、SIM卡大小的这种材料就可以轻松支撑300克的负荷。当它表面破裂时，他所要做的就是在环境温度为21摄氏度的条件下将它压紧半分钟，它就会变得像新的一样。

研究人员在美国《科学》杂志上发表文章称，坚硬的聚合物往往只有在高温情况下才可修复，而容易愈合的聚合物往往又易碎，随着缺口的闭合，它们往往会形成晶体。他们写道："到目前为止，在设计类似于橡胶的软材料和基于氢键的热塑性弹性体时都力求在温和挤压条件下愈合。然而，大量氢键的出现往往导致聚合物材料结晶化，从而使它们变得易碎。换句话讲，高度机械坚固性和愈合能力往往是相互排斥的。"

TUEG3来自一个名为聚醚硫脲的分子家族。TUEG3的优势在于它的结构，尤其是氢键阵列相当混乱地排列，使它得以相对轻松地恢复旧的形状，而且不会结晶化。

研究人员称："当我发现它时我还是半信半疑，因此我多次重复了实验。我希望这种可修复的玻璃能成为一种新的环保材料。如果它被打碎，不需要将其扔掉。"

是否可利用这一发现来制作触摸屏还有待观察。近期，美国加利福尼亚大学一个研究小组宣布，它研制出了第一种可导电的自愈合聚合物；摩托罗拉公司近期则为一款智能手机屏幕申请到一项专利，这种屏幕可以通过产生热量来进行自我修复。

本文内容参考中国《科技日报》《参考消息》、美国《科学》。

新型材料让建筑物无电降温

一种新的超薄材料能够通过将热直接散发至外太空而在无须用电的情况下给建筑物降温。

除了给不通电的区域降温,这种材料还有助于减少对电的需求,因为在美国,空调消耗的电量占建筑物所消耗电量的将近15%。

这种新型冷却器的核心部分是一种厚度仅为1.8微米、比最薄的铝箔还薄的多层材料。

这种材料是由七层二氧化硅和二氧化铪及一层薄薄的银构成的。每一层厚度不同,使这种材料能够反射可见光和不可见光,从而产生降温特性。

以红外辐射形式存在的不可见光是所有物体散发热量的一个重要方式。加利福尼亚州斯坦福大学科研人员称:“如果使用红外摄像机,能看到我们都在发红外光。”

这种材料给物体降温的一种方式是,充当一面高效率的镜子。通过将97%太阳光反射出去,这种材料能防止被它覆盖的任何物体升温。

研究人员表示,即便这种材料吸收一定热量,但其构成和结构确保它仅放射出某些特定波长、不被空气吸收的红外辐射。因而这种红外辐射能够离开大气层并进入太空。宇宙之寒冷是我们能从中获益的一大资源。

在一个晴朗的冬日,科学家们在加利福尼亚州斯坦福测试了这种冷却器,发现尽管在阳光下降温,但它能比周围空气低将近5摄氏度。

研究人员称,这种材料的成本和性能与其他屋顶空调系统(如那些用太阳能电池发电驱动的系统)相比占有优势,而且能与其他技术一起工作。

然而科学家们表示,他们测试的冷却器直径仅20厘米左右。范珊辉称:“我们目前正在制造较大的样品。为给建筑物降温,需要覆盖大片区域。”

本文内容参考中国《科技日报》《参考消息》、英国《自然》。

比钻石更硬玻璃

碳玻璃还拥有所有已知玻璃中最高的热导率,是由中国吉林大学的研究人员牵头研制的。

该材料所达到的硬度约为 102 GPa,使之成为目前已知最硬的玻璃之一,仅次于不久前合成的硬度约为 113 GPa 的 AM-Ⅲ碳。

研究报告称,“研制出一种拥有如此卓越性能的玻璃,将为新的应用打开大门”。我们能够在相对较低的温度下合成这种新的超硬金刚石玻璃,使得批量生产变得更加切实可行。

碳能够呈现出各种稳定的形态,它们因为分子结构不同而各不相同。有些结构高度有序(比如石墨和金刚石),有些则是无序结构,即“非晶态”(比如普通玻璃)。每种形态的硬度取决于其内部的化学键。

研究报告称,“合成出一种具有三维键合的非晶碳材料一直是长期目标”。

关键在于找到合适的起始物料,通过施加动压力进行转化。

金刚石的熔点极高,达到 4027 摄氏度,因此不可能使用它作为起始物料来制造像金刚石一样的玻璃。

事实上,研究团队转而使用了富勒烯,这是一种由 60 个原子组成的碳形态,碳原子排列成一个空心笼状结构,就像一个足球,这也使得它被俗称为巴基球。

早在 1996 年,巴基球的发现者就荣获了诺贝尔化学奖。为了将富勒烯转化为一种类似金刚石的碳玻璃,研究人员使用了一种所谓的大腔体多面砧压机对其进行压缩和加热。

这个过程瓦解了球状分子,导致了局部无序,同时保留了类似金刚石的中短程有序。虽然由此生成的玻璃尺寸很小,只有 1 毫米左右,但已足够塑造成形。

研究团队称："这一发现有助于我们了解先进的非晶材料，并利用高压和高温技术合成块状非晶材料。"

这一发现会使非晶固态材料的新应用成为可能。

本文内容参考中国《科技日报》《参考消息》、英国《自然》。

超级绝缘体

英国利物浦大学的研究人员发明了一种材料。研究人员表示,这种材料的热导率几乎是有史以来人类掌握的所有固体材料中最低的。这个研究方向听起来似乎有点奇怪,但其实不然——热导率极低的材料是一种超级绝缘体,像这样的材料可以在全球实现温室气体净零排放方面发挥重要作用。

研究报告称,“我们发现的这种材料在所有无机固体中具有最低的热导率,其热传导性几乎和空气一样差”。

热导率与原子结构有关。尽管气体本身可能比液体或固体更热,但它们的导热性更差,其原子排列得没那么紧密。原子振动的方式越多,它们传递热量的方式就越多。这些振动模式被称为声子。一种材料的声子越多,其导热性能就越好。

因此,要制造导热性能较差、绝缘性能更好的材料,关键之一是改变一种材料的原子结构。这样就能改变声子对这种材料的影响。

利物浦大学的研究人员把目光投向了两种不同的化合物:一种叫作氯氧化铋(通常用于化妆品,可以带来珠光效果),另一种叫作硒氧化铋。

两种材料都有在不同方向作用的声子。因此,通过将它们堆叠在一起,研究人员可以将其融合成一种材料,这种材料层层传递热量的性能特别差。

这种材料的发明者表示,结果是该材料在导热方面的性能几乎和空气一样差。就这一点来讲,这种材料的导热性能比液态水差十倍,比固体钛差百倍,比钢差千倍。

利物浦大学物理学家认为,发明像这样的低导热性材料意义重大,它不仅打破了现有纪录,还能应用于许多领域。他在声明中指出:“这一策略可应用于磁性、超导等其他许多重要的基础物理性质,为实现低能耗计算和更高效的电力传输提供帮助。”

热损失是一个主要障碍。事实上,不难看出,热损失是困扰世界能源系统每个环节的一大因素。许多热损失源于摩擦,但也有很大一部分热量是通过材料损失的。如果家里供暖系统的能源泄漏到外面空气中，那么这就是一种浪费，而且是源自能源系统的浪费。

据美国劳伦斯利弗莫尔国家实验室的分析师估计，因为一系列低效因素——使用不当、电网损耗及材料导热传走的热量，美国三分之二的发电量实际上未曾抵达其最终目标。

有鉴于此，科学家们称，我们有充分的理由继续研究此类材料。发明更好的绝缘材料可以大大减少能耗，也有助于减少世界对化石燃料的依赖。

本文内容参考中国《科技日报》《参考消息》、美国《科学》。

超导体与半导体首次成功结合

科学家首次成功地将两种激动人心的材料结合在一起:一种是只有一个原子那么厚的超薄半导体(钼),一种是能够以零电阻导电的超导体(铼)。

这两种材料都具有不同寻常和令人着迷的特性。研究人员通过精细的实验室制作过程将它们结合起来。由此,该团队希望在经典物理学和量子物理学领域开辟各种新的应用。

在这项研究中,研究人员取得了一片二硫化钼半导体,并将其添加到制作过程中。

超导体能够以完美的效率传输电荷,在某个特定温度(通常是极低的温度)下,电流不会转化为热量流失掉。在制作中,研究人员向有关装置中加入了一种名为钼铼的超导体。研究人员希望从他们的组合材料中观察到全新的物理现象。

在超导体中,电子会像舞蹈中的伙伴那样结成对,从而产生怪异和奇妙的结果,比如电流在没有阻力的情况下会流动。“另一方面,在二硫化钼半导体中,电子会表演完全不同的舞蹈,这是一种奇怪的独舞。现在我们想弄清楚,如果将这些材料组合在一起,电子会跳怎样的新奇舞蹈。”

该研究中所使用的这类超薄半导体目前是研究人员的一个热门研究课题:它们可以结合在一起,以形成全新的合成材料,被称为“范德瓦尔斯异质结构”。

这些结构有很多潜在的创新用途,如能够用电场控制电子磁性。然而,很多这些潜力仍是理论上的,科学家不知道它们将会产生什么效应,也不知道它们能够制造什么设备。正因为如此,成功创造这种最新组合非常重要。

在这个最新的组合中,当把材料冷却到略高于绝对零度,研究团队发现了半导体层与超导体之间存在强耦合(称为邻近效应的相互作用)的证据。

强耦合是这些新的令人兴奋的物理现象中的关键因素,我们期待在这类范德瓦尔斯异质结构中看到这些现象,却从未能够证明。

鉴于过去还没有人做到过,正如你所预料的,将半导体同超导体联结起来并不容易。半导体被放置在夹心层中,上面和下面都有绝缘层,而绝缘层顶部蚀刻的孔会提供电气接触通道。

超导材料会填满这些孔留下的缺口,这一过程是在一个充满氮气的小箱内完成的,以保护已经完成的系统不受损伤。研究人员在光学显微镜下使用遥控显微操作器完成制造。

研究者指出,我们的测量结果显示,制成这些混合式单层半导体元件确实是可能的——或许与其他更奇异的接触材料相结合也是可能的,这将为人们进一步认识有关现象铺平道路。

本文内容参考中国《科技日报》《参考消息》、美国《纳米通讯》。

核子钟比原子钟更精确

核子钟很有可能超过原子钟成为最精确的时钟。

如果物理学家能够制造出核子钟，它将成为一种全新的时钟，根据原子核心的物理学来计时。如今，最精确的时钟是原子钟，依靠原子中电子的活动来计时。研究人员估计，基于原子核的时钟的精确度可以达到原子钟的10倍。

物理学家指出，优化时钟可以改进依靠钟来实现的技术，比如全球定位系统，但“这不仅仅是计时的问题”。

与原子中的电子不同，原子核受制于强大的核力量，核力量将质子和中子绑在一起。核子钟能让人看到世界的另一面。这意味着，核子钟可以让物理学中的基本概念得到新的检验，包括物理学中被认为不可变的数字（被称为基本常数）是否真的恒定不变。

原子钟利用原子中电子的能量跃迁来计时。根据量子物理学，原子中的电子只能以特定能级携带一定数量的能量。要让原子中的电子从一个能级跃至另一个能级，必须用适当频率的激光击打原子钟的原子。这个频率光的电磁波振荡速度充当了一个高度精确的计时器。

和原子中的电子一样，原子核中的质子和中子也占据着分散的能级。构建核子钟依据的是这些核能级之间的跃迁，而不是电子的能级跃迁。值得注意的是，原子核能够抵抗可能妨碍原子钟的零散电场或磁场的影响。核子钟“会更稳定、更精确”。

但存在一个问题。要利用原子核计时，科学家需要利用激光引发核能级之间的跃迁。通常情况下，核能级不是利用激光就能操控的。

对大多数原子核来讲，这时候就需要用到能量比适用激光更高的光。幸运的是，在所有已知的原子核中，一种被称作钍-229的钍同位素拥有两个能量水平接近的能级，激光有可能触发这两个能级间的跃迁。

测量结果更精确地指明了这种跃迁的能量，这是朝着制造核子钟迈出的关键一步，即通过测量原子核在两个能级之间跃迁时释放的电子来估算能量。稍晚一些时间,物理学家们测量了针对原子核能够进行的其他能量跃迁,以推断核子钟跃迁的能量。

研究者一致认为,这一跃迁的能量略高于8电子伏特。这一能量水平相当于一定范围内的紫外光,而在这一范围内,用激光触发跃迁是可能的,但科学家还较难做到这一点。

本文内容参考中国《科技日报》《参考消息》、英国《自然》、美国《物理评论快报》。

自我修复纳米材料

在现实中,磨损会降低电子设备的效率,直到它们需要更换。假使手机的破碎屏幕在一夜间恢复如初,或者向卫星提供能量的太阳能电池板不断修复由微型陨石造成的损害,情况会怎样呢?

自我修复材料的领域正在迅速扩展,而由于以色列工学院的科学家们开发出了能够自我修复的生态友好型纳米晶体半导体,过去科幻小说中才有的东西可能很快就会变成现实。

在这一过程中,一组名为双钙钛矿的材料在受到电子束辐射的损害后,表现出自我修复的特性。钙钛矿最早发现于1839年,由于具有独特的电子光学特性,它们最近吸引了科学家的注意。这些电子光学特性使它们在能量转换方面效率极高,而它们的生产成本低廉。人们已经投入更多的努力,以在高效太阳能电池中使用铅基钙钛矿。

以色列工学院研究团队正在寻找绿色替代品。该团队打算研发无铅钙钛矿,并专门研究如何合成纳米级的新材料晶体。通过控制晶体的成分、形状和大小,他们将改变材料的物理性质。

纳米晶体是天然稳定的最小材料粒子。它们的大小使得某些特性变得更加明显,而且在较大晶体上不可能运用的研究方法能够施行,例如利用电子显微镜成像来观察材料中的原子如何移动。事实上,这就是使人们得以在无铅钙钛矿中发现自我修复现象的方法。

这些钙钛矿纳米粒子是在以色列工学院研究团队的实验室中利用一个简短过程制造出来的,该过程需要将材料加热到100摄氏度,并保持几分钟。当研究者用透射式电子显微镜研究这些粒子时,他们发现了令人兴奋的现象。这种显微镜使用的高压电子束给纳米晶体造成了断裂和孔洞。随后,研究人员便能够探索这些孔洞如何与周围的材料相互作用并在其中移动和变形。

他们看到这些孔洞在纳米晶体内自由移动,但避开了它的边缘。研究人员开发出一种代码,分析了利用电子显微镜制作的数十个视频,以了解晶体内部发生活动的情况。他们发现,纳米粒子表面形成了一些孔洞,这些孔洞后来转移到了纳米粒子内部能量稳定的区域。研究人员推测,这些孔洞向内移动是因为纳米晶体表面覆盖着有机分子。该研究团队发现,一旦有机分子被移除,晶体会自发地将孔洞推移至表面,然后挤出去,从而回归到其初始结构——换句话讲,晶体得以自我修复。

这一发现是了解钙钛矿纳米粒子自我修复过程的重要一步,并将为在太阳能电池板和其他电子设备中采用这些纳米粒子铺平道路。

本文内容参考中国《科技日报》《参考消息》、美国《先进功能材料》。

媲美钢铁的塑料

科学家已经创造出可以媲美钢铁的塑料——它像钢铁一样坚固，却不像钢铁那样沉重。

塑料有时被化学家称为“聚合物”。它们拥有长链分子，而这些长链分子由被称为“单体”的较短的重复单元构成。与以往具备相同强度的聚合物不同，这种新材料完全以膜的形式出现。它的密封性也是市场上最不透气塑料的50倍。这种聚合物的另一个值得注意的方面是，它的合成过程很简单，只需用廉价的材料在室内环境中进行制造。这种聚合物可被加工成只有几纳米厚的大薄片。

这种新材料属于聚酰胺，它是由酰胺分子单位(酰胺是附着在与氧结合的碳原子上的氮的化学基团)组成的一种螺纹网络。这类聚合物包括，用于制造防弹背心的凯夫拉尔合成纤维和耐火织物诺梅克斯。与凯夫拉尔合成纤维一样，这种新材料中的聚酰胺分子会通过它们长链上的氢键相互联结在一起，从而提升这种材料的整体强度。

研究称，“它们就像尼龙搭扣一样粘在一起”。要撕裂这种材料，不仅需要截断单个分子链，还需要破坏遍布整团聚合物的分子间氢键。

此外，这种新型聚合物能够自动形成薄片，这使得该材料易于加工，可以将其制成薄膜或用作薄膜状表面涂层。传统聚合物往往以线性链的方式进行扩展，或在三个维度中不加选择地反复拓展和连接。但迈克尔·斯特拉诺研发的聚合物以独特的二维形式扩展，从而形成纳米薄片。“你能在薄片中进行聚合反应吗？事实证明，在我们进行这项工作之前，一般是做不到的。我们找到了一种新机制。”他的团队克服了各种障碍，使这种二维聚合反应成为可能。

在一个被塑料包围的世界里，全社会有理由为一种机械特性绝不普通的新型聚合物感到兴奋。这种聚合物名为聚芳酰胺，它非常耐用，这意味着我们可以用较少量的、更结实的材料来制造涂层、袋子、食品包装等常用塑料制品。

从可持续性的角度来看,为了让世界逐渐远离塑料,这种强度超高的二维聚合物代表着朝正确方向迈出的一步。

本文内容参考中国《科技日报》《参考消息》、英国《自然》。

点燃等离子体

科学家成功点燃等离子体。未来对气候友好型能源的需求只可能增加而不是减少,科学家对核聚变寄予厚望,这项技术基本上是在复制恒星的运转方式。例如:我们的太阳从氢聚变为氦的过程中获得能量。

世界各地的科研团队都在研究这种核聚变的技术应用,此前已经公布了一些成功案例。来自美国劳伦斯利弗莫尔国家实验室国家点燃实验设施研究团队现在又向前迈出了一步。他们在英国《自然》周刊上报告表示,他们成功点燃了等离子体,也就是核聚变的燃料。其最终目的是引起持续反应和几百万摄氏度的高温,从而启动核聚变并使之自我维持下去。

核裂变和核聚变都是从原子核的结合力中获得能量。核裂变时,较大的原子核被分裂,但会产生放射性废料并有发生严重事故的风险。而在核聚变中,较小的原子核融合(聚变)成较大的原子核,这是一种清洁和安全的技术。但到目前为止,还有一个问题:需要消耗的能量仍多于最终产出的能量。

研究人员在实验中使用了世界上最强大的激光设备,将仅有百万分之几克的重氢和超重氢(氘和氚)转化为几百万摄氏度的等离子体。在这一过程中,192 道激光束对一个几毫米大小的容器内部加热。容器内壁以高能 X 射线的形式释放热量,以此加热容器内的一个燃料囊。燃料囊先向内坍塌,强烈压缩燃料。然后,超高压和超高温压缩燃料的最内部区域促使氘和氚聚变为氦核。而所有这些发生在很短时间内。

在 2021 年的实验中,该团队实现了燃烧的等离子体。不过他们指出,现在已经有了新进展。上述研究报告完成后,在 2021 年的一次新实验中,他们制造了大约 1.35 兆焦耳的核聚变能量,相当于使用的 1.9 兆焦耳激光能量的大约 70%。更重要的是,研究人员点燃了等离子体,从而使聚变反应在没有外部加热的情况下仍能保持等离子体的温度。

发表于《自然》的论文称,燃烧的等离子体是实现自我维持的核聚变能源的基本前提。开发一种既能减轻气候变化危险,又可以享受电力优点的燃料,这一目标显然值得追求。

与航天领域的情况类似,到目前为止,全球 23 家核聚变技术公司已宣布获得了 19 亿美元融资,其中绝大多数是私人投资。

本文内容参考中国《科技日报》《参考消息》、英国《自然》。

新二维电子材料或可打破摩尔定律瓶颈

俄罗斯库尔恰托夫研究所学者在国家科学基金资助下，成功研发出一种可供电子设备使用的二维材料。

美国英特尔公司创始人之一戈登·摩尔曾提出精准的定律，即价格不变时，集成电路上可容纳的元器件数目大约每隔两年便会增加一倍，性能也随之提升一倍。不过，人们普遍认为，如今计算机的发展、处理器的速度已逼近物理极限。俄罗斯学者的最新成果或将打破这一瓶颈。

业内人士已达成共识，即自旋电子学这一基于电子的量子特性的研发方向才是未来之所在。电子的不同自旋方向或可用于代表数据存储的不同状态，如今使用的计算机存储器所需原子数量巨大，未来也许利用单个原子便能满足需求，计算机的性能势必得到巨幅提升。

自旋电子不仅可继续压缩电子设备体积，还能极大地降低能耗，因为电子自旋跟半导体转换器不同，它不会产生热量。所以，基于它制造的电子器件几乎不会发热，也就无须操心散热了。

目前的主要研发方向是实现新技术与现有的硅电子设备的无缝融合。

全球为制造硅集成电路的工厂投入了数千亿美元的巨资，谁都不想放弃，自旋电子工艺应逐步进入市场，且与旧有技术长期并存。

库尔恰托夫研究所正是打造出了这样一种材料，能将自旋电子与硅工艺相融合。它属于二维材料，可谓独一无二，是最轻薄的磁膜，只有一层或者几层原子那么厚，能让电子朝一个方向自旋，在此基础上充分发挥自旋电子的所有效用。

电子设备朝自旋电子工艺的转化需要近20年时间，我们现在已能断言，尽管正不断逼近物理极限，但电子设备体积缩小和运算速度加快的趋势仍将得以延续。

本文内容参考中国《科技日报》《参考消息》、英国《自然·通讯》。

新超材料可软硬变换

新的超材料可以从硬变软，再变回来。

在一种材料制成后，你通常无法改变它的软硬。美国密歇根大学的研究人员发现了设计一种“超材料”的新方式，让这种材料能够在软硬之间转换，同时不会破坏或改变材料本身。

超材料是人造材料，其性质源于材料的构成方式而非构成它的材料。就本文来讲，材料性质指的是软硬。这使得研究人员能够操纵一种超材料的结构，以使其表现出某种性质。

密歇根大学的研究人员发现了一种构成超材料的方式，可以轻松操纵这种材料，以增加其表面硬度。

这些性质是“受到拓扑保护的”，这意味着这种材料的性质来自于总体结构。因此，即使当这种材料在软硬之间不断转换时，这些性质也很容易维持。

这种超材料的新颖之处是，它的表面能够在软硬之间转换。通常我们很难改变一种传统材料的硬度。在材料制成后，它要么是硬的，要么是软的。例如：在牙医做完牙体充填后，如果不通过钻或磨，最初的充填材料是无法改变的；不对吉他琴弦施加压力，琴弦就无法变得更紧。

一种物体与超材料边缘接触的方式会改变该材料的几何结构，从而改变该材料对边缘压力作出反应的方式。但超材料的拓扑保护使材料内部能够不受损坏。

这种材料将用于制造汽车或火箭发射系统。对汽车而言，这种材料有助于吸收碰撞带来的冲击。在你开车的时候，你希望汽车是坚硬的，能够负重。在发生碰撞时，你希望它的组成部分变得更软，以吸收来自撞击的能量并保护车内乘客。

研究人员还称，这种材料可以用于制造能够自行调整的自行车轮胎，以使其更适合在沙子等松软的表面骑行，或者用于制造抗损坏、可重复使用的火箭。

本文内容参考中国《科技日报》《参考消息》、英国《自然·通讯》。

海中取铀新材料

受血管启发,中国科学家创造了一种从海水中提炼铀的新材料。

受血管分形网络启发,中国研究人员开发出一种新材料。他们表示,这种材料从海水中提取的铀数量是其他材料的20倍。

铀是一种天然放射性元素,主要用于为核电站提供燃料。随着全球核能需求的增加,对铀的需求也在增加。

它是一种有限资源,但由于据估计海洋中蕴藏着超过45亿吨铀(大约是陆地储量的1000倍),从海水中提炼铀可能是一种更具可持续性的方式。

然而,海水中的铀浓度极低,据估计,每升海水含有3.3微克铀。这使得从海洋中提炼铀比从地下提炼铀困难得多,成本也昂贵得多。

科学家们在20世纪50年代看到了利用海洋中的铀为核能提供燃料的可能性,但直到20世纪80年代,日本研究人员才找到一种方法提取这种铀,即利用一种名为偕胺肟的化合物来吸附漂浮的铀粒子。

由中国科学院科学家牵头的这项新研究聚焦于提高这种化合物的吸附能力。

科学家们以自然界中发现的分形(如血管)为模板,设计了一种多孔膜。他们发现,较之以前使用的其他材料,含有偕胺肟的这种膜在提取铀方面的效率要高得多,其吸附能力是以前的20倍。

研究报告称:“血管等分形在生物系统中无处不在。它们使物质的优化交换和转化成为可能。这启发了我们设计新的吸附剂。”

在4周的时间里,1克这种薄膜从天然海水中提炼出多达9.03毫克铀,属于使用薄膜方法提取铀的最高水平。

研究报告称:“我们的工作为增强多孔聚合物作为基于薄膜的高效铀吸附剂的适用性提供了一种通用方法。”

美国佐治亚理工学院的研究人员在同一期刊上发表的一篇文章称,中国团队开发的这种材料可以被视为与许多同时代吸附剂一样,甚至更好。这项研究没有提及生物污染对这种膜的影响,称这可能对这种材料的铀吸附能力产生影响。这种薄膜还从海水中吸收其他分子,如钒、铁、锌和铜,因此需要一种方法来分离它们。

科学家们称,目前的进展加上全球其他国家研究人员研究这个问题的努力,让我们距离开发一种实用的吸附剂越来越近。

本文内容参考中国《科技日报》《参考消息》、英国《自然·可持续发展》。

碳纳米管芯片

用碳纳米管而不是硅制成的芯片标志着一个计算机技术的里程碑。

在一种新型微处理器中，晶体管——共同执行运算的微小电子开关是用碳纳米管而不是硅制造的。通过设计出能够克服纳米级缺陷，经常削弱单个碳纳米管晶体管的功能的技术，研究人员制造了首个利用数千个碳纳米管晶体管来运行程序的计算机芯片。

英国《自然》周刊称这种芯片样品，其速度和尺寸还赶不上商用硅芯片，碳纳米管计算机芯片最终可能带来新一代更快、更节能的电子产品。这是技术发展中的一个非常重要的里程碑。

每个晶体管的核心是传统上由硅制成的半导体元件，这种元件既可作为电导体，也可作为绝缘体。晶体管的“开启”和“关闭”状态，即是否有电流流过半导体，在计算机数据上表达为1和0。麻省理工学院的电子工程师马克斯·舒莱克称，通过制造更精巧的硅晶体管，“我们过去在计算方面每年都能获得指数级增长，如今性能的增长开始趋于平稳”。硅晶体管不可能比现在的体积更小和更高效了。

由于碳纳米管几乎只有原子那么厚，而且可以很好地传输电流，它们能制造出比硅更好的半导体。大体上，碳纳米管处理器的运行速度能比硅处理器快2倍，而消耗的能源只有硅处理器的1/3左右。迄今为止，碳纳米管被证明太难摆弄，无法构建复杂的计算系统。

一个问题是，当把一个碳纳米管网络放到计算机芯片上时，碳纳米管往往聚集成块，让晶体管无法工作。这“就像试图用砖建造一处庭院，而庭院中间有一块大石头”。他的团队解决了这个问题，他们先把碳纳米管铺在芯片上，然后利用振动把多余的成捆碳纳米管轻轻地从碳纳米管层抖落。

研究小组面临的另一个问题是，每一批具有半导体性质的碳纳米管都含有约0.01%的金属型碳纳米管。由于金属型碳纳米管无法在导电和绝缘之间正常翻转，这些碳纳米管可能把晶体管的读数弄乱。

为寻找变通办法，研究人员分析了金属型碳纳米管对不同晶体管配管芯片配置的影响程度。研究人员发现,有缺陷的碳纳米管对某些晶体管配置的功能影响更大,就像一个缺失的字母会让某些单词难以辨认,但可以让另一些单词基本可读。因此,研究人员设计了微处理器的电路,以避免最容易被金属型碳纳米管故障弄混的晶体管配置。

新制造的碳纳米管微处理器尚未准备好取代硅芯片以成为现代电子技术的支柱。碳纳米管晶体管的直径大约为1微米,而目前硅晶体管的直径仅为几十纳米。这个样品中的每个碳纳米管晶体管每秒能开关大约100万次,而硅晶体管每秒能开关数十亿次,这使得这些碳纳米管晶体管与20世纪80年代生产的硅晶体管差不多。

缩小碳纳米管晶体管的尺寸将有助于电流在较小的阻力下通过晶体管,从而使晶体管能够更快地开关。将碳纳米管平行排列,而不是使用随机定向网格,也可以增加通过晶体管的电流,从而提高处理速度。

本文内容参考中国《科技日报》《参考消息》、英国《自然》。

制造出“宇宙最冷物质”

在日本京都的一个实验室里，研究人员正在进行一些非常冷的实验。来自京都大学和得克萨斯州休斯敦赖斯大学的一个科学家团队将物质冷却到了仅比绝对零度(零下 273.15 摄氏度，即所有粒子运动都停止时的温度)高十亿分之一摄氏度，使之成为整个宇宙中最冷的物质。赖斯大学有学者称，它“打开了通往未经探索的量子磁场领域的门户”“除非有外星文明目前正在进行这样的实验，否则，京都大学任何时候进行这一实验所制造出的都将是宇宙中最冷的费米子”。该项目研究学者称，“费米子不是罕见的粒子。它们包括电子等东西，是构成所有物质的两种粒子之一”。

京都大学团队利用激光将镱原子的费米子冷却到绝对零度以上十亿分之一摄氏度左右。这要比星际空间的最低温度还要冷 30 亿倍。这一区域的宇宙仍受到宇宙微波背景(或者大爆炸后的辐射余晖)的影响。已知最寒冷的宇宙空间区域是回力棒星云，它的温度比绝对零度高 1 摄氏度，距离地球 3000 光年。

就像电子和光子一样，原子受制于量子动力学定律，而它们的量子行为只有在被冷却至非常接近绝对零度时才能看得出来。运用激光冷却原子以研究超冷原子量子特性的方法已经运用超过 25 年。

达到这种极低温的结果就是，物理学真的发生了变化，物理学开始变得更加量子力学化，它让你得以看到新现象。

在这项实验中，激光通过阻止 30 万个镱原子在光学晶格中的运动来冷却该物质。它模拟了哈伯德模型，这是由理论物理学家约翰·哈伯德于 1963 年首次提出的。物理学家利用哈伯德模型研究材料的磁和超导行为，尤其是电子之间的相互作用产生集体行为的情况。

这种模型使原子能够展示其不寻常的量子特性，包括电子的集体行为和超导，或者物体在不丧失能量的情况下导电的能力。

该项目研究学者称，在京都使用的温度计是我们的理论提供的重要东西之一。将他们的测量结果与我们的计算结果进行比较，我们就可以确定温度。创纪录的温度是通过与该系统极高的对称性有关的有趣的新物理学实现的。在京都模拟的哈伯德模型具有特殊的对称性,称为 SU(N),SU 代表特殊酉群,这是一种描述对称性的数学方法;N 则表示模型中粒子可能的自旋态。

本文内容参考中国《科技日报》《参考消息》、英国《自然·物理学》。

“沐浴绵”式材料助推氢动力汽车发展

科学家开发的一种新材料可大大推动新一代氢动力汽车的发展。

这种材料就像沐浴海绵一样,能以较低的压力和成本容纳和释放大量氢气。这种铝基材料由大量小孔构成,一克材料的表面积相当于一个足球场。

氢气为轿车和卡车中的燃料电池提供动力。如果氢气是利用可再生能源制备的,那它就是一种环保程度较高的燃料。

氢气极轻——在正常气压下,要携带 1 千克氢气(可驱动汽车行驶 100 多千米),需要一个容积达 1.1 万升(1 升为 0.001 立方米)的储气箱。

为了解决这个问题,人们通常在高压状态下——约 700 巴(约合 7000 万帕斯卡)的压力状况下储存氢气,因此汽车单次可携带 4 千克至 5 千克氢气,最多可行驶 500 千米左右。

这一压强水平是汽车轮胎中压强的 300 倍左右,需使用特制储气箱,这就导致汽车成本上升。

现在,研究人员认为,有了他们研发的新方法,就可在压力低得多的环境下储存大量氢气。

研究小组设计了一种多孔新材料,称其为金属有机结构。

该产品名为 NU-1501,以有机分子和金属离子为原料,这些分子和离子自行组合成高度结晶的多孔结构。

这项研究的专家称:“它就像一块沐浴绵,但孔洞排列得非常有序。如果你泼水后用海绵擦拭,再次使用海绵时,你得先把里面的水挤出来。这种材料也一样,我们利用压力来储存和释放这些气体分子。”奥马尔·法尔哈还称:“因此,它的工作原理就像沐浴绵一样,不过其工作方式非常巧妙、经过编排。”

这种新材料的关键能力是,它不需要一个巨大的容器就能在压力低得多的环境下储存氢和其他气体。

该项目研究者称："我们可以在金属有机结构的孔洞中储存大量氢和甲烷，用比目前燃料电池汽车所需的更低的压力将其输送至汽车引擎。"

这种新材料达到了美国能源部对替代燃料的车载储存和输送系统设定的严格要求。

本文内容参考中国《科技日报》《参考消息》、美国《科学》。

绿色人造蛛丝技术

英国剑桥大学的一群建筑师和化学家设计出了延展性极佳且强韧的纤维,其成分几乎全部是水,可用来制造纺织品、传感器和其他材料。这种纤维有点像微型的蹦极绳索,它能吸收大量的能量,承受力强且无毒,还可在室温中制作。

这种新方法改进了此前制作合成蛛丝的方法,它不需要高耗能过程,也不使用大量的有害溶剂,还能够大大改进制作各种合成纤维的方法,因为其他类型的合成纤维也要依赖高耗能和有毒的方法。该研究报告发表在美国《国家科学院学报》月刊上。蛛丝是自然界中最强韧的材料之一,科学家一直在尝试模拟其特性以用于各种用途,迄今以来成果不一。研究报告称,"我们尚不能完全复制蜘蛛吐丝的精巧之处"。

剑桥团队设计的这种纤维是由一种被称为水凝胶的材料"纺"成的。该材料中98%的成分都是水,剩下的2%则是二氧化硅和纤维素,由一种叫瓜环的管状分子"手铐"网络聚合起来。不同成分之间的化学反应使得凝胶中可以拉出长纤维。

从水凝胶中拉出的长纤维组成了极细的长线,其直径为一米的数百万分之一。大约30秒后,其中的水分蒸发,剩下了延展性极佳的强韧纤维。

"尽管这种纤维的强度不如最强韧的蛛丝,但它们仍能承受100到150兆帕的压力,与其他的合成和天然丝差不多",达希尔·沙阿称,"不过我们的纤维无毒,而且制造时耗能较少。"

这种纤维在室温下就能自我组装,并由超分子主-客体化学过程聚合在一起,这种过程依靠力而不是共价键的作用。观察这种纤维就会发现,多种不同的力以不同的大小将它们聚合在一起,这就像一个由不同特性进行复杂结合的层级系统。

这种纤维的强度超过了其他合成纤维(如以纤维素为基础的粘胶纤维和人造丝),以及人类和动物毛发这样的天然纤维。

除了强度较高,这种纤维还有很好的阻尼性能,也就是讲它能吸收大量的能量，类似蹦极绳索。很少有合成纤维具有这种性能，而蛛丝就具有高阻尼性能。研究人员发现，这种纤维的阻尼性能在某些情况下甚至超过了天然丝。

这种制造纤维的方法可以成为目前生产方式的可持续替代方法。研究人员将进一步探索这种纤维的化学特性，包括制造纱线和编织线。

本文内容参考中国《科技日报》《参考消息》、美国《国家科学院学报》。

新材料延长锂金属电池寿命

锂金属电池的储电量相当于锂离子电池的10倍,但是因为一个致命缺陷一直未被商业化:在锂金属电池充放电时,锂会不均匀地聚集在电极上。这种积聚会大大缩短电池寿命,更重要的是,这可能会导致电池短路和起火。

现在,美国伊利诺伊大学芝加哥分校的研究人员开发了一种以氧化石墨烯为涂层的“纳米片”来解决这一问题:将这种纳米片置于锂金属电池的两个电极之间,能够防止锂的不均匀聚集,使电池经过数百次的“充电—放电”循环仍能安全工作。

研究者称,“我们的研究结果表明,二维材料——在此例中为氧化石墨烯,能够帮助调节锂聚集,从而延长锂金属电池的使用寿命”。

在锂离子电池中,有一个隔膜被置于电解液中。这种隔膜通常由多孔聚合物或玻璃陶瓷纤维制成,隔膜允许锂离子通过,同时挡住其他部件,以防发生可能导致起火的短路。

研究者称,先在锂金属电池中使用了一种改进的隔膜来调节锂离子的流动,以控制锂的聚集速度,然后观察其是否能防止锂树枝状结晶的形成。他们把氧化石墨烯喷涂到一种玻璃纤维隔膜上,从而制造出他们口中的“纳米片”于电解液中。这种隔膜通常由多孔聚合物或玻璃陶瓷纤维制成,隔膜允许锂离子通过,同时挡住其他部件,以防发生可能导致起火的短路。

研究人员利用扫描电子显微镜和其他成像技术来展示,当这种纳米片被用于锂金属电池时,锂电极表面会形成一层均匀的锂膜,这实际上提高了电池性能,并且令电池更安全。得克萨斯农机大学的一组研究人员带头进行的分子模拟表明,锂离子暂时先与氧化石墨烯结合,然后通过纳米片中的纳米级缺陷区扩散。这放慢了锂离子的通过速度,从而阻止在电极上形成锂的树枝状结晶。

本文内容参考中国《科技日报》《参考消息》、美国《先进功能材料》。

“粒子”机器人能协作完成任务

“粒子”机器人能协作完成各种任务。科学家发明了一种机器人，它由多个单位组成，这些单位可以作为一个集群运行，对刺激作出反应，并根据周围环境采取行动，而无须任何集中控制，很像活细胞。

每个圆形单位，即“粒子”，直径最大为23.5厘米。这些粒子以磁力松散地结合在一起，只有通过扩展或收缩才能移动。但是，尽管它们的个体很简单，作为一个群体，它们能够采取更复杂的行为，如向光源移动。这种“粒子”连接力较弱的粒子比其他许多机器人系统更有弹性，因为没有单一的失效点，即使有些个体失效，系统也能继续工作。

这种粒子的小型版本可以用于搜救行动。例如，将装有传感器的单位分散到倒塌房屋的废墟里，寻找被埋的受害者。微型单位还可以向人体难以触及的部位输送药物，或者通过模拟器官形成过程中的细胞活动来推动研究。

原型粒子配备了光传感器和简单的电子设备，能让粒子按照算法扩展或收缩。每个粒子测量附近光线的强度，并向其邻居传播读数。每个单位通过比较自己与其他单位探测到的光，能够决定何时开始一个扩张和收缩的周期，从而使其作为一个整体移动。

研究人员创造了由最多24个粒子组成的集群，证明它们可以转向光源，这种运动类似于活细胞聚集和迁移以完成愈合伤口等功能。研究团队负责人之一、麻省理工学院计算机科学和人工智能实验室主任达妮埃拉·鲁斯称，“在我们的系统中，每个粒子都非常简单，没有对集群的中央控制”，这些单位“在不依赖任何特定个体的情况下进行合作”。

机器人也能躲避障碍和推开物体。在对最多10万个单位进行的模拟中，即使有20%的单位停止运转，集群的行进速度仍可达到最高速度的一半。并未参与这项研究的东京大学工程学教授浅间一称：“这种技术有望作为一个集群应用于搜索、收集和传递信息以及运输(物体)等任务,但在实际应用前仍有许多问题需要解决,包括适应任务、环境和机器人自身状态变化的能力。”

本文内容参考中国《科技日报》《参考消息》、英国《自然》。

除碳新技术

去除气流中二氧化碳的新方法能为对抗气候变化的战斗提供一个重要工具。新系统对几乎任何二氧化碳浓度的气体都有效,甚至包括目前的大气二氧化碳浓度,即大约 400 ppm(ppm,part per millton,为百万分之一)。

大多数从气流中去除二氧化碳的方法要求具有较高浓度,如化石燃料发电厂的烟道所排放废气的浓度。研究人员表示,此前已研究出一些能对付空气中较低二氧化碳浓度的不同方法,但这种新方法的能耗和成本要低得多。

美国麻省理工学院研究者在美国《能源与环境科学》杂志上发表的论文阐述了这一技术。这种技术的基础是,让空气通过一堆充电电化板。

这种装置本质上是一块大型专门电池,在充电时,先吸收通过其电极的空气(或其他气流)中的二氧化碳,然后在放电时排出二氧化碳。在运行期间,该装置交替充放电,在充电期间,让新鲜空气或原料气流经系统;在放电期间,经过浓缩的纯二氧化碳被吹出去。电池充电时,电极堆中每一块电极的表面都发生电化反应。这些电极被涂上一种名为聚蒽醌、由碳纳米管组成的化合物。这些电极对二氧化碳具有天然亲和性,很容易与气流或原料气中的二氧化碳分子发生反应,即便其浓度极低。在电池放电期间,当这种装置可以提供整个系统所需的部分电力时,发生逆反应,释出纯二氧化碳气流。整个系统能在室温和正常气压下运行。

相对于其他大多数碳捕获或碳吸收技术,这种技术的最大优势在于,这种吸收剂对二氧化碳的亲和性具有二元性。换言之,取决于电池的充放电状态,这种电极材料"要么具有很高亲和性,要么根本没有亲和性"。这种二元亲和性使得这种装置可以捕获含有任何浓度的二氧化碳——包括 400 ppm 的气体中的二氧化碳,并将其释放到任何载体气流中。

一些软饮料装瓶厂通过燃烧化石燃料来产生所需二氧化碳、给饮料充气。同样,一些农民燃烧天然气、产生二氧化碳来满足大棚内植物的需要。沃斯基安表示,新系统可以消除对化石燃料的此类需求,其运行过程实际上是在去除空气中的这种温室气体。或者，可以将纯二氧化碳气流压缩并注入地下、长期储藏，甚至可以通过一系列化学和电化过程将其制成燃料。

这套系统用于捕获和释放二氧化碳的过程“是革命性的”，不需要热、压力或化学输入，可以用标准化学处理方法制造电极。尽管目前是在实验室环境下完成的，但可以对电极进行改造，这样，最终就可以通过类似报纸印刷机的卷对卷制造过程大批量生产电极。

与现有的其他碳捕获技术相比，这个系统的能效相当高，捕获每吨二氧化碳大约消耗 1 千兆焦耳能量。萨哈格・沃斯基安称，现有其他方法的能耗在每吨 1 千兆焦耳到 10 千兆焦耳不等，这取决于入口二氧化碳的浓度。他称，研究人员已成立一家名为 Verdox 的公司来实现这种技术的商业化，希望在未来数年内创设一个小规模试验性工厂。

本文内容参考中国《科技日报》《参考消息》、美国《能源与环境科学》。

造纸术获得新突破

在中国发明造纸术2000多年后,中国科学家再次宣称创造了一项世界第一——这一突破旨在用煤电站的废弃物取代造纸的一种关键配料。

新方法造出的纸,几乎无法分辨它和用木浆造出的纸的区别,达到了90%以上的纯白度。它是用燃烧煤炭所产生的黑色粉煤灰制成的。

参与这项由政府资助的研究项目的科学家表示,这一工艺已经通过了生产线的严格测试,并已作好大规模应用准备。一些中国造纸厂现在已能用这一燃煤废弃物代替产品中近一半的木纤维了。

陕西科技大学研究者首次提出可以用粉煤灰作为一种造纸原料。

这种新产品解决了两个问题,即全球对木材的工业需求造成的环境影响,以及如何处理每年数以百万吨计的粉煤灰。

世界自然基金会指出,在全球出于工业用途砍伐的木材中,有40%以上都是供造纸厂所用,这"对世界上一些最具生态重要性的地方和物种造成了毁灭性影响"。

由于中国的大多数森林都已得到保护,中国造纸厂主要从加拿大、俄罗斯、美国和其他拥有大片森林的国家采购木浆。中国拥有全球最大规模的造纸业,每年生产的纸和纸浆约一亿吨。

中国还是世界上最大的电力生产国。据政府统计,每年收集的粉煤灰约有七亿吨。粉煤灰是煤燃烧的副产品,这一废料的约70%都被建筑业用掉了,但剩余部分此前都无用武之地。

粉煤灰是一种很有前途的木浆替代品,它的化学和物理属性类似于已经用于造纸的工业添加剂,如滑石粉和高岭土。

研究者称,我们实验室研制出来的第一批纸看上去是灰色的。我们拥有的是"灰姑娘",但造纸业想要"白雪公主",效果不是很理想。

2014年,研究小组才找到了一种有效方案,即从不同材料的原子结构到纸浆中添加的水量等。

这项技术在实验室的效果很好,但在企业中要使用它,生产线必须进行改造，工人和工程师需要时间学习并熟悉这一流程。

科学家们得以在陕西、浙江、河南和山东的造纸厂测试和改进这项技术。测试反馈是积极的，生产成本节省了 8%~15%。

仍有一些因素限制着这一工序在全国的应用，包括一些造纸厂与煤电站距离远这一点。距离越远，运送粉煤灰的成本就越高。

粉煤灰的质量因地而异，因此漂白和混合的方案需要根据具体情况进行调整。

本文内容参考中国《科技日报》《参考消息》、中国陕西科技大学官方网站。

世上最薄黄金仅两个原子厚

科学家创造出一种形式的黄金,它只有两个原子那么厚,这是人类有史以来创造出的最薄的无支撑黄金。

研究人员测得这种黄金厚 0.47 纳米,厚度为人类手指甲的百万分之一。这种材料被认为是二维的,它只包含上下两层原子。

这种材料可以在医疗设备和电子行业中得到广泛应用,也可以充当催化剂,用于加速一系列工业过程中的化学反应。实验室测试表明,这种超薄黄金充当催化基底的效率是目前使用的金纳米粒子的 10 倍,后者是三维材料。

科学家认为,这种新材料还可构成人工酶的基础,人工酶可应用于快速的即时医疗诊断检测和净水系统。

研究报告称:“本研究是一项具有里程碑意义的成就。它不仅揭示了黄金有可能在现有技术中得到更有效的利用,而且提供了一条途径,材料科学家可以据此研发其他二维金属。这种方法可以带来纳米材料制造领域的创新。”

该研究团队正寻求与业界合作,研究如何扩大这一制造工艺的规模。金纳米片的合成是在水溶液中进行的,含有金的无机物氯金酸是原始反应物。在有“限制剂”存在的情况下,氯金酸被还原为金属形式,“限制剂”是一种化学物质,会促使黄金形成只有两个原子厚的薄片。

由于这种黄金具有纳米级尺寸,它在水中看起来是绿色的,考虑到它的形状,研究人员将其称作金纳米海藻。

电子显微镜生成的图像揭示了金原子如何形成一个高度有序的栅格结构。其他图像显示了经人工着色的金纳米海藻。

负责监督这项研究的利兹大学分子物理学与纳米物理学研究小组称,使用这些超薄金片可以带来相当大的益处,原因在于它们的表面积与体积之比很高。黄金是一种高效的催化剂。由于这种纳米片非常薄,几乎每个金原子都能在催化过程中发挥作用。这意味着这一过程非常高效。

常规基准测试显示，纳米级金片的效率是工业中惯常使用的金纳米粒子的 10 倍。我们的数据显示，工业中可以用更少的黄金获得同样的效果，当我们谈的是一种贵金属时，这就有了经济优势。

类似的基准测试显示，这种黄金薄片可充当高效的人工酶。

这些薄片还非常柔韧，意味着它们可以构成制造可弯曲屏幕、电子油墨和透明导电显示屏所需电子元件的基础。

本文内容参考中国《科技日报》《参考消息》、德国《先进科学》。

新型电子芯片

基于光子电路的全新信息技术方面有着巨大潜力。在当前量子光子电路中,光子无论在光子通道中前进还是后退,表现都一样。这限制了我们控制光子并为光子量子计算机建造复杂电路的能力。

丹麦哥本哈根大学尼尔斯·玻尔研究所的研究人员发现了前进、后退距离不一样的新型光子通道。而这样的系统一直是大规模建立量子光子电路所缺失的一部分。

尼尔斯·玻尔研究所的量子光子研究小组称:“光最小的组成部分是光子。光子非常适合携带信息。基于光子的量子线路可携带的信息量远超目前的计算机技术,而且不用担心信息在传输途中被截获。我们目前正在试图创造基于光子的未来量子技术。”

研究小组发明了一种光子芯片,这种芯片上嵌入了一个光源,即所谓的量子点。用激光对量子点进行照射会激活其电子,电子从一个轨道跳向另一个轨道,并且每次发出单个光子。通常而言,光是向所有方向发射的,但光子芯片的设计初衷是让所有光子都通过光子通道发射。

从目前光子芯片来看,实验进行得很顺利。不过有个问题,光子通道里的光子发射是双向的,因而会限制光源的效率,而这还是一个不断累积的问题,线路越大越复杂,问题就越突出。

为解决这个问题,研究小组从理论和实验两方面入手。他们首先用激光激活量子点的电子,使电子从一个轨道跳到另一个轨道,并发射出单一光子。然后通过电磁场来控制电子自旋,就可以得到一个截然不同的光发射。从量子点发射的光子分两种,一种带有“自旋向下”电子,另一种带有“自旋向上”电子,这两种光子所选的方向是相反的。

关于新的光子通道,最令人激动的事情或许并不是光线发射方向取决于量子点的自旋方式。研究显示,从量子通道两个不同端口进入的光子的表现截然不同。其中只有向一个方向移动的光子会与量子点交会,而这种交会会稍微减缓光子的速度,就好像它所经过的路线变长了。因而在这样的系统里，向前和向后的距离便不再对等！

距离不对等并非不重要，非常重要。

研究人员称，与量子点交会会导致光子速度稍减。他们有很多控制和设计光子与量子点交会的新机会，而这对研制量子计算机来讲至关重要。

本文内容参考中国《科技日报》《参考消息》、英国《自然·纳米技术》。

“智能”塑料

中国的研究人员今天公布了一种实验性可变形材料,这种材料可折叠成各种复杂的形状,将工业折纸术提升至新的水平,为医疗和航天应用提供了广泛的可能性。

科学家们设计的这种新型聚合物塑料能够根据预设的温度变化而适时改变自身形状。此外,科学家们称,按照设计,这种材料能在不“擦除”之前形状的情况下改变为新的形状,令其适用于难以通过常规手段由机器或模具制造的复杂部件。这就能产生极为复杂的永久形状。

这种聚合物是“可编程物质”的一个最新例子。

为展示其能力,研究人员为一小片这种新的聚合物材料预先设定了一系列形状。随着不断加热,这种材料先从船的形状变成鸟的形状,再变成风车的形状,然后恢复其最初的形状。

虽然这仍然是实验室里的新奇事物,但其潜在的应用十分广泛,包括能够根据体温发生改变的柔韧的医用传感器、被日光加热时展开的太阳能板,以及可变形工具或机器人等。

自 20 世纪 40 年代以来,研究人员就一直在对可变形的聚合物和金属进行实验,这些聚合物和金属能够被压扁、扭曲或弯曲为暂时的形状,在接触到高温、光线、湿气或磁场的时候恢复至它们原有的形状。最近几年,美国国防部高级研究项目局已经提供资金,研制适用于工具和武器、可以根据指令被塑形和再塑形的智能材料。

常规的可变形材料在从一种形状变为另一种形状的时候无法积累变化,每一次连续的改变都会将材料记忆清除干净。据研究人员称,这种新的聚合物材料能够积累满足要求的改变,形成一种新的永久形状。在这项研究中公布的这种方法能够允许循环操作很多次。

在这项新研究中,科学家们设计了这种聚合物的分子结构,这样,它就能够在根据预设的温度变化而发生多次改变时产生记忆并循环。他们称,这种新材料制作起来既简单又便宜。它可以很容易地被改造成 3D 打印机的墨水。谢涛称:“我们的新研究表明,你可以得到各种各样、复杂得多的永久形状。这创造了新的可能性。”

本文内容参考中国《科技日报》《参考消息》、中国浙江大学官方网站、美国《科学进展》。

可折叠电池

中国科学家已研发出一种可弯曲、卷曲和折叠的电池。

世界对可弯曲电子产品的需求正在迅速增长，因为这种技术能让视频屏幕和太阳能电池板变得可弯曲和折叠。但传统电池不能弯曲，又很笨重，无法用于可弯曲电子产品。

中国科学家研发了一种可弯曲的锂电池。

手机和平板电脑等大部分便携设备都使用锂离子电池。然而在同样重量下，所谓的锂空气电池所保持的电能可以达到锂离子电池的 5~10 倍。

锂空气电池的阳极通常由锂金属制成，阴极往往是一种多孔的碳材料，这类材料能让周围的空气进入电池。

中国科学家表示，墨汁的主要成分是碳，而纸的特点是多孔、薄、易弯曲、轻和廉价。他们推断，渗入纸中的墨汁可以用作锂空气电池的阴极。

中国科学家制造了一种电池，这种电池包括三层：由吸了墨汁的纸作为阴极，一层锂箔作为阳极，阴极和阳极之间则夹有一层玻璃纤维，它可以让带电的离子在阴极和阳极之间流动。

该研究人员称，即使经过 1000 次弯曲和复原，他们的原型电池拥有的电储存能力仍堪比用于商业销售的锂离子电池。他们还能很容易地将这些电池折叠，构成电池组。

研究人员称，未来他和他的同事将为这些电池研发一种轻质并可弯曲的涂层，以保护电池不受腐蚀。

本文内容参考中国《科技日报》《参考消息》、美国《高级材料》。

高敏感沙林毒气探测器

中国科学家发现检测沙林毒气袭击的新方法。

东京地铁沙林毒气袭击事件虽已过去20年,但一直没有在公共场所防御这种毒气的实用方法。

中国一个研究团队开发出了世界上最敏感的沙林毒气探测器。该设备能够以低廉的成本安装在地铁等易受攻击的公共场所。

发表在英国皇家化学学会的《化学通讯》双月刊上的这份研究报告称,该设备可在1秒钟内检测出空气中浓度低至十亿分之六的沙林毒气分子。

该设备可在毒气刚一释放时就通知相应机构,这样可以在毒气达到危险浓度之前就疏散人群,减少伤亡。

在东京袭击事件中,受害者接触到浓度达每立方米100毫克的沙林毒气两分钟后就会死亡。这一浓度是新设备可探测浓度的数十万倍。

沙林毒气的化学特性与乙醇等很多无害化合物类似,因此机器很难探测到泄漏。几十年来,化学工厂一直用兔子等动物来探测这种化学物质的存在。

由中国科学院固体物理所研究小组发现,沙林毒气分子在被加热到不同温度时会留下独特的“指纹”。他们据此开发出了芯片状的探测器,这种探测器的敏感度更高,而且可以批量生产。许多实验室都生产过类似的传感器,由于成本高昂都没能大规模生产或应用,其主要问题是大多数高性能的气体探测器都需要昂贵的单个组装。这一技术已经可以投入“实际的工业应用”。

本文内容参考中国《科技日报》《参考消息》、英国《化学通讯》。

新型面料可随体温自我调节

具有调节能力的新型面料可在体温升高时降温。没有什么比一件沾满汗水的湿衣服更令人不舒服的了。几十年来,运动服制造商一直试图消除这种感觉;为了调节穿戴者的体温,他们研发了带有能够吸干汗水的涂层的合成纤维,并对此类宽松、透气的面料进行实验。现在,科学家研制出了他们所讲的第一种能根据外界条件自动改变结构的面料,可随温度和湿度的升高而释放更多热量。

利用对温度和湿度作出反应的红外敏感纱线制作了这种可自我调节的面料。当一个人的皮肤和衣服之间的微环境发生变化时,面料的纱线就会收缩,释放更多热量或者膨胀,使身体更保暖。

人类的身体主要通过红外辐射吸收和散发热量。通常,人类在冬天将自己包裹在大量衣物中,以吸收这些能量,在较为温暖、潮湿的环境条件下改穿更透气的服装,以释放这些能量。但在现代社会,人们可能经常会从拥挤的、汗流浃背的上下班途中过渡到凉爽的、有空调的办公室。研究这种新面料的研究人员认为,一件适应这些不同情况的衣服会更加实用和舒适。

尽管研究人员在吸汗面料研究上取得了进展,但研发出动态面料——在高温时释放能量、在低温时保留能量仍是一项挑战。研究报告称:“我们的突破在于创造了让热量远离身体的动态效应。这种面料可以满足你个人的需要。”

这种面料的反应性来自其涂层:聚合物纤维被一层薄薄的碳纳米管覆盖。当穿戴者发热或出汗时,碳层就会变紧,拉近纤维的距离,在面料上留下缝隙。这使得它更透气,让热量辐射,使穿戴者降温。如果皮肤附近的微环境变冷或变干,这种面料就会膨胀以吸收热量。

研究人员称,考虑到相对湿度,这种具有调节能力的面料对热辐射的改变在35%以上。王育煌称:“现在,你可以穿上一件让你在更大的温度范围内和更广泛的活动范围中感到舒适的单衣。”

在服装业界的帮助下,王育煌计划继续开发这种具有调节能力的面料。

他希望在近期测试用它制成的服装,并最终进行批量生产。

这种面料是第一种能根据环境而实际改变形状的织物,这可能使其具有优势。

本文内容参考中国《科技日报》《参考消息》、美国《科学》。

机器人蜜蜂

波兰华沙理工大学的科学家们研制出了一款能够进行人工授粉的机器人蜜蜂。这是一种能够完成找到花朵、采集花粉和将花粉小心翼翼地从雄蕊转移到雌蕊这一系列过程的微型无人机。

这名研究人员称,这款昆虫机器人已经实验成功,其授粉能力有望为应对全球蜜蜂数量持续减少提供替代方案。近年夏天我们展开了实验,如今我们已经通过这一人工授粉过程获得了第一粒种子。这说明我们的机器人能够担负起真蜜蜂的工作。

尽管科技发展日新月异,出人意料的成果层出不穷,但目前尚未能设计出一款能够产蜜的机器人蜜蜂。

这款授粉机器人"并不打算取代蜜蜂,而是试图协助和完善它们的工作"。目前尚不能准确评价在授粉能力上究竟是无人机还是真蜜蜂更胜一筹。

可以肯定一点的是,这款机器人蜜蜂能够以智能的方式协助大自然。按照程序设置,它可以专注于一个特定区域并找到具体类型的花朵进行授粉。

华沙理工大学的这个研究团队设计出了两种型号的机器人。

蜜蜂,一种是能够飞行的,另一种是陆地型的。后者的工作自主性更强,其电池更耐用。

此外,这种机器人还能用于推动"精准农业"的发展,如根据作物的类型或位置确定投放化肥和农药的剂量。

华沙理工大学计划从2017年起制造出第一批机器人蜜蜂原型并在两年内正式投产。无论是对农作物还是对大自然来讲,蜜蜂的授粉都至关重要,而蜜蜂死亡率逐年升高使得农业产出效率面临威胁,一些完全依靠蜜蜂授粉的农作物濒临灭绝。

2014年欧盟称,不同国家蜜蜂的死亡率在3.5%~33.6%。蜜蜂死亡率上升已经成为全球现象，尤其是在那些农业非常发达的国家。因此，华沙理工大学的这项研究成果对农业的未来具有举足轻重的意义。

本文内容参考中国《科技日报》《参考消息》、波兰华沙理工大学官方网站。

周长100千米超级对撞机

中国建造100千米长的超级对撞机,可生产100万个希格斯玻色子。

中国正在建造一台几乎相当于大型强子对撞机4倍大小的对撞机。这台对撞机预计在启动运行后的第一个10年里产生超过100万个希格斯玻色子。

有关建造周长100千米的环形正负电子对撞机的计划最初于2012年提出,当时距离大型强子对撞机发现希格斯玻色子刚刚过去了几个月。现在,这个项目的研究人员发布了2卷(本)设计报告,展示了他们过去6年的工作成果及未来数十年的工作计划。

报告显示,环形正负电子对撞机的大小远远超过了周长不足27千米的大型强子对撞机。报告还简要介绍了环形正负电子对撞机在开展物理实验的能力上如何比大型强子对撞机更胜一筹。科学家表示,环形正负电子对撞机未来10年将生产100万个希格斯玻色子、1亿个W玻色子和近1万亿个Z玻色子。

与大型强子对撞机相似,环形正负电子对撞机也是环形结构。环形正负电子对撞机将被安置于一条地下隧道中,它将由直线加速器、阻尼环、增强器和对撞机等部分组成。它是一台双环对撞机,正负电子束在不同管道中沿相反方向循环运动。

环形正负电子对撞机的隧道还可以用来安放一台超级质子对撞机,研究人员正在考虑相关建议。这台超级质子对撞机能够达到的能量将远远超过大型强子对撞机,后者的最大撞击能量为14万亿电子伏特,而超级质子对撞机可以达到70万亿电子伏特。

环形正负电子对撞机机构委员会称:“《概念设计报告》标志着我们完成了整个项目的加速器、探测器和土木工程的基本设计。下一步将重点关注环形正负电子对撞机关键技术和原型机的研发。”

国际未来加速器对撞机委员会和亚洲未来加速器委员会称:“这是环形正负电子对撞机这样一个用于基础研究的大型科学装置的重要发展里程

碑。毫无疑问，国际高能物理学界非常希望参加环形正负电子对撞机的研发和将来的科学实验，这将大大促进对物质最基本组成单元的进一步理解。”

近年来，科学家将开展广泛的研究，建造环形正负电子对撞机关键部件的原型机。他们还将建造对撞机的基础设施。环形正负电子对撞机于2022年开始建设，2030年竣工。

一旦环形正负电子对撞机取得成功，科学家希望超级质子对撞机在21世纪30年代的某个时间开始运行。《概念设计报告》称：“作为一台能量前沿机器，超级质子对撞机能够发现一整套新的粒子。暗物质仍然是粒子物理学和宇宙学最令人费解的问题之一。弱相互作用大质量粒子仍然是暗物质的最佳候选者。”研究人员称，超级质子对撞机可用于“大幅拓展”弱相互作用大质量粒子的研究，这有可能为宇宙最大谜团之一提供答案。

本文内容参考中国《科技日报》《参考消息》、中国科学院高能物理研究所官方网站。

“空气芯片”开启纳米电子新范式

电子工程师开发出一种能通过细微空气间隙,而不是硅来传送电子的新型晶体管。这一发展否定了半导体的必要性,提高了该装置的速度,且降低了过热的可能性。

研究人员利用这项突破为一种纳米芯片开发出概念验证设计。这种芯片的特点是金属与狭小空气间隙相结合。

皇家墨尔本理工大学研究者称:“每台计算机和手机都有数百万至数十亿由硅制成的电子晶体管,但这项技术正在达到其物理极限,导致硅原子阻碍电流、限制速度并产生热量。我们的空气通道晶体管技术让电流在空气中流动,因此不会发生碰撞使其减速,材料中也没有产生热量的阻力。”

在过去十多年中,随着工程师们设法将越来越多的晶体管挤进硅芯片,计算机芯片的功率和效率大约每两年翻一番。现在的晶体管比最微小的病毒都小,而技术专家表示,晶体管能小到什么程度是有限的。

硅基电子产品面临着一个天花板,而工程师们已经在接近这一极限。但基于空气的纳米芯片能够为研究人员提供通往纳米电子新范式的途径。这项技术在晶体管小型化方面走了另一条路,为的是让摩尔定律在今后几十年里依然有效。

根据这项新研究,其概念验证设计避免了传统固体通道晶体管的一个问题:原子太多。研究人员没有使用真空包装来降低晶体管密度,而是利用一个狭窄的空气间隙。这个间隙只有几十纳米,是人类毛发宽度的五万分之一,但它足以让电子误以为自己是在真空中行进,为在纳米级空气间隙内的电子重新创造一个虚拟外部空间。

研究人员认为,他们的装置将很容易与现有电子技术兼容。这是朝着一项激动人心的技术迈出的一步,这项技术旨在“无中生有”,大幅提高了电子产品的速度并保持快速技术进步的节奏。

本文内容参考中国《科技日报》《参考消息》、美国《纳米通讯》。

超强碳纳米管纤维新材料

中国清华大学研究团队称，他们研发了一种高强度的纤维，甚至能用于制造一台通往太空的电梯。仅1立方厘米的、用碳纳米管制成的纤维就能承受160头大象（超过800吨）的重量且不会断裂，而这根小小的缆绳仅重1.6克。

该团队利用碳纳米管研制出一种新型“超长”纤维，并表示这种纤维的强度高于以往任何纤维。

该团队在论文中称：“很明显，碳纳米管束的抗拉强度至少是其他材料的9到45倍。”

这种材料“在许多高端领域的需求量都很大，如体育器材、弹道装甲、航空航天，甚至太空电梯等”。

制造一台可以从地球进入太空的电梯，这个想法也许听起来像是科幻小说中的东西，但它已存在一个多世纪，而科学家在最近数十年提出了各种设计方案。

太空电梯的理念一直停留在物理和数学模型的领域，因为没有强度足够高的材料来制造所需的超轻超强缆绳。

美国国家航空航天局称，这些缆绳的抗拉强度需要不低于7千兆帕。事实上，美国国家航空航天局曾于2005年推出一项研发此种材料的全球性竞赛，并附加200万美元奖金。但并没有人领奖。

现在，这个清华大学团队称，他们最新研制的碳纳米管纤维的抗拉强度达到80千兆帕。

碳纳米管是由碳原子组成的圆柱形分子，这些碳原子连接成六边形，直径仅为1纳米，其抗拉强度是已知任何材料中最高的，理论上高达300千兆帕。

就制造太空电梯缆绳而言，目前看来，碳纳米管纤维是最有希望的候选材料，但需要进行更多计算和模拟来评估其性能。

虽然要造出通向太空的电梯可能还需要很多年，但其团队正在努力将这种碳纳米管纤维投入批量生产。

研究人员于 2013 年制造出世界上最长(50 厘米)的碳纳米管,并于近期又制造出一根 70 厘米长的碳纳米管。

本文内容参考中国《科技日报》《参考消息》、英国《自然·纳米技术》。

发明稀土快速提炼法

中国科学家找到更快提炼稀土的方法,同时还能减少工业污染。

一个中国科学家小组已研究出了一种新方法,他们表示可以大大减少从矿石里提取稀土的时间,同时还能减少工业污染。

提炼微量金属元素很困难且要花好几天才能完成,但是,中国科学院的研究人员表示,他们找到了一种方法,可将提炼时间缩短到数分钟。

这可能会引发稀土行业的技术革命。

中国稀土储量约占全世界的1/3,供应量占全球的90%。这17种微量金属元素对于几乎所有高科技产品——从半导体到智能手机和其他先进仪器的制造都至关重要。

从矿石里提炼稀土的标准方法是,将它们浸没在有毒化学溶液中,以分离出有用的元素,这一过程需花费一个星期的时间。

使用该课题组研究出的新物质,可以以前所未有的速度和效率分离出有用元素。

在显微镜下看,这种新型苯氧羧酸类萃取剂包含无数直径仅为几微米的固体颗粒。

当这一萃取剂与稀土矿石的微粒混合时,一个被称为"萃取-沉淀法"的过程就开始了。

这种方法还能用来从采矿废石中提取稀土,甚至还能从沥滤过的废料中获得一定量的稀土。找到一种低成本且清洁的稀土生产工艺是一个世界性难题。传统的提取方式需要大量挥发性有机溶剂……这些溶剂很难回收利用,而且在此过程中产生的废水会给环境带来负面影响。

新的提取方法不仅能减少污染,还能降低生产成本。众所周知,稀土行业让环境付出沉重代价。废水中的污染物不仅很难安全处置,而且处理成本高昂。新方法使用的材料可以回收,而且这一处理过程很容易就能达到环保标准。我们正在让这种提取工艺进入大规模应用阶段。

世界上最大的一些稀土生产商已经完成了相关工业测试。

本文内容参考中国《湿法冶金学》《科技日报》《参考消息》。

生成“真正”随机数字

中国科学家生成的“真正”随机的数字可能造就黑客无法攻击的电邮和超级安全的信用卡。

根据英国《自然》周刊发表的一篇文章，中国科学家率领的团队成功利用量子力学，生成了一串串保证随机的数字。这种“真正”随机的数字是无法预测的，如果这些随机数字被转化为代码，用于电子邮件或信用卡号码的加密，它们将提供前所未有的安全防护。

中国科学技术大学的量子物理学家称：“无论经典密码学还是量子保密通信，都需要真正的随机数作为保障。如果目前用来生成随机数的设备遭到黑客攻击，用这些设备加密的所有信息将不再安全。”

科学家直到最近才研究出如何生成真正的随机数，因为利用算法或芯片的传统方法依据的是可预测的牛顿力学。

报告称，该团队在持续 4 天的实验中生成了 6250 万个经过量子认证的随机比特，也就是每秒 181 个比特。这相当于每分钟在键盘上输入约 1400 个字符。

在中国和美国的研究之前，科研人员利用传统方法已生成了科学家们所称的“伪随机数”。软件程序生成的“随机”字符串实际上是由一个底层算法决定的。因此，可能可以利用更复杂的算法或更强大的计算能力破解它们。

美国研究的假设是，数据传递协议的任何对手或窃听者都只拥有一个经典存储器和一台经典计算机。这种假设在现实中可能站不住脚。

但是经过量子认证的随机数堵住了这些漏洞。

而在传统物理学中，如果你知道最初的情况，你可以随时预测所有结果。

该团队所实现的随机性源自量子力学的概率性质。

量子力学在近几十年才为人们所清楚了解，潘建伟是利用这项最新技术并帮助中国于 2016 年发射世界首颗量子卫星的先驱之一。

量子计算技术可能使今天的加密技术失去作用，而借助特殊类型卫星的量子通信将极难被破解。

本文内容参考中国《科技日报》《参考消息》、英国《自然》。

新型太阳能电池板可夜间发电

美国《应用物理通讯》半月刊发表论文称，工程师发明夜间太阳能电池板以利用本该逸入太空的能量，工程师们已经设计出了一种能够在夜间发电的太阳能电池板，从而将解决太阳能的关键缺陷之一。

太阳能是一种有前途的可再生能源。据美国太阳能技术办公室称，在1.5小时内投射至地球表面的阳光量足以提供整个地球一整年消耗的能源。

太阳能的难题之一是如何设法利用这种能量。另一个难题是如何在太阳落山之后使之得到维持。太阳能电池板的工作原理是利用光伏电池吸收阳光中的能量，并将其转化为电流。

夜间问题的一个解决方案是把太阳能储存起来，以便在没有太阳的时候使用，但在这方面进行的许多尝试都遇到了问题。例如：电池存在效率问题，而且使用成本昂贵。

另一个解决方案是制造即便在太阳落山后仍能继续产生能量的太阳能电池板。

他们拟建中的模型利用太阳能电池板中的光伏电池与周围空气的温差发电。

这一过程之所以能发生，是因为任何时候当热量从热源流向低温槽时，都会产生能量。由于地球大气层无法将所有的辐射热量留住，任何时候都存在辐射热量从地球向外层空间的持续流出。研究人员称，这种现象对于与天空接触的任何物体都是存在的。

由于光伏电池制造过程中所使用的材料具有出色的热辐射性能，它们在夜间的温度会比环境温度低几度。

研究人员认为，这种温差可以成为即使在夜间也能产生稳定电力的关键，此时太阳能电池板实际上转换为反向模式。

目前，他们设计的太阳能电池板模型的发电能力为每平方米50毫瓦，考虑到照明通常需要数瓦的电力，这不算很可观。根据美国物理学会发布的新闻稿，利用他们目前的设计，驱动几盏电灯需要的光伏面积大约为20平方米。不过这肯定存在改善的空间。

论文作者称:“这些元件没有一个是专门为这项用途制作的,因此我认为存在改善的空间。从这层意义上来讲,如果真的按照我们的用途来专门制作所有元件,那么我认为性能会更好一些。我们在这项研究中成功利用现成的元件搭建了完整的太阳能电池板,它具有非常良好的热接触,而整个装置中成本最昂贵的部分就是热电元件本身。”

本文内容参考中国《科技日报》《参考消息》、美国《应用物理通讯》。

量子电池将“秒充”电动汽车

量子电池让电动汽车在几秒钟内完成充电。

无论是光伏、风能还是核聚变，人类文明迟早转向可再生能源。考虑到人类不断增长的能源需求和化石燃料的有限性，这是不可避免的后果。大多数为开发替代能源而进行的研究和研发计划都使用电力作为主要能源载体。当前行业最显著的变化是电动汽车的发展，这是近年来增长最快的市场之一。

电动汽车依靠电池供电。长期以来，电池的能量密度比碳氢化合物低得多，导致电池续航时间非常短。电动汽车的电池存储技术是必须解决的主要技术瓶颈之一。

尽管电池技术有了巨大的改进，但电动汽车的消费者面临着另一个困难——电池充电速度慢。目前，汽车需要约 10 个小时才能完全充电，即使是充电站的超级充电器也需要长达 20 至 40 分钟才能为车辆完全充电，时间比加油要长得多。

为了解决这个问题，科学家们向神秘的量子物理学领域寻找答案，并发现这些技术有望带来速度更快的电池充电新机制。科学家在 2012 年发表的一篇开创性论文中首次提出这种“量子电池”概念。理论上，量子资源如量子纠缠，可以通过以集体方式同时对所有电池进行充电来大大加快电池的充电过程。现代高容量电池可以包含许多电池。然而，这种集体充电在传统电池中是不可能的，传统电池是彼此独立地平行充电的。这种集体充电对平行充电的优势可以通过“量子充电优势”的比率来衡量。

2017 年人们发现可能有两种方法可以利用这种量子优势，即“全局操作”——其中所有单元格同时与其他每个单元格对话（所有人都坐在一张桌子上），以及“完全合”——其中每个单元格只能与旁边的一个单元格对话（有许多讨论，但每次讨论只有两个参与者）。

研究表明，“完全合”在量子电池中是无关紧要的，并且通过全局操作实现了量子充电的优势。工作组进一步确定了这种优势的确切来源，同时排除了其他可能性,甚至提供了设计这种电池的明确方法。

专家们能够准确量化使用该方案可以实现的充电速度。研究表明,采用全局操作的量子电池可以实现充电速率的倍数提升,为了说明这一点,科学家拿典型的电动汽车为例,其电池包含约 200 个单元。采用这种量子充电,将使充电速度快 200 倍,这意味着在家里的充电时间将从 10 小时缩到约 3 分钟。在高速充电站,充电时间将从 30 分钟缩短到仅仅几秒钟。

本文内容参考中国《科技日报》《参考消息》、美国《物理评论快报》。

水蒸发可产生电能

利用自然水蒸发过程可以通过美国现有的湖泊和水库产生 325 千兆瓦电力，这大约相当于 2015 年美国发电量的 70%。为了获取这一能源，需要在空气与水的临界面上放置一个设备。来自水体的水分首先会进入这个设备，然后才到达大气层。因此，必须开发有关技术。

在研究中，该团队使用了水蒸发的产能潜力模型。在蒸发过程中，液态水转变成水汽。

他们考察了湿度、风速和温度对蒸发率的影响。于是，他们猜想用一些装置来捕捉产出的能量。后来，科学家们计算得出，除了五大湖，美国水体的蒸发潜力超过 10 万平方米。

能源收获设备可以建立在孢子的自然行动上。孢子是细菌应对严酷环境而形成的微小结构。孢子可以经受干旱或严寒，以在环境改善时产生新的细菌。当周围空气的相对湿度改变时，孢子的保护性外层可以吸收或释放水。湿度大时，它们吸收水并扩张；湿度低时，它们释放水并收缩。在这个过程中，它们像肌肉那样活动。

理论上，孢子可以被整合成材料，当湿度水平改变，如在蒸发期间，这些材料就会产生能量。我们已经用孢子制作了一些概念验证装置。这些装置在被放置于水上时会产生电能。这些设备包含表面涂有孢子的塑料条，随着湿度改变，这些塑料条会变长或缩短。我们将这些塑料条的活动末端连接一台发电机。该发电机会产生电力。

该团队称，水坝或湖泊本身可以用来储存太阳的热量，而太阳的热量会推动蒸发，这样电力可以仅在需要时产生。

水是一种绝妙的热储存库，或许它能解决“间歇性”能源的问题——涡轮或太阳能电池板只在有风或有太阳的时候才产生电力。他们还表示，分配由蒸发产生的电能需要靠近电网。用于产生水电的水库都需靠近电网。

研究人员称，这些发现要求对技术进一步研究，以从蒸发过程中获取电能。

本文内容参考中国《科技日报》《参考消息》、英国《自然·通讯》。

发明不易燃电池

锂离子电池的发明者发明了快速充电且不易燃的新电池。由锂离子电池的联合发明者带领的工程师团队开发出首个全固态的蓄电池单元,将为手持移动设备、电动车和固定储能设备带来更安全、充电速度更快和更持久的充电电池。

这一最新突破是一种低成本的全固态电池,不易燃,循环寿命(使用寿命)长,能量密度高,充电和放电速度都很快。

要想让电动车更加普及,电池的成本、安全性、能量密度、充电和放电速度及循环寿命都是很关键的。我们的发现解决了当今电池存在的许多问题。

研究人员表示,新型电池的能量密度是当今锂离子电池的至少3倍。电池的能量密度决定了电动车的续航里程,电池能量密度越高,电动车每充一次电能行驶的距离就越远。得克萨斯大学研究的这种新型电池的配置能实现更多次数的充放电周期。这就相当于延长了电池寿命,同时提高了充电速度。

当今的锂离子电池是用液态电解质在正极和负极之间运送锂离子。假如充电太快,就可能导致“金属晶须”形成并贯穿液态电解质,造成短路,从而可能引发爆炸和起火。研究人员用玻璃电解质替代了液态电解质,这样就可以使用碱金属正极,而不会形成“金属晶须”。

使用碱金属正极,在传统电池中是无法实现的,增加了负极的能量密度,使电池循环寿命更长。在实验中,电池实现了1200多个低电阻周期。

此外,由于固态玻璃电解质在零下20摄氏度也能实现高导电性,汽车装配这种电池在冰冻的天气依然能表现良好。这也是首个在零下60摄氏度条件下也能使用的全固态电池。

大约两年前,他们开发的新电解质通过得克萨斯大学奥斯汀分校的技术商业化办公室取得了专利。

这种玻璃电解质使他们可以在正极和负极上拆装碱金属,而不会出现

“金属晶须”,这就简化了电池的制造程序。另一个优势是,这种电池可以用环保材料制造。

本文内容参考中国《科技日报》《参考消息》、美国《能源与环境科学》。

造出无铅太阳能电池

研究人员开发了一种效率令人满意的新型太阳能电池,它利用了含锡的钙钛矿替代原先含铅的钙钛矿作为光吸收剂。这种低成本、对环境友好的太阳能电池可以采用简单的化学方法,即无须使用昂贵的设备或有害的材料,很方便地加以制造。这对于把铅从一种非常有前途的太阳能电池类型(所谓的钙钛矿电池)中除掉是一个重大突破。锡是一种非常可行的材料,已证明这种材料确实可以像高效的太阳能电池那样工作。

这种新型太阳能电池采用一种名为钙钛矿的材料,但以锡替代铅作为其中的吸光剂。铅钙钛矿可以实现15%的转换效率,而锡钙钛矿的转换效率应该能够与之匹敌,甚至超过这一水平。钙钛矿太阳能电池正在被称赞为"光伏技术的下一个大事件",并已经为这个领域重新注入了活力。锡钙钛矿层起到了有效吸收太阳光的作用,它被夹在两个电荷传输层之间,以便把电能输送到外界。

固态锡太阳能电池的转换效率接近6%,这是一个很不错的起点。有几点使这种材料与众不同:它可以吸收可见光谱上的大部分光线,而钙钛矿盐可以分解,并且无须加热就可以在溶剂被清除时重组。

钙钛矿太阳能电池是2008年后才问世的,还只存在于实验室中。2012年,新型锡钙钛矿太阳能电池有望实现更高效率并降低制造成本,同时保持对环境的安全。

本文内容参考中国《科技日报》《参考消息》、英国《自然·光子学》。

新型电池2分钟可充电70%

科研人员造出充电只用2分钟的电池——它将根本性地改变智能手机和电动汽车行业。

这可能是所有智能手机用户的梦想，只需要充电120秒的电池。新加坡科研人员称，他们研发的超快充电电池只要2分钟时间就能充上70%的电。这种电池的寿命也是目前常用电池的10倍。现在的电池用的时间越长，就越难充上电。

南洋理工大学的科研人员称，他们取得的这项突破会给多个行业带来广泛影响，尤其是电动汽车行业。目前，电动汽车充电时间长、电池寿命短。

电动汽车车主们可以省下一大笔更换电池的钱，只需要几分钟就能给爱车充好电。

该项目研究组负责人称："电动汽车将能够大大增加续航里程，充电也只需要5分钟时间，这跟现在普通汽车加油的时间不相上下。同样重要的是，我们能够显著减少废弃电池产生的有毒垃圾，因为我们这种电池的寿命是现在使用的锂离子电池的10倍。"手机、平板电脑等电子产品普遍使用的是可重复充电的锂离子电池，一般可以重复充放电500次左右。正常使用电子产品的话，这相当于用上2~3年，而每次充电需要两个小时才能把电池充满。

传统的锂离子电池用石墨来作负电极，而南洋理工大学研发的这种新电池将石墨换成了一种新型凝胶材料，其原料为二氧化钛。

二氧化钛储量丰富、价格便宜、安全无毒。它在土壤中很常见，普遍用来作为食品添加剂，还经常被用在防晒霜中吸收有害的紫外线。

二氧化钛在自然状态下是球形的。南洋理工大学的这个研究小组找到了一种途径，将二氧化钛转换成微小的纳米管，其厚度仅为头发丝直径的千分之形态的改变使新型电池内部的化学反应加速，从而让超快速充电成为可能。这种电池是南洋理工大学材料科学与工程学院专家发明的。

预计，这种新一代快速充电电池将在2年内打入市场。

它还有可能解决长期存在的电动汽车充电问题。这种新电池可以重复充放电 1 万次,这也意味着电动汽车车主能够节约更换电池的费用。

近年,全球可充电锂离子电池的市场规模预计将达到 234 亿美元。

锂离子电池中通常使用添加剂,这影响到电子和离子进出电池的速度。

这种新电池,其电极是用交叉连接的二氧化钛纳米管制作的,从而无须在电池中加入添加剂,因而能够在相同大小的空间内储存更多的能量。

现在锂离子电池使用的锂-石墨电极是几十年前发明的,这项发明是电池技术的一大跨越。

本文内容参考中国《高级材料》《科技日报》。

发明廉价太阳能电池

植物可以毫不费力地储存太阳能：在光合作用中，它们利用光来制造富含能量的化合物。但是，它们的光能利用率只有1%左右。因此，科学家们很早就开始尝试人工光合作用并制造可利用太阳能获取氢的电池。

这类光合作用电池的研发工作现在已取得了重大进展。一个国际科研团队在最新一期美国《科学》杂志上撰文介绍了一种既高效又廉价利用太阳能从水中获取氢的方法。这种所谓的钙钛矿太阳能电池技术的光能利用率达到了12.3%。

氢因其高能量密度而被视为未来重要的能量载体。尽可能高效率地通过阳光来获取氢，将解决在利用太阳能的过程中存在的主要问题：氢只能在白天获取，且难以储存。

尽管把常规太阳能电池与利用电能将水分解为氧气和氢气的电解器结合起来是有可能的，但成本过于昂贵。将太阳能电池与电解器融合在一个部件内的方法有望提高效率，正如《科学》杂志所描述的方法那样。

科研团队称，新式太阳能电池使用了钙钛矿、镍和铁这些地球上储量丰富的物质。这种电池是以硅为基础的传统太阳能电池的替代品。米夏埃尔·格雷策尔电池借助自然染料来吸收太阳能，原理类似植物的光合作用。迄今为止，往往使用一些价格高昂的稀有元素。

研究人员将两个钙钛矿太阳能电池组合在一起，这样就能给电解水提供足够的电压（至少1.23伏）。电解水通过两个化学反应实现，一个制造氢气，一个制造氧气。考虑成本，研究者决定为这两个反应选择一种催化剂：掺入铁的镍氢氧化物这种物质和泡沫镍共同构成了电极的外表面，水的电解就在其上面发生。

在测试中，分解水的光电流越来越弱，但间歇期（在实际运行中可能是在夜间）过后又恢复了全部功率。研究人员目前还不能理解为什么钙钛矿太阳能电池会有如此表现。

尽管上述水解方法12%的光能利用率已经不同寻常，但还有很多方法去提高它。

如果钙钛矿太阳能电池与一块半导体(比如硅)组合在一起,光能利用率将提升至20%;借助更合适的催化剂也能改进制造氢气的化学反应。搞清楚钙钛矿太阳能电池能否在未来的能源竞争中战胜化石燃料,是能源界的一项可持续性的绿色革命。

本文内容参考中国《科技日报》《参考消息》、美国《科学》。

发光植物有望取代路灯

路灯可能会被发光的树取代,因为科学家已经发现了让植物在黑暗中发光的方法。

在美国能源部资助的一项研究中,麻省理工学院的研究人员证明,可以给叶子注入萤火虫使用的发光化学物质,使它们闪闪发光。

在用豆瓣菜进行的实验中,它的叶子发出的光足以为我们看书提供照明。科学家们相信,有朝一日,植物不仅能照亮人们的家和办公室,而且还能提供街道照明,这些都不需要电力。

研究报告称:“我们的设想是打造出一种能够当台灯使用的植物——一盏你不用插电的灯。凭借我们的研究成果,未来可以用处理过的树充当路灯并为住宅提供间接照明。”

为了打造发光树,麻省理工学院的这个团队将目光投向了萤光素酶萤火虫,利用这种酶发出柔光。萤光素酶能够作用于一种名为萤光素的分子,使它发光,而第三种化学物质则通过清除那些阻断萤光素的障碍来推动整个过程。

这三种成分都被装进不同大小的微型纳米颗粒,这使它们能够进入叶子的不同部位。接下来,它们要么被注射到植物体内,要么用几个小时的时间渗透到植物里。

一旦进入叶子,萤光素纳米颗粒就会逐渐释放其载荷,而这些成分就会进入植物细胞。在那里,萤光素酶会进行分子发光所需的化学反应。

以前打造发光植物的尝试均依赖于对植物实施基因工程,而这一过程耗时耗力,结果却只能产生极其微弱的光,而且必须弄清楚每一株植物的基因编码。这种新方法则适用于任何植物。到目前为止,除了豆瓣菜,它还在芝麻菜、甘蓝和菠菜上得到了验证。

本文内容参考中国《科技日报》《参考消息》、美国《纳米通讯》。

农林废渣可低成本挤压发电

据爱尔兰利默里克大学进行的研究,手机扬声器及视频游戏和车载的运动感应器可能很快就能由低成本、可持续的生物材料供电。

该校伯纳尔研究所的科学家发现,生物分子氨基乙酸在被拍打或者受到挤压时可以产生足够的电力提供给电器产品,这种方式经济成本既低又可以持续。氨基乙酸是最简单的氨基酸。它实际上出现在几乎所有的农业和林业废渣中。它的生产成本还不到目前使用的压电材料的百分之一。

压电材料靠对压力作出反应来发电。它们被广泛应用于汽车、手机和游戏机的遥控装置。与氨基乙酸不同,这些材料通常是合成的,往往包含铅、锂等有毒成分。

该校伯纳尔研究所研究人员称:“真的令人兴奋,这么小的分子能够发出那么多的电。我们利用计算机模型来预测一系列晶体的元件电反应,氨基乙酸的数字高得惊人。然后,我们在酒精里培养出了又长又窄的氨基乙酸晶体。我们只需拍打它们就能发电。我们开发的预测模型可以省去在实验室好几年的试错工作。模型数据告诉我们需培养什么样的晶体,挤压晶体的哪里才会发电。可将我们的发现转变成各种应用,比如可生物降解的发电、可在人体内探测疾病的装置以及生理上控制的药物泵。”

伯纳尔研究所的科学家们在球状蛋白质溶菌酶中发现了压电效应,这种酶出现在眼泪、蛋白和唾液及羟磷灰石(骨头的一种成分)中。

目前的发现将技术延伸到了务实、低成本和可再生的发电来源。这一发现将伯纳尔科学家们在生物压电效应领域世界领先的贡献转变为大规模的、可负担得起的应用可能。

利默里克大学的物理学系和伯纳尔研究所的研究人员还在继续探索利用生物晶体的发电应用。这项工作使得他们处于生物压电装置研发的最前沿。

本文内容参考中国《科技日报》《参考消息》、英国《自然·材料学》。

透明太阳能技术

科研人员在英国《自然·能源》杂志上发表报告称，可应用于窗户的透明太阳能材料是一种巨大的未开发能源，其可获得的电力与较为庞大厚重的屋顶太阳能板一样多。

以美国密歇根州立大学工程研究人员为主的报告作者称，广泛应用这种高度透明的太阳能材料及屋顶太阳能板，可基本满足美国的电力需求，同时还可大大减少化石燃料消耗。

高度透明的太阳能电池代表着新型太阳能应用的未来潮流。它的潜力，而且展示了它仅借助不可见光就可获取电力。这些设备可提供屋顶太阳能板一样的发电潜力，同时还具备额外的功能，可提高建筑、汽车和移动电子设备的效率。

该研究团队开创性地研发了透明的发光太阳能集中器，把它置于窗户上，在不干扰视线的情况下可产生太阳能。这种类似塑料的薄型材料可用于建筑、车窗、手机及其他拥有透明表面的设备。

这种太阳能系统利用其团队研发的有机分子来吸收不可见的太阳光。研究人员可以"调节"这些材料，只选择接收紫外线和近红外线，然后将这种能量转化为电能。

实现全球能源消耗摆脱化石燃料将需要这种创新和划算的可再生能源技术。美国和全球其他国家大约只有1.5%的电力需求由太阳能满足。

但是，就综合电力潜力而言，该研究团队指出，美国大约有50亿至70亿平方米的玻璃表面。如果覆盖这么大面积的玻璃，透明太阳能技术就有能力满足美国约40%的能源需求。如果我们提高能源储备，那么免费安装这两种技术就可以几乎百分之百地满足我们的需求。

高度透明的太阳能设备的效率在5%以上，而传统太阳能板通常效率为15%至18%左右。虽然透明太阳能技术将太阳能转化为电能的效率绝不可能高于不透明的太阳能技术，但是差距可以拉近，并且可以应用到更多的平面。

目前透明太阳能技术仅实现实际潜力的约 1/3。

50 年来,传统太阳能装置得到了积极研究,可是我们研究这些高度透明的太阳能电池才仅仅 5 年。这种技术终将提供光明的前途:在先前不能使用太阳能的大大小小的平面上广泛使用廉价的太阳能。

本文内容参考中国《科技日报》《参考消息》、英国《自然·能源》。

可直接从阳光获燃料

太阳能转化为燃料的系统回收利用二氧化碳来制造乙醇和乙烯。

美国能源部伯克利劳伦斯国家实验所的科学家利用光合作用的力量把二氧化碳转化为燃料和乙醇，其效率远超植物。这项成果是迈向可持续燃料来源过程中一个重要的里程碑。

许多系统成功地把二氧化碳变为化学和燃料前体，如一氧化碳或者一氧化碳和氢的混合物（名为合成气）。而这项新成果第一次成功展示了从二氧化碳直接到目标产物（乙醇和乙烯）的方法，且能量转换效率可与自然界的对应物相媲美。

研究人员优化了一个光电–电化学系统的组件来减少电压损失，并在现有材料不足的情况下创造新材料。这项研究的首席研究员伯克利劳伦斯国家实验所科学家乔尔·阿格称："这是一项激动人心的进展。随着不断上升的大气二氧化碳水平改变地球的气候，研发可持续能源的需要变得越来越迫切。我们的研究成果显示，我们具有一条可行的途径直接从阳光获得燃料。"

这条从太阳到燃料的途径是2010年建立的能源部创新中心人工光合联合中心推动太阳能燃料研究的重要目标之一。

该中心的研究最初聚焦于水在光合作用过程中的有效分解。在利用几种类型的设备基本实现这项任务后，研究在太阳能驱动下减少二氧化碳的JCAP科学家开始着眼于实现与分解水类似的效率，许多人认为这是人工光合作用领域的下一个巨大挑战。

伯克利劳伦斯国家实验所的另一个研究小组正在重点研究光电–电化学系统的某个特定组件来应对这项挑战。在近期发表的一项研究结果中，他们描述了一种能够利用最低的能源投入实现二氧化碳向多碳转化的新型催化剂。

为了该中心的这项研究，研究人员设计了一个完整的系统以在一天中不同的时间工作，而不只是在一级光能量太阳照明的情况下，这相当于晴天正午时的峰值亮度。他们改变光源亮度，显示该系统即使在低亮度情况下也依然有效。

研究人员研发的新组件有一个铜银纳米珊瑚阴极和氧化铱纳米管阳极。前者把二氧化碳变为碳氢化合物和含氧化合物，后者氧化水和制造氧气。

纳米珊瑚吸引人的特性是，和植物一样，它能在范围广泛的条件下生产目标产物，而且它非常稳定。二氧化碳是非常稳定的分子，分解二氧化碳分子一般需要输入相当大的能量。

把二氧化碳变为乙醇和乙烯之类的碳氢化合物，最终产物从开始到结束可能需要多达5伏的电压。我们的系统把电压降了一半，同时保持产物的选择性。

本文内容参考中国《科技日报》《参考消息》、美国《能源与环境科学》。

开发出石墨烯电池

韩国一家公司开发出新的电池技术，利用石墨烯增加电池容量，而充电速度能够达到现有水平的5倍。

据该公司综合技术院介绍，石墨烯电池的容量比市面通用型号高出45%。

石墨烯是碳元素的一种形式，被视为理想的电池材料，其导电速度能达到硅元素的140倍。

包含"石墨烯球"的电池仅需12分钟就能完全充满，而类似规格的现有电池需要一个小时。石墨烯电池还能在60摄氏度的环境中保持稳定，因此有望应用于电动汽车。

尽管锂电池直到1991年才真正实现商业化，但业内专家认为，这一技术已在容量和充电速度方面遭遇瓶颈，该公司最新研究成果有望为全球电池产业带来突破。

该公司开发了新型充电技术，能帮助智能手机以5倍速度充电。

这种技术使用了"奇迹材料"石墨烯，一种厚度仅为一个原子、强度远大于钢铁的超薄碳层结构。

石墨烯的用途很广泛。中国公司发布了用石墨烯制造的可弯曲智能手机，你可以像佩戴手环一样把这部未来手机戴在手腕上。

石墨烯还被用来抗击超级细菌。科学家发现，这种神奇的材料具有杀菌功效，可以作为外科工具涂层，用来预防感染。

如果把用石墨烯制成的带子固定在飞机机翼上，甚至可以在飞行过程中除冰。美国赖斯大学科学家证明了石墨烯的这种电热特性。

该公司宣称可以在传统电池里添加石墨烯。希望借助这一新成果，有朝一日开发出使用寿命较长的电动汽车电池，而且充电速度大大高于现有水平。

该公司称："石墨烯电池速充电能力被视为成功推动公众接受纯电动汽车的关键因素。"

石墨烯是碳原子以六边形结构组成的单层网状结构。这种材料不仅有望触发半导体技术、传感技术和显示技术革命，而且很可能帮助基础性量子物理研究取得突破。

人们常常把石墨烯形容为用碳原子和化学键编织成的一张网。科学家相信，他们有朝一日可以利用石墨烯制造透明导电材料，生物医学传感器和极轻极强韧的飞行器。与另一种重要的纳米材料“纳米碳管”类似，石墨烯同样异常强韧。

可以借助二氧化硅合成石墨烯。随后把石墨烯球用在锂电池的正极和负极上，提高了电池的性能，缩短了充电时间。

本文内容参考中国《科技日报》《参考消息》、英国《自然·通讯》。

钠电池将替代锂电池

电池技术的未来在于钠。相比目前为大多数设备和车辆提供动力的锂,钠更可持续,而地球表面的钠储量也很丰富。唯一的问题是,它的离子在传统电池的液态电解质中无法轻易移动,从而使其效率低于锂。因此,解决之道在于开发固体电解质。日内瓦大学的一个科学团队成功地应对了这一挑战,它采用的方法是修改由碳、硼和氢组成的一种材料的晶体结构。该研究小组还确定了应用于电池的理想压力,使其能有效运行。

20 世纪 90 年代初引入市场的锂离子电池现在为大多数电子设备和电动汽车提供动力。然而,它们存在两大缺点。它们所含的液体电解质可以让正离子在电池的两个电极之间流动,具有很高的易燃性。如果出现泄漏,它会与氧气发生剧烈反应,从而给使用者带来重大危害。锂的供应也存在问题。锂在全球分布不均。同石油一样,它占据了重大地缘政治问题的核心。

一种替代电池就是钠电池。这种化学元素在陆地和海洋中都很丰富,且比锂便宜,还更容易回收利用。然而,对它的使用并不多。日内瓦大学理学院晶体学实验室研究人员称:“生产这种电池所使用的技术与锂电池不同。业界尚不愿意采用这种较不熟悉的技术。”

由于钠比锂重,其离子在液态电解质中的移动也较不容易。解决办法是设计一种不易燃的固体电解质。然而,迄今为止,人们开发的这类电解质——由硼和氢构成,还无法实现锂电池的性能。日内瓦大学晶体学实验室近期进行的两项研究由拉多万·塞尔尼教授领导,已经成功地解决了相关问题。

第一项研究发表在美国化学学会的《应用材料与界面》上。研究人员开发了一种高效材料:$NaCB_{11}H_{12}$。拉多万·塞尔尼解释称:“最初,这种用于核医学的材料是不导电的。通过改变其晶体结构,更准确地讲是改变原子的空间排列,我们成功地使其具备了导电性,这使其成为目前最有效的运送钠离子的手段。”为了实现这一结果,该研究团队让这种化合物在一个球磨机内承受高能冲击,从而产生高温。这是一种在水泥行业广泛使用的高能效方法。

第二项研究发表在《先进材料·相互作用》杂志上。该研究项目则涉及将这种材料置于工作环境中。电池要工作,电解质,无论是液体还是固体,必须与电池的正负电极密切接触。因此,必须把它牢牢地控制在电池内。曾在该晶体学实验室研究人员称:"为实现这一目标,必须通过螺丝或弹簧施加压力。我们寻找了作用于我们的固体电解质的理想'力量'。"研究表明,这应该是大约400个大气压,相当于水下4000米处的压力。这个压力,转动几圈螺丝就可轻易实现。由于这些电池的重量略重,它们可以主要用于为汽车提供动力。制造它们的成本效益还有待评估,但现在重要的是,业界要认识到,我们发现的这种材料真的很有趣。

本文内容参考中国《科技日报》《参考消息》、美国《应用材料与界面》《先进材料·相互作用》。

展望2050年的几项科学进步

科学进步使我们能够找到应对新的经济、社会和环境挑战的解决方案，从而构建可持续的未来。在2050年成为现实的十项科学进步。

“元宇宙”曾在过去启动过几次，但都以失败告终。就像3D电视一样，这次看上去有足够的临界质量让它在近期起飞。这将推动增强现实，可以将虚拟现实覆盖在周围的环境中。

元宇宙和虚拟现实。虚拟现实近年来有了很大的发展，多家公司都在负责开发自己的虚拟现实眼镜，例如，“奥克卢斯-里夫特”虚拟现实眼镜、宏达电子公司虚拟现实头戴式显示器或谷歌虚拟现实眼镜等。

理论上，人们可以在城市中走动时看到周围人的手机号和名字等信息叠加在他们的头像上，这些都是通过社交网络上的信息获得的。总的来讲，大多数来自虚拟现实的应用都是积极的。在更新版的Zoom中，人们将可以召开3D会议。

人类基因编辑。十年来，基因编辑工具CRISPR一直被使用。它于2012年开发，可以轻松编辑包括人类在内的许多生物的基因组，可以将其与文本编辑器进行比较。专家认为，很有可能在2050年，“转基因婴儿”出生时会使用规律间隔成簇短回文重复序列或其他技术。基因编辑还将使孕育“定制”孩子成为可能，例如，特定身高或视觉能力。

星际旅行和太空旅游将成为可能，过去十年是太空旅游蓬勃发展的十年，未来十年是进入太空甚至重返月球并到达火星的新型火箭出现的十年。我们正处于太空探索新时代，取得了巨大的进步。冷战时期由苏联和美国领导的竞赛现在掌握在私营公司手中，这些公司结束了美国在太空领域的长期垄断。

大脑中的进步。据数学家估计，到2050年，与大脑的连接进度将非常好，以至于我们的大部分思考都将发生在大脑内部的“服务器电话”上。可以把它想象成大脑的延伸，它工作更快，内存更多，让你可以直接连接到互联网。届时，你仍然是你，用你自己的大脑，但你在服务器上有一个扩展，可以存在于世界任何地方。有一天,当你死去,或者更确切地讲,当你的身体死去时,你99%的思考都会发生在"云"中,所以你可能几乎没有注意到你的身体已经死了,因为你的思想还在继续。

用机器人组建社会。人机关系正在进入"第一次约会"阶段。我们已经看到日本人更喜欢虚拟新娘而不是真实新娘。今天,我们生活在一个许多人感到孤独并需要特别照顾的世界。这在未来不会改变。在人工智能和机器人技术的进步之间,创建智能个人助理将是未来机器人的主要目标之一。令人惊讶的是,开始研发个人辅助机器人的公司之一是丰田汽车投资有限公司,该公司已经宣布计划制造专注于在家中帮助人们的机器人。

超级高铁的诞生。有人已经了解,高速推进系统"超级环"正越来越接近成为现实。"超级环"有望在未来5~6年内将人们从一个城市运送到另一个城市。该预测基于当前的技术进步,因此实现的机会非常高。目前,只需要等待和关注谷歌、"深层思维""超级环一号"或太空探索技术公司等的进度,以找出技术正在发展的确切方向,并希望有一天,我们不会在醒来时发现自己生活在一个被人工智能征服的世界里。

改善器官移植。科学正在突飞猛进,以通过基因改造减少排异。德国科学家2月宣布,他们计划在近期克隆并培育转基因猪作为人类心脏捐赠者。

使用动物为人类提供器官是一个古老的想法,它寻求的是找到与尽可能多的个体相容的供体。在不久的将来从转基因猪身上找出适合移植的器官,从而提高正在等待获得兼容器官的患者的生活质量。

活到150岁。200年前,发达地区的平均预期寿命为40~45岁,今天为75~80岁。新加坡科学家开发了一款手机应用程序,可以准确估计生物衰老。科学家发现,未来的预期寿命可以是现在的2倍,达到150岁。

3D打印。世界各地的建筑师都在竞相建造世界上第一座用3D打印机建造的房子。目前,在中国,一家公司在一天内建造了10座3D打印房屋,每座造价约5000美元。与此同时,南加州大学正在研制一种巨型3D打印机,该打印机能够建造一整座房子,并配有电气和管道装置。随着城市人口的增多,以更便宜、更快的速度打印房屋将成为最常见和最有吸引力的房屋建筑方法。

无固体燃料。即将发生的重大变化之一是不再使用化石燃料来为房屋或汽车等设备提供动力,这将不晚于2050年发生。海底布线的进步将使各国能够利用撒哈拉沙漠等地的太阳能为整个国家供电。

附　录　2023 年科学探索奖名单

序号	姓名	单位	研究领域及主要成就
1	丁剑	北京大学	主要研究领域是概率论,尤其关注统计物理学与计算机科学的交叉。获得第九届世界华人数学家大会(ICCM)数学金奖
2	何颂	中国科学院理论物理研究所	主要研究领域为量子场论和弦论,特别是散射振幅及其对粒子物理、引力和数学等方面的应用。提出量子场论散射振幅的 Cachazo-何-袁形式,开创性地发现场论和弦论散射的几何起源,并在场论高圈计算和严格求解,规范场、引力和弦论的对偶等方向做出了一系列重要工作
3	彭新华	中国科学技术大学	主要致力于核磁共振体系量子计算及量子信息处理的实验研究,在量子算法、量子模拟、量子控制、量子精密测量以及量子力学基本问题测试等重要课题方面取得一定成果
4	王国祯	复旦大学	从事代数拓扑研究,在球面稳定同类群基本问题研究上有所突破。他自己创造"工具",探索无穷维的拓扑空间,使球面稳定同伦群的计算顺利向百维推进,解决了广义庞加莱猜想在奇数维情形的最后一个问题
5	向导	上海交通大学	主要研究领域为基于加速器的超快科学装置物理及关键技术。曾获美国能源部青年科学家奖、国际自由电子激光青年科学家奖

续　表

序号	姓名	单位	研究领域及主要成就
6	姚宏	清华大学	主要研究具有强关联效应或具有拓扑性质的量子体系中的理论问题，包括高温超导理论、超对称、严格解、拓扑序、有效场论、量子相变、量子纠缠、量子计算、量子动力学。在量子物态理论、新奇量子临界现象的理论及其在量子材料中的实现上作出的重要贡献
7	邓贤明	厦门大学	主要研究领域为化学生物学和药物化学。在化学生物学方面，发现和解决信号传导通路、神经生物学和癌症中的新问题。在药物化学方面，以化学生物学研究成果为基础，结合传统的药物化学手段，进一步优化小分子工具化合物，以期发展针对癌症等相关疾病的“靶向治疗”药物
8	刘心元	南方科技大学	主要研究领域为自由基参与的不对称化学和有机氟化学。提出了独具特色的“手性阴离子–金属单电子催化剂”新策略，开发了简单化工原料参与的不对称自由基催化反应，解决了高活性自由基手性控制难题，并拓展了其在资源分子高效利用和手性药物合成中的应用示范研究
9	吴凯丰	中国科学院大连化学物理研究所	主要研究领域为光电材料体系的超快光谱学研究、量子限域材料用于光伏和光催化、量子限域材料用于发光器件
10	许华平	清华大学	主要从事化学新材料研究，在非碳主链聚合物研究方面取得一定成果
11	曾杰	安徽工业大学/中国科学技术大学	主要研究领域为聚焦于选择性高效转化小分子（如二氧化碳、甲烷、氮气、水）制备液体燃料和高附加值化工品，并从材料、机制和反应流程设计三个方面开展研究工作。被评为中国新锐科技人物，获得第十六届中国青年科技奖特别奖等

续 表

序号	姓名	单位	研究领域及主要成就
12	成里京	中国科学院大气物理研究所	主要从事海洋观测数据处理和重建、海洋热含量变化、地球系统能量和水循环研究。曾获得中国科学院科学传播一等奖，获得 2023 年度“The Nicholas P. Fofonoff Award”，这是中国学者首次获得该项奖励
13	范一中	中国科学院紫金山天文台	主要从事天体物理研究，尤其是高能天体物理（伽马射线暴、软重复伽马暴、TeV Blazar、宇宙射线、中微子）研究，暗物质方面的研究
14	Joseph Ryan MICHALSKI	香港大学	主要从事火星的古老地壳研究，利用一系列遥感数据，包括来自火星轨道卫星和火星表面探测器的红外线、可见光、磁力、重力和激光数据，从火山学、地质化学、构造学和矿物学等多方面，研究发掘对火星的新知。曾荣获中国教育部高等教育研究卓越自然科学奖一等奖和国际中国计算力学协会 ICACM 青年研究员奖
15	倪彬彬	武汉大学	主要研究领域为辐射带物理与空间波粒相互作用。曾荣获中国地球物理学会傅承义青年科学家奖
16	田晖	北京大学	主要从事太阳物理研究，包括太阳过渡区、黑子动力学、低层大气磁活动与日冕加热、耀斑重联与加热、极紫外光谱成像探测。曾荣获第十七届中国青年科技奖
17	白洋	中国科学院遗传与发育生物学研究所	主要研究根系微生物组在植物抗病抗逆、营养高效等过程中的功能
18	曹鹏	北京生命科学研究所	主要研究领域为行为的神经生物学。探索脑功能和脑疾病的神经环路机制，在大脑启动“恶心-呕吐”病理反应的神经机制研究上有重大进展

续　表

序号	姓名	单位	研究领域及主要成就
19	葛亮	清华大学	主要研究领域为细胞自噬的分子机制和生物学功能，集中于自噬体膜形成的分子机制，以及其调节毒性蛋白聚集体的降解和非典型分泌的研究，同时致力于细胞自噬对细胞内稳态维持以及相关重大疾病（如癌症和神经退行疾病）的研究
20	巫永睿	分子植物科学卓越创新中心	主要研究领域为玉米胚乳发育与遗传改良。玉米胚乳发育的基因表达调控网络解析；优质蛋白玉米（Quality Protein Maize，QPM）胚乳修饰机制研究；玉米籽粒重要突变体的基因克隆和功能研究
21	张国捷	浙江大学	主要从事生物多样性及生态演化的基因组研究，研究范围包括物种形成的基因组学基础，生态环境与生物协同演化分子机制及动物复杂生理性状和行为学的分子基础。在前沿生命科学领域——生物多样性基因组学和生态演化基因组学方面做出了引领国际的突出学术贡献
22	白凡	北京大学	主要研究领域为单细胞基因测序技术应用于癌症病人外周血循环肿瘤细胞研究；大样本基因测序研究癌症发生、转移机制；综合使用基因测序、荧光成像手段研究细菌行为、致病性，抗生素杀菌原理和细菌抗药、耐药的分子机制。曾荣获国家科技进步奖二等奖和第六届中源协和生命医学创新突破奖
23	姜长涛	北京大学	主要研究领域运用代谢组学揭示糖尿病和心血管病等的发病机制；缺氧诱导因子与代谢性疾病；胆汁酸-FXR 代谢轴在糖尿病和心血管病中的作用。曾荣获第十六届中国青年科技奖

续 表

序号	姓名	单位	研究领域及主要成就
24	刘强	天津医科大学总医院	主要研究领域为脑疾病的免疫机制和临床干预。曾获“天津市自然科学一等奖”等奖励
25	王磊	复旦大学	主要研究领域为生殖疾病的遗传学。利用分子遗传学手段寻找相关疾病致病基因,并利用细胞、动物模型对相关基因功能展开深入研究。2022 年荣获第十七届中国青年科技奖特别奖
26	许琛琦	分子细胞科学卓越创新中心	主要研究领域为生物膜对受体功能的动态调控;T 细胞介导型自身免疫病的发病机制。曾荣获上海市科学技术进步奖一等奖
27	程翔	北京大学	主要研究领域为集中于基于数据驱动的智慧网络和网联智能研究,侧重智慧交通和物流场景,包括无线通信信道建模和应用、通信感知一体化技术、B5G/6G 智能车联网和多智能体协同理论和技术研究。曾荣获中国工程院首届“中国工程前沿杰出青年学者”称号
28	耿新	东南大学	主要从事机器学习、模式识别、计算机视觉等方面的研究。曾获国家杰出青年科学基金、国家自然科学奖二等奖等奖励
29	卢策吾	上海交通大学	主要从事计算机视觉与智能机器人的研究,在图像主结构表征、视觉关系学习以及人体行为姿态理解等关键问题上取得多项突破,有诸多创新贡献。曾荣获“求是杰出青年学者奖”
30	宋清海	哈尔滨工业大学	主要从事微纳米光子学、微型激光器、量子光学、随机激光、半导体激光器等方向的研究
31	唐杰	清华大学	主要研究领域为人工智能、数据挖掘、社交网络、机器学习以及知识图谱

续　表

序号	姓名	单位	研究领域及主要成就
32	丁一	浙江大学	主要开展电力系统负荷调控、综合能源规划和运行、复杂工程系统风险分析和电力市场等相关研究工作。研究成果曾获国家科技进步二等奖
33	刘诚	中国科学技术大学	主要研究领域为光学遥感算法原理、光学遥感仪器光机电设计、光学立体遥感大数据在我国大气环境中的应用
34	王殳凹	苏州大学	主要研究领域为放射性核素固体化学、放射性污染控制化学、放射性核素材料化学、放射性核素分离化学、新型辐射探测材料、新型辐射防护材料及药物、辐射化学合成、放射性药物化学。曾荣获第十六届中国青年科技奖
35	张强	清华大学	主要研究领域为锂电池能源化学、锂硫电池、金属锂负极领域、能源电催化、机器学习和人工智能指导能源材料设计与开发。曾荣获第十六届中国青年科技奖和2022年“科学探索奖”
36	张新波	中国科学院长春应用化学研究所	主要从事清洁能源材料和高能化学电源等高效储能基础和应用研究
37	钟文琪	东南大学	主要研究领域为多相流动及数值模拟、洁净煤和生物质热转化、工业过程优化等领域。曾荣获国家科技进步二等奖
38	谷国迎	上海交通大学	主要研究领域为机器人学与机电控制技术，软体机器人学，仿生机器人与智能穿戴式机器人，智能材料驱动、传感与运动控制，机器学习与3D打印

续 表

序号	姓名	单位	研究领域及主要成就
39	陶飞	北京航空航天大学	主要从事智能制造与装备、数字孪生、数字工程、制造工业软件、绿色可持续制造等教研工作。获国家科技进步二等奖、中国青年科技奖
40	王博	大连理工大学	主要研究领域为工程力学、固体力学、计算力学和航空航天力学等领域。荣获青年“973”首席科学家称号
41	戴峰	四川大学	主要研究领域为地下工程、岩石动力学、损伤破坏理论、岩土工程防灾减灾
42	周颖	同济大学	主要研究领域为高层建筑抗震、减震与隔震,地震可恢复功能结构,动力试验方法与技术。荣获第十七届中国青年科技奖特别奖
43	邹丽	大连理工大学	主要研究领域为海洋工程环境、非线性波浪理论、海洋工程基础理论与应用、非线性解析方法研究与应用、水下爆炸数值分析。荣获第十五届中国青年科技奖、第十七届中国青年女科学家奖
44	高鹏	北京大学	主要从事原子尺度界面科学研究,在界面晶格动力学、低微铁电与拓扑缺陷、新能源材料结构与悟性、电子能量损失谱学等方面成果突出
45	石发展	中国科学技术大学	主要研究领域为量子信息物理学、单分子科学与技术、生物物理
46	吴艺林	香港中文大学	主要从事物理学前沿交叉研究,在活性物质领域取得突破。研究成果将在新型自驱动材料或器件制备上应用

续　表

序号	姓名	单位	研究领域及主要成就
47	曾坚阳	西湖大学	主要研究领域为围绕 AI for Life Sciences 展开,包括高通量实验方法开发、多组学测序方法开发、基于生物大数据的人工智能/机器学习模型开发、AI 驱动的新型治疗方法开发和生物学知识发现等
48	张强	中国科学技术大学	主要从事植物系统演化和群落生态学研究,探讨进化历史因素和生态环境因素对群落多样性的决定作用,阐明石灰岩特殊基质环境下植物群落多样性的建成和维持机制

编后语

编写《科技创新十年探索》这本科普读物是源自河南省科学院在创建“省级文明标兵单位”时对全社会开展的科普工作的一项具体活动。为了在创建活动中彰显河南省科学院特色,河南省科学院精神文明建设领导小组要求河南省科学院文明办组织成立了“河南省科学院科普志愿者服务站”,为更好地组织全院科技工作者在全省开展“进工厂、进社区、进学校、进农村”科普志愿活动,编写一本能够全面反映近年来科技创新前沿成果的科普读物,就显得十分必要了。

近年来,河南省科学院文明办按照河南省文明办和河南省科学院精神文明建设领导小组的要求,充分发挥河南省科学院科技人员的优势,在“i科普”的旗帜下不断丰富“科技演绎精彩,科普点亮未来”的科普实践经验,一批以河南省科学院青年科技工作者为主体的科普志愿者脱颖而出。尤其是河南省科学院机关的科技工作者们利用自己的业余时间,不计报酬,不图回报,遴选编写一百多万字的科普知识书稿,为《科技创新十年探索》编辑出版提供了最重要的基础,作出了无私的奉献。我们为这些科普志愿者们点赞!

在编写《科技创新十年探索》的过程中,《河南科学》杂志社的编辑和工作人员给予了无私的帮助与支持,他们对《科技创新十年探索》书稿进行了多次的校改,对他们付出的辛苦劳动,我们表示由衷的感谢!

《科技创新十年探索》能够由黄河水利出版社出版,是我们全体参编人员的荣幸。出版社的编辑们认真负责、求真务实的工作作风,积极参与并为科普贡献自己力量的志愿者精神使我们备受鼓舞。我们为“热爱科学、崇尚科学”的同道人——黄河水利出版社的编辑们点赞!

《科技创新十年探索》源于河南省科学院精神文明建设的起点,2022年河南省科学院荣获“省级文明标兵单位”荣誉称号,为我们科普志愿者付出的这份辛劳画上了一个圆满的句号。

“文明,让生活更美好!”让我们在这面旗帜下,使科普志愿者服务为科技创新展开更大更强的双翼,为新时代河南科技腾飞不断贡献力量!

由于编者水平有限,书中不足之处,诚望广大读者和科技同行批评指正,在此深表感谢!

编　者

2023 年 5 月